제국의 그림자 속에서

제국의 그림자 속에서

엮은이/ 리처드 호슬리
옮긴이/ 정연복
펴낸이/ 김준우
초판 1쇄 펴낸날/ 2014년 10월 10일
펴낸곳/ 한국기독교연구소
등록번호/ 제8-195호(1996년 9월 3일)
경기도 고양시 일산구 장항2동 730, 우인 1322호 (우 410-837)
전화 031-929-5731, 5732(Fax)
E-mail: honestjesus@hanmail.net
Homepage: http://www.historicaljesus.co.kr.
표지 디자인 / 김보령
인쇄처/ 조명문화사 (전화 498-3018)
보급처/ 하늘유통 (전화 031-947-7777, Fax 031-947-9753)

In the Shadow of Empire: Reclaiming the Bible as a History of Faithful Resistance, edited by Richard A. Horsley

ISBN 978-89-97339-19-8 04230
ISBN 978-89-87427-87-4 (세트)

값 14,000원

제국의 그림자 속에서

신실한 저항의 역사로서 성서 새로 보기

리처드 호슬리 엮음

정연복 옮김

한국기독교연구소

In the Shadow of Empire

Reclaiming the Bible
as a History of Faithful Resistance

Editor Richard A. Horsley
Louisville, KY: Westminster John Knox Press, 2008.
Korean Translation by Chung Yeun Bok

이 책은 진수미 교수(경북대학교 사회학과)의
출판비 후원으로 간행되었습니다.

Korean Institute of the Christian Studies

목차

이 책의 기고자들

Jon L. Berquist, Westminster John Knox Press, Louisville, Kentucky

Walter Brueggemann, Columbia Theological Seminary, Decatur, Georgia

Greg Carey, Lancaster Theological Seminary, Lancaster, Pennsylvania

Warren Carter, Brite Divinity School, Fort Worth, Texas

John Dominic Crossan, DePaul University, Chicago, Illinois

Neil Elliott, Metropolitan State University, White Bear Lake, Minnesota

Norman K. Gottwald, Pacific School of Religion, Berkeley, California

Richard A. Horsley, University of Massachusetts-Boston

Brigitte Kahl, Union Theological Seminary, New York, New York

일러두기

1. 성서 인용은 주로 표준새번역을 사용했습니다.
2. 원서에는 사진이 전혀 없지만, 독자들의 이해를 돕기 위해 존 도미닉 크로산 교수의 글에 관련된 고고학적 사진들을 모두 수록하였습니다.

서론

성서와 제국들

리처드 A. 호슬리

미국인들은 성서와 특별한 관계가 있다. 그들은 또한 제국과도 특별한 관계가 있다. 우리들 대부분은 성서를 알고 있을 뿐만 아니라 성서에 관해 생각하면서 많은 시간을 보낸다. 그러나 최근까지도 우리들 대부분은 제국을 알지 못했는지도 모르며, 제국을 별로 비판적으로 생각하지 않았던 것이 확실하다.

대부분의 미국인은 자신을 성서적 민족으로 간주한다. 맨 처음부터 미국인들은 자신을 하나님의 **새로운 이스라엘**로 간주해왔다. 뉴잉글랜드에 정착한 필그림 파더즈(Pilgrim Fathers, 1620년 메이플라워호로 플리머스에 정착한 영국 청교도단)와 청교도들과 그 밖의 사람들은 파라오와 같은 영국 군주들의 전제정치로부터 탈출하는 **"새로운 출애굽"**에 착수하고 있었다. 메이플라워 서약(Mayflower Compact)과 수십 개의 도시 헌장들에 기초하여, 회중교회뿐 아니라 시민정부들 역시 시내산에서 이스라엘이 하나님과 맺은 계약과 예수의 산상설교를 모방한 "새로운 계약 공동체"를 만들었다.

이 새로운 세계는 새로 선택된 사람들이 정착하고 생산적으로 만들어야 할 "새로운 약속의 땅"이었다. 그리고 옛 이스라엘처럼, **"새로운 이스라엘"**(New Israel)은 자신만이 아니라 온 인류를 위한 사명에 착수했다.

독립전쟁은 "새로운 출애굽," 즉 조지 3세의 압제로부터의 탈출이었다. 미국 헌법이 비준되는 동안 그것은 명백히 **"새로운 계약"**으로서 논의되었다. 사무엘 랭턴이 뉴햄프셔 주 입법의회에서 선언했듯이, 12지파가 역사의 한 표지로서 시내산에서 시민정부의 모델을 창출했던 것처럼, 13개 주(州)도 이제 모든 나라를 위한 모범적인 시민정부로서의 또 다른 계약을 만들고 있었다. 이신론자(deist)인 토머스 제퍼슨과 벤자민 프랭클린은 미국의 국새(國璽, Great Seal)가 갈대 바다를 통과하여 이스라엘을 자유로 이끄는 모세의 역할을 맡아 하기를 원했다. 제퍼슨은 두 번째 취임 연설에서 선택된 백성과 그 백성의 출애굽이라는 성서의 중심적 이미지들을 재차 언급했다: 하나님의 섭리하시는 손이 "옛 이스라엘처럼 우리 조상들을 그들의 본토로부터 인도하여 모든 필요한 것과 삶의 안락함이 넘쳐흐르는 나라 안에 그들을 심으셨다."1)

세상을 재건하고 우주적 정의를 확립하기 위해 하나님이 "새로운 이스라엘"을 통해 행동하고 있다는 이 믿음은 19세기와 20세기에도 지속되었다. 한평생 철저한 뉴잉글랜드 청교도였고 하나님과 조국에 대한 사심 없는 훈련과 헌신의 모범이었던 존 퀸시 애덤스는 미국이 대륙을 가로질러 팽창하라는 성서(구약성서)의 명령 아래 있는데, 이 모든 것은 하나님을 영화롭게 하기 위함이

---

1) Anders Stephanson, *Manifest Destiny: American Expansionism and the Empire of Right* (New York: Hill and Wang, 1995), 5.

라는 신념을 확고히 고수했다. 남북전쟁이 끝날 무렵 지하철도(Underground Railroad, 19세기 미국에서 활동했던 노예 해방을 위한 비공식 네트워크)와 해방 선언은 노예 생활로부터의 새로운 출애굽의 표명이었다. 보다 최근에 민권운동(특히 1959-60년대의 흑인 차별 철폐 운동)은 속박으로부터의 "또 다른 출애굽"이었다. 더욱이 조지 워싱턴부터 제퍼슨, 링컨, 레이건, 클린턴에 이르기까지 미국 대통령들은 미국 민주주의의 지도이념으로서 모세 계약과 그 원리들에 호소해왔다. 최근 수십 년 동안, 특별히 정치적이며 기독교적인 우파(Christian right)에게서 "하나님의 새 이스라엘"로서의 이 뿌리 깊은 미국적 정체성이 강렬하게 회복되었다.

이처럼 두드러진 성서의 이미지들과 핵심적인 성서 본문들이 미국 역사와 제도들을 눈에 띄게 형성해왔다. 따라서 설교자들과 교회들은 정치 지도자들과 제도들이 깊은 성서적 뿌리를 가진 자유, 인간의 권리, 정의라는 미국의 이상에 따라 행동하도록 촉구하는 예언자 역할을 할 수 있었다.

그러나 미국의 정체성에는 두 번째 요소, 즉 제국주의 추진력을 가진 요소가 있다. 일찍부터 계속해서 이것은 **"새로운 로마"**(New Rome)로서의 미국의 이미지를 중심으로 구체화되었다. 아마도 이것을 가장 생생하게 상기시키는 것은 미국의 수도에 있는 굉장한 공공건물들의 건축인데, 이 건물들은 모두 고대 로마의 위대한 건물들을 본떴다. 미국 이데올로기 속의 이런 강력한 제국주의 흐름은 1900년대 초반 동안 효과적으로 억제되었는데, 제1차 세계대전 이후 생겨난 고립주의(isolationism)에서부터 그랬다. 그러나 20세기 후반부 동안, 미국은 먼저 세계의 최강국, 그 다음에는 유일한 초강대국이 되었다. 영국인들은 자신들의 제국을 자랑스럽게 여겨왔다. 그러나 미국인들은 최소한 지난 한두 세대 동안에 제국주의 권력을 휘두르는 것은 말할 것도 없고, 그런 권력을 갖는 것에 대해서조차 불편해 했다.

따라서 21세기 초엽에 소위 신보수주의자들(neoconservatives)이 미국은 하나의 제국이므로 자신의 이익과 이념을 추구하여 제국주의 권력을 공격적으로 휘둘러야 한다고 주장하기 시작했을 때, 많은 미국인들은 몹시 혼란스러웠다. 2003년 3월, 이라크에 대한 미국의 선제공격 이래로 우리는 미국이 세계 속에서 어떻게 제국주의 권력을 휘둘러왔는지 보여주는 책과 논문들로 둘러싸여 있다. 미국의 공격적인 군사력 사용은 미국의 **명백한 사명**(Manifest Destiny, 미국이 북미 전체를 지배할 운명을 갖고 있다는 주장)이라는 오랜 전통과 "새로운 로마"로서의 미국의 자기 이미지에 깊이 뿌리박고 있음을 그 밖의 책과 논문들은 우리에게 상기시켜 준다.

부시-체니 행정부의 이라크 침략과 정복은 이전의 비제국주의적(nonimperial) 미국의 태도로부터의 갑작스런 결별이라고 생각하지 않도록, 우리는 미국 역사책들을 검토해야 한다. 중동에서의 공격적인 군사 행동에 대한 부시 행정부의 이론적 근거는, 미국의 제국주의 이데올로기가 고조에 달했던 한 세기 전에 미국 대통령뿐만 아니라 설교자들도 말하고 있었던 것과 많이 닮았다. 그리고 **"새로운 로마"**(New Rome)로서의 미국의 정체성은 최소한 제퍼슨과 매디슨의 건국 세대까지 거슬러 올라간다. 제퍼슨과 매디슨은 자신들이 고대 로마를 모방하는 공화국을 창설하고 있는 것으로 이해했고, 심지어 고대 로마제국처럼 부패와 쇠퇴로 인해 제국주의적 폭정으로 전락하는 것까지도 약간은 걱정했다. 그러나 그들은 새 영토와 미개한 민족들에 대한 법의 통치의 확장으로서 제국과 일체감을 가졌다. 거대한 새로운 영역들 속으로의 확장은 문제이기는커녕 어떤 한 지역이나 당파가 전체를 지배하지 못하도록 한다고 주장함으로써, 매디슨은 긴장을 해결했다. 매디슨의 합리화는, 공화국이 어린 티를 벗기도 전에 루이지애나 구입(Louisiana Purchase, 프랑스 루이 14세 소유로 되어 있던 프랑스령 땅을 구입한 것)으로 인해 새로운 로마가 아메리카 대륙을 가로지르도록 한 제퍼슨의 팽창을 정당화하는 것을 도왔다.

자신을 기독교인으로 인식하거나 교회에서 특별한 이해관계를 가진 사람들은, 미국 설교자들과 교회들이 "명백한 사명" 이데올로기와 "새로운 로마"로서의 미국의 역할을 구체화하고 강화하는 것을 어느 정도까지 도와주었는지 각별한 관심을 가질 수도 있다. 종종 성서에 기초한 약속의 땅에서의 하나님의 선민의 사명에 관한 이미지들은 미국의 제국주의 충동을 강화하거나 심지어 그 충동과 뒤섞였다.

독립전쟁보다 한 세대 앞서, 우리는 이 혼합을 찾아볼 수 있다. 1745년, 매사추세츠 주지사는 케이프브레턴 섬에 있는 루이스버그의 프랑스 요새를 공격하려고 4천 명의 뉴잉글랜드 사람들로 구성된 탐험대를 조직했다. 대각성운동(Great Awakening)의 순회 설교자인 조지 휫필드가 슬로건을 제공했다. 같은 생각의 설교자이며 신학자인 조나단 에드워즈는 승리를 염원하는 기도를 했는데, 그의 교구민들 중 스무 명도 참전했다. 그리고 또 다른 복음주의 설교자인 토마스 프린스는 승리를 경축하며 "이 행복한 정복이 북쪽 지역을 통틀어 그분의 승리를 가져오는 우리의 거룩한 구원자의 동트는 징조이기를, 그분이… 캐나다의 강으로부터 아메리카의 끝까지 그분의 제국을 확장하기까지"라고 기도했다.[2] 1759

년 캐나다 동부 퀘벡 함락에 흥분한 보스턴 시민들에게 설교하면서, 조나단 메이휴 목사는 북미가 "유럽에서 가장 위대한 제국에 수적으로 조금도 뒤지지 않는 막강한 제국"이 될 날을 예상했다. 1784년, 독립전쟁 직후, 토마스 브로커웨이 목사는 "과거 시대에는 제국, 학문, 종교가 동에서 서로 이동했는데, 이 대륙은 그 마지막 서쪽 나라이다… 그렇다면 하나님은 그분의 왕국의 위대한 것들을 전시할 무대를 여기에 세우고 계신다."고 설교했다.

기독교인 설교자들과 교회들은 19세기 후반에 미국의 제국주의 이데올로기를 그 정점에 올려놓는 데 특히 영향력을 발휘했다. 당시 프로테스탄티즘의 몇몇 두드러진 요소들, 즉 새로운 초교파 운동, "자유주의" 신학, 국내와 해외에서의 전도, 그리고 사회복음 운동 등을 구체화한 조시아 스트롱(Josiah Strong) 목사보다 더 영향력 있는 인물은 없었다. 기독교 가정 사역을 위한 자금 조달 도구인 그의 소책자 『우리의 조국』(*Our Country*)은 수많은 개정판을 거치면서 매우 널리 읽혔다. 하나님은 미국에게, 즉 앵글로색슨주의와 참된 기독교의 최고조에 이미 도달한 서방 제국에게, "더 약한 많은 인종들의 토지를 빼앗고, 남들을 동화시키고, 나머지를 형성하도록" 위임하셨다고 그는 썼다. 이것이 "세상의 무지와 압제와 죄와의 전투에서 하나님의 오른팔"로서 미국이 기름부음 받은 목적이었다. 미국이 쿠바, 푸에르토리코, 괌, 필리핀을 접수함으로써 북미 대륙을 넘어서는 제국을 확립한 직후, 가톨릭 대주교 존 아일랜드는 "오늘 우리는 사물들의 새로운 질서를 선포한다"고 선언했는데, 이것은 거의 한 세기 뒤 조지 H. W. 부시의 "신세

---

2) George M. Marsden, *Jonathan Edwards: A Life* (New Haven, CT: Yale University Press, 2003), 310, 312, 314.

계 질서"를 예고한 것이었다.

탁월한 기독교인 정치 지도자들 또한 기독교적-성서적 수사학으로 뒤덮인 제국주의 이데올로기를 주창했는데, 인디애나 주 상원의원인 앨버트 J. 베버리지가 가장 웅변적이었다. 베버리지는 육류 검사, 철도 규정, 착취당하는 노동자들의 하루 8시간 노동을 위해 지칠 줄 모르고 일한 헌신적인 진보주의 개혁가였지만, 또한 미국인들이 새로운 시장과 새로운 땅을 점령해야 하는 "정복 민족"이라고 주장했다. 따라서 "전능자의 무한한 계획"의 일부로서 미국인들은 "제국의 본능"을 따라야 하는데, 미국의 주권은 "어떤 민족에게든지 단지 축복일 따름"이기 때문이다. 하나님이 미국인들을 "문명의 주인"과 "세계를 조직하는 주인"으로 임명하셨으므로, "나라들은 미 공화국의 승낙 없이는 더 이상 전쟁을 하지 않을 것"이라고 그는 마음속에 그렸다.

따라서 기독교인 지도자들, 즉 설교자들과 정치인들 모두 미국이 1840년대에 멕시코의 절반을 접수하고 1890년대에는 스페인의 식민지들을 빼앗는 길, 그리고 테오도르 루즈벨트가 "강경책을 쓰는" 길을 준비했다. 루즈벨트는 아마 군사력으로 서구적이며 기독교적인 미국 문명을 발전시킨 가장 위대한 실천가였을 것이다. 문명은 야만을 넘어 전진하도록 운명이 정해져 있지만, 문명이 제멋대로의 민족들 위에 군림하여 질서를 확립하려면 일정한 정도의 잔인함과 야만성이 필요했다. 예를 들어, 필리핀에 대한 미국의 통치에 반대하는 폭동을 진압할 때, "그들이 글자 그대로 얻어맞고 침묵할 때까지, 모든 방식으로 폭도들을 괴롭히고 두들겨 팰" 필요가 있다고 루즈벨트는 충고했다. 1세기가 흐른 뒤의 조지 W. 부시를 예상케 하면서, 루즈벨트는 보호와 순종 체계를 마음속에 그렸다. 제국주의 권력은 저항하는 자들을 규칙들을 만들어 처벌할 것이지만, 또한 문명이 확립될 때까지 보호와 안전을 제공할 것이다. 그가 미국은 카리브 해에 개입할 적극적 권리가 있다고 주장했을 때, 그는 먼로주의(Monroe Doctrine, 1823년 먼로 대통령이 제창한, 유럽 제국과 미주 제국이 서로 정치에 간섭하지 않는다는 주의)를 인정하는 것을 넘어 변형시켰다. 미국은 "국제적 경찰력"을 행사할 권리와 책임이 있었다.

그러나 물론 이 모든 짓은 옛 로마가 고대 지중해 세계의 유일한 초강대국으로서 행했던 것이다. 타민족들에게 법과 문명을 가져다줄 사명, 즉 신들에 의해 의도된 사명이 자신들에게 있다고 로마인들은 믿었다. 그들은 처음에는 이탈리아 반도 너머로 팽창했고, 그런 다음 지중해 세계를 가로질러 군사력을 행사했다. 마침내 그들은 자원 공급을 확보하고 무질서한 지중해 동부에 안정을 가져올 목적으로 중동을 침략했다.

두 세기 이상에 걸쳐 폭동과 반란을 진압하려고 되풀이된 군사원정 과정에서, 유대 지역의 로마 총독들 중 하나가 나사렛 예수를 폭동 지도자, 즉 "유대인의 왕"으로 십자가에 처형했다. 그러나 사도 바울을 포함한 예수의 추종자들은 그들의 "주님"과 "구세주"로서 카이사르 대신에 예수 그리스도에 대한 충성을 고집했다. 그래서 이스라엘 전통에 깊이 뿌리박고 있었던 유대인들과 갈릴리인들이 여러 세대 동안 로마의 지배에 저항했을 뿐만 아니라, 갈릴리인들 중 하나인 예수와 유대인들 중 하나인 바울의 사명 또한 로마제국에 반대하는 것이었다. 예수의 가르침과 모범에 충실한 사람들은 이제 자신들의 조국이 "새로운 로마"로서 중동에서 점령 세력 역할을 하는 것에 대해 불안을 느낄 것이다.

로마 제국이 확립되기 오래 전에 "문명의 요람"인 고대 근동의 비옥한 초승달 지역은 일련의 제국에 의해 통치되었는데, 가장 돋보이는 것은 이집트의 파라오, 바빌로니아의 함무라비와 그 밖의 "위대한 왕들"(Great Ones)의 제국이었다. 그러나 문명은 농민들의 강제노동에 기초했다. 이스라엘 민족은 압제적인 제국의 통치 체제에 반발했다. 하나님은 아브라함과 사라에게 또 다른 땅을 찾아 메소포타미아를 떠나라고 말씀하셨다. 하나님은 히브리인들, 즉 중노동에 시달리는 노예들의 "혼합된 무리"를 모세의 지도력을 통해 이집트 파라오의 통치 체제 아래의 속박으로부터 이끌어냈다. 더욱이 시내산 계약은 사실상 제국의 왕들과 그들의 강제노동으로부터의 독립선언이었는데, 왜냐하면 하나님은 이제 글자 그대로 이스라엘의 유일한 하나님일 뿐만 아니라 왕이었기 때문이다. 더욱이 계약 계명들에서 하나님은 아무도 제국적 방식의 왕이 될 권력을 얻지 못하도록 이스라엘인들 사이의 정의로운 사회-경제 관계들을 요구하셨다. 분명히 이스라엘이 제국에 대한 반대 속에서 생성되었고, 그래서 자신들의 조국이 하나님의 새 이스라엘로서 출발했다는 의식을 가진 미국인들이 자기 나라가 제국주의 권력을 행사하는 것에 불안을 느끼리라는 것은 놀라운 일이 아니다.

이슬람 신자들이 느끼는 갈등은 말할 것도 없고, 많은 유대인들과 기독교인들이 미국의 제국주의 태도와 성서 전통 사이에서 느끼는 이 갈등은 성서와 제국의 관계에 관한 심각한 질문을 낳는다. 교회와 국가의 분리 때문에, 우리는 성서를 보통은 정치와 경제와 분리된 종교 문제들에 대한 종교적 저작으로 이해하게 되었다. 성서의 단락들, 특히 복음서의 단락들은 매주 교회 예배에서 교훈들로서 읽혀지며, 주로 믿음을 교화하고 지탱하기 위한 매주 설교의 기초를 형성한다. 십계명은 도덕 원리들로서 암송된다. "그런즉 카이사르의 것은 카이사르에게, 하나님의 것은 하나님께 바쳐라"(마태 22:21)라는 예수의 말씀은 정치로부터 종교를 분리하기 위한 기본적인 증거 본문으로 받아들여진다.

그러나 우리의 뉴잉글랜드 조상들은 성서를 이런 식으로 이해하지 않았다. 계약 계명들은 시민정부의 원리였고, 예수의 산상설교는 더욱이 사회-정치적 관계들에 대한 계약적 교훈이었다. 그들의 성서 읽기는 그들이 유럽 군주제의 억압적인 권위주의 통치에서 벗어나 신세계(New World)에서 자치적인 공동체들을 설립하도록 이끌었다. 성서에 관한 그들의 이해 중에 우리가 망각하고 있는 것은 무엇인가? 성서는 분명히 단지 종교에 관한 것만이 아니라 정치와 경제에 관한 것이기도 하다. 그리고 정치뿐만 아니라 종교도 다양한 제국들에 의한 피지배 민족들의 지배, 그리고 제국의 통치에 적응하거나 저항하는 피지배 민족들의 투쟁과 관계가 깊을 것이다.[3)]

---

3) 역자주: 성서 전체를 일차적으로 제국과 관련해서 이해하는 것이 매우 긴요한 이유는 성서 자체의 메시지를 올바로 이해하기 위해서만이 아니라, 최근의 이라크 전쟁, 가자 지구 학살과 시리아 내전에서 분명히 드러나듯이 자원이 고갈되고 기후변화로 인해 인류문명이 붕괴할수록 제국의 학살이 더욱 광범위하게 확산되는 추세이기 때문이다. 또한 이처럼 전 지구적 폭력이 상당부분 "유대인 파워"와 강대국들의 전쟁경제체제에 기인하고 있다는 사실 때문이다. 토마스 베리 신부는 단적으로 "인류의 위대한 영적 전통들은 공포(terror)와의 대결 속에서 태어났다."고 말하는데, 인류 역사에서 제국의 침략과 대량학살만큼 자주 발생하고 끔찍한 공포는 없을 것이다. 또한 성서의 기록과 해석이 본래 이처럼 참담한 역사적 비극과 절망을 돌파한 원동력이었다는 점을 매우 탁월하게 해명한 책은 이 책 이외에도 카렌 암스트롱의 『성서 이펙트』(배철현 역, 세종서적, 2013)가 있다. 한편 울리히 두크로와 프란츠 힌켈라메르트는 인류 문명사에서 차축시대의

우리는 먼저 기독교회와 유대교 회당 둘 모두의 성서에 기초한 중요 축제일들이 모두 제국의 억압, 하나님이 사람들을 구출하심에 초점이 맞추어져 있음을 인식해야 한다. 유월절은 이집트의 파라오 치하의 혹독한 속박으로부터의 탈출을 기념한다. 하누카(Hanukkah)는 이스라엘-유대의 전통적인 계약적 생활방식을 억압하려 했던 서구 제국에 의한 첫 번째 시도에 맞서려 발버둥치는 유대인들을 하나님이 구조하셨음을 기념한다. 크리스마스는 한 농부의 아이의 탄생을, 카이사르에게 정복되고 조공을 바쳐야 했던 민족의 참된 "구세주"(Savior)로서 경축하는데, 온 세상은 이미 카이사르를 세상에 "평화와 안정"을 가져온 "구세주"로 선언했었다. 크리스마스는 또한 해방운동이 시작되기도 전에 그 운동을 제지하려고 로마 속국의 왕이 죄 없는 아이들을 대량 학살하려고 진압군을 급파한 것을 기억한다. 성금요일과 부활절은 로마제국의 통치자들에 의한 예수의 체포와 십자가처형, 그리고 이에 뒤따

종교가 발전한 것이 제국의 학살과 공포였다기보다는 오히려 화폐경제와 사유재산제도가 정착되고 이자(利子)가 제도화됨으로써 부채노예가 급증하여 고대사회의 상부상조하는 전통이 와해되고 경쟁적이며 탐욕적인 사회가 된 것에 대한 포괄적 대응이었다고 해석한다. 그러나 남북이 분단된 한반도에서 여전히 제국들의 패권주의가 영향을 끼치고 법치주의가 무너지고 경제적 양극화가 악화되어 좌우 이념 대결이 교회 안에서조차 치열한 상황에서는 "정의에 입각한 평화"가 일정부분 절실하지만, 기득권층과 소외 계층 모두 극한 대결이 아니라 화해와 상생을 모색하기 위해, 공감 능력과 특히 기득권층의 자비심을 일깨우기 위해서 우주 진화론적 不二의 세계관(만물은 하나의 피붙이)에 입각한 "생명의 신비와 아름다움"에 대한 새로운 각성이 요청된다. 참조, 토마스 베리, 이영숙 역, 『위대한 과업』(서울: 대화문화아카데미, 2009), p. 23; Ulrich Duchrow and Franz J. Hinkelammert, *Transcending Greedy Money* (New York, NY: Palgrave Macmillan, 2012), p. 47; 잭 넬슨-폴마이어, 『예수를 배반한 기독교』(한성수 역, 한국기독교연구소, 2012); 르웰린 보간리, 『생태 영성』(김준우 역, 한국기독교연구소, 2014); 귄 다이어, 『기후대전』(이창신 역, 김영사, 2011); 리처드 로어, 『프란체스코의 다른 사랑』(2015 예정).

라 제국의 "주님"(lord)과 "구세주"에 대립하는 것으로서 하나님께서 예수를 참된 주님(Lord)이며 구세주로서 옹호하셨음을 기억한다.

유대교와 기독교의 주요 성일(聖日)들의 기초인 이러한 성서 본문들 이외에도, 성서의 책들 속에는 제국들과 관련된 것이 훨씬 더 많이 있다. 이 책에서 우리는 제국들의 정치-종교적 통치와 제국의 통치에 대한 사람들의 순응이나 저항에 집중된 핵심 쟁점들과 구절들을 개괄한다. 일단 우리가 그것들을 찾기 시작하면, 제국의 통치와 그에 대한 반응의 문제들이 성서 대부분의 책들 속에 깊고 폭넓게 관통하고 있음을 성서 해석자들은 지난 몇 년 사이에 깨달았다. 특정한 본문을 심도 있게 탐구하는 책과 논문이 등장하기 시작했는데, 그것들 중 상당 부분은 이 책의 기고자들에 의한 것이다. 우리가 여기에서 제공하는 것은 히브리 성서의 핵심 부분들, 그리고 기독교 성서의 중심적인 책들과 인물들에 대한 간략한 서론적 논문들이다. 이 논문들은 한 특정한 제국이 어떻게 특정한 성서 본문들과 인물들이 언급하는 역사적 상황을 결정짓는가를, 그리고 사람들(혹은 하나님)이 제국에 어떻게 순응하거나 저항하는지를 개괄한다. 성서의 책들은 획일적으로 또한 명백하게 반(反)제국적이거나 친(親)제국적이지 않고 상이하고 이따금 이율배반적 목소리로 말한다. 성서 본문들은 제국의 통치를 정당화하기 위해, 또한 억압적인 제국의 지배에 대한 저항을 자극하기 위해서도 사용되어왔다. 그러나 미국의 제국주의 권력과 행동이 공공 토론에서 표면화된 오늘날 종교 지도자들은 성서 속의 제국의 쟁점들에 관해 어느 정도 알 필요가 있는데, 이 성서 속의 제국은 미국의 정체성 형성에 매우 영향력이 크기 때문이다.

제1장

초기 이스라엘의 반(反)제국 공동체

노만 K. 갓월드

초기 이스라엘은 자유농민들의 자치 공동체가 되기 위해 이집트와 가나안의 지배에서 벗어나려는 반제국(anti-imperial) 저항운동으로서 탄생했다. 종종 간과되는 이스라엘의 이처럼 혁명적 출발은 고대의 다른 제국들과, 공동체의 모든 구성원들에게 존엄성과 생계를 공급한 초기 이스라엘의 독립적인 지파 생활(tribal life) 사이의 뚜렷한 대조를 자세히 설명함으로써 밝혀질 수 있다.

고대 근동 제국들의 정치경제

고대와 현대 모두의 제국들은 피지배 민족들에게 기생하는 지배체제들을 강요한다. 그러나 제국들은 역사적 상황에 따라 상이한 형태를 취해왔다. 고대와 현대의 제국들 사이의 주된 차이는 생산양식에 있다. 자본주의가 출현하기 전에는, 제국이 광활한 영토를 지배한 이집트, 아시리아, 혹은 바빌로니아에서처럼 강력한 중앙집권화된 국가와 농업 및 가축 사육에 종사하는 촌락 사람들로 뚜렷이 나누어졌다. 촌락이 전체 주민의 98퍼센트에 달했다. 중류계급에 가까운 것도, 부자와 가난한 자 사이의 완충 지대도 없었다.

보다 강력한 국가들이 다른 땅들을 정복하고, 조공—귀금속과 사치품과 함께 농업 생산물의 형태로—을 강요했을 때 제국들이 확립되었다. 이것은 사람들에게 부가적인 경제적 압력을 가하는 경향이 있었다. 예를 들어, 이스라엘과 유다의 군주국들을 정복한 아시리아 황제들은 조공을 요구했다. 농경사회에서 주된 세입원은 농민들이었기 때문에, 이스라엘과 유다의 왕들은 지속적인 국가 지출과 더불어 제국에 바칠 조공을 감당하기 위해 자신의 백성에게 세금 부담을 가중시켰다. 이미 곤궁에 처한 농민들은 자신의 나라의 통치자들과 아시리아의 대군주들 모두의 통치체제에 조공을 바칠 것이 요구되었는데, 이것은 가혹한 이중 과세였다.

이 제국들에서의 사회경제적 불균형을 더 자세히 살펴보면, 지배계급은 자신의 부를 농민, 목자, 장인, 상인들의 생산물로부터 이끌어냈다. 이 생산물은 제국의 정복을 유지하거나 팽창할 수 있었던 궁전, 성전, 요새, 기념비, 군대뿐만 아니라, 지배계급과 사제, 서기관, 관료들의 사치스런 생활방식에 자금을 제공했다. 또한 제국의 통치체제는 지역에서는 구할 수 없는 사치품과 그 밖의 생산품을 공급하기 위해 상인들과 무역업자들도 후원했다. 제국의 지배계급 구성원들은 사회를 위한 아무런 생산적 노동에도 종사하지 않았는데, 자신들이 통치하는 사람들이 특권적인 통치자들을 떠받치기에 충분한 부를 생산하는 것을 확실히 하는 것 말고는 그들에 대한 아무런 의무도 없이 안락하고 특권적인 생활수준을 누렸다. 그들의 가혹한 통치가 대중의 에너지와 사기를 고갈시켰을 때, 통치자들은 심지어 농민들의 건강을 유지하는 데도 실패했고, 이로써 자신들의 통치체제 붕괴의 원인이 되었다. 열왕기하의 보도들과 호세아와 예레미야의 예언들에 비추어 판단할 때, 북이스라엘 왕국과 남유다 왕국 둘 모두의 몰락은 아시리아와 바빌로니아뿐만 아니라 자신들의 왕들에게 탄압을 받은 백성들의 고갈에 부분적으로 기인했다.

제국의 통치에 종속된 사람들의 삶은 주인들의 삶과 천양지차로 구별되었다. 국가는 땅의 "소유권 사용"을 농민들에게 허락하였지만, 첫째는 물납(物納) 형태로, 둘째는 공공사업을 위한 노동력 징발이나 군복무 형태로 촌락들에 과세할 권리를 주장했다. 종종 한 전체 촌락에 세금 할당량이 부여되었는데, 지역 관리들은 요구되는 양을 늘려야만 했다. 세금 징수자들과 촌락 우두머리들이 중앙정부가 그들에게 할당한 양 이상으로 물품과 생산물을 손에 넣었을 때, 내부적인 부패가 일어났다.

강수량이 적은 근동의 환경에서 이미 겨우겨우 살아가는 처지에 있었던 많은 농민들은 이처럼 매년 가혹한 강제 징수로 더욱 가난해지고 빚을 졌다. 그들은 고리대금업 상인들과 부재지주들이 제공하는 돈을 매우 높은 이자율로 빌리는 수밖에 다른 선택의 여지가 거의 없었다. 채무자들은 조만간 거둘 수확물로 이자를 덧붙여 대부금을 갚아야 했다. 대부금 상환은 풍작에 의존했는데, 가뭄, 홍수, 질병, 전쟁의 약탈로 인해 종종 흉년이 들었다. 빚을 갚지 못해 담보물을 찾을 권리를 상실하게 되면 농부들에게 채무노예 상태, 즉 그들의 후견인(patron) 채권자들과의 일방적인 의존적 관계, 혹은 일용 노동자나 거지로 전락하는 노골적 토지 상실을 강제할 수도 있었다. 소규모 경작자들이 부유한 고리 대금업자들에 맞서 제기할지도 모를 주장들은 뇌물 수수로 얼룩진 재판 제도에서 발언할 기회가 거의 없었다.

부담스러운 세금과 부당한 대부금이 결합하면 "이중적인 치명적 일격"이 되는데, 여기에서 벗어날 희망은 거의 없었다. 국가와 제국의 통치자들은 근면한 백성들이 "신과 왕"을 위해 계속해서 노동할 수 있도록 목숨을 연명하는 정도까지만 돌보았다. 참으로 종교는 고대 제국들의 권위주의 체제에서 초석이었다. 통치자들은 신들을 기쁘게 하는 일을 도모했다. 신들에 대한 복종은 통치자들과 그들이 임명한 권위적인 인물들에 대한 복종을 수반했다. 제국의 지배의 이론적 근거는 종교적이었다. 권력 관계들의 정당화로서 이해할 때, 이데올로기는 어떻게 그리고 왜 **사물이 현재 상태인지 설명한다**. 이 정당화는 이런 방식으로 이루어지곤 했다. "당신은 계속해서 신들의 호감을 사고 질병과 죽음에서 구조되기 원하는가? 주의하라! 당신은 왕과 그의 관리들에게 복종하고 그들을 섬기는 한에서만 신의 은총과 보호를 마땅히 받을 만하다. 왜냐하면 신들이 지상에서 자신들의 대리인으로 임명한 것이 바로 그들이기 때문이다!" 참으로 이집트의 종교 이데올로기에서, 기념 의식들에서 신들을 대표하는 파라오는 사실상 신적 존재로 간주되었다. 요약하면, 신들에게 바치는 "희생제물"(sacrifices)은 권력자들에게 바치는 "희생적 행위들"을 문제 삼지 않을 것을 요구했다.

이러한 고대의 상황이 모든 세부사항에서 오늘날의 상황과 아주 똑같은 것은 아니다. 차이들은 주로 크게 발전된 과학기술, 그리고 자본주의 아래서의 정치와 경제의 형식적인 분리에 기인한다. 그러나 많은 제3세계 국가들의 정치경제는 고대의 조공제도와 매우 흡사한 폭력적이고 저속한 특징들을 보여준다. 고대 제국의 통치체제들이 왕궁의 사치스런 생활방식과 기념물을 유지하려고 원거리 농촌들의 생산물을 빨아들였듯이, 오늘날 다국적 거대 복합기업들은 기업농, 에너지, 금융기업 이윤을 보강하려고 소규모 경작자들, 장인들, 노동자들로부터 자원을 빨아들인다.

피지배 민족들에 대한 고대와 현대의 정치경제의 영향들에서 나타나는 이 명백한 유사점은 제3세계 국가들과 서구 노동자 계급의 성서 독자들이 우리들—불평등과 곤경이 감춰지고 종종 부인되는 보다 보호받는 경제적 환경 속의 우리들—보다 성서의 경제학의 적나라한 현실을 파악하는 데 왜 종종 훨씬 더 민첩한지를 설명하는 데 도움을 준다. 이것은 또한 비교적 교육을 받지 못한 제3세계 농부들과 노동자들이 왜 라틴 아메리카, 남아프리카, 그리고 관련된 해방신학들에서 발전한 대로의 사회-정치적 정의의 주장들을 파악할 수 있는지를 설명하는 데도 도움을 준다. 뚜렷이 대조적으로, 가난한 자들은 쉽게 이해할 수 있는 이 해방신학들은 오늘날 세계에서 부와 권력을 휘두르는 자들이 강요하는 경제적·사회적 고통을 부인하고 살아가는 제1세계의 많은 지식인들을 계속해서 당혹스럽게 만든다.

히브리 성서를 규칙적으로 읽고 가르치고 설교하는 유대인들과 기독교인들에게, 위에서 설명한 조공을 바치는 정치경제는 전혀 놀랍지 않다. 율법서, 예언서, 시편, 그리고 지혜문학은 모두 경제적 극빈상태, 사법(재판) 제도 매수, 그리고 억압 체제에 무관심하거나 그 체제와 공모하는 사회-정치, 심지어 종교 지도자들에 대한 보도로 가득하다. 율법서는 많은 사회경제적 불의에 반대하는 법을 제정한다. 예언서는 농촌 주민들의 강탈을 묵인하거나 가담하는 것에 대해 통치자들을 혹평한다. 시편은 하나님께 대한 호소에서만 기댈 곳을 발견하는 희생자들의 뼈아픈 고통을 표현한다. 지혜문학은 남들에게 나쁜 짓을 하는 사람들이 너무도 종종 권력과 지위를 틀어쥐는 불공평한 세상을 한탄한다.

이 모든 본문상의 증거에도 불구하고, 성서 독자들은 이 악들을 개인적으로 마음만 변화되면 결점을 고칠 수 있는 사람들의 개인적 결함으로 간주하는 경향이 있다. 한탄스러운 불의들은 고대 근동의 정치경제 구조 바로 그것에 깊이 뿌리박고 있었음을 우리는 인식하지 못한다. 강력한 고대 근동 국가와 제국의 통치자들의 생존은 백성을 억압하는 것에 달려 있었다. 자신들의 부를 전혀 생산하지 않았던 그들은 대중의 생산물과 강제노동을 마지막까지 빨아먹지 않고서는 살아남을 수 없었을 것이다.

더욱이 성서 독자들은 고대 이스라엘의 정치경제의 특정한 상황을 종종 고려하지 못하고 쉽사리 본문들에 대한 그릇된 해석에 빠져든다. 예를 들어, "땅에는 언제든지 가난한 자가 그치지 아니하리라"(11절)는 것을 부각시킬 뿐, "너희 중에 가난한 자가 없으리라"(4절)는 동반하는 격언을 무시함으로써 신명기 15장은 철저히 곡해된다. 본문은 가난을 사실상의 자연스러운 현상으로 정당화하기는커녕, 가난에 빠지는 사람들이 언제든지 있을 테지만 그들은 포용력 있고 관대한 공동체의 돌봄을 받아야만 한다(7-10절)고 분명히 말한다.

성서 본문들이 가차 없이 고발하는 경제-정치-종교적 학대들은 대부분 이스라엘인들이 다윗과 솔로몬 치하의 왕권을 채택하자마자 완전히 참여하게 된 조공을 바치는 정치경제의 부산물이라는 것을 성서 독자들은 간과하는 경향이 있다. 이스라엘인들은 아시리아, 이집트, 바빌로니아, 페르시아 제국의 침입에 거의 무방비 상태로 노출되었을 뿐만 아니라, 기생하는 왕들과 그들의 관리들과 상인들에게도 반복해서 종속되었음을 고려할 때, **정의로운 사회에 대한 유토피아적 희망**이 그들 사이에 지속적으로 살아남았다는 사실은 특기할 만하다. 이스라엘이 국내와 국외의 조공을 바치는 정치경제에 빠져들었음을 감안하면, 이스라엘 문학 중의 상당히 많은 부분이 조공제도의 결과들을 맹렬히 비판하고 해방적 형태의 공동체 생활을 희망한다는 것은 참으로 놀랍다.

물론 성서 문학의 일부 요소들은 조공제도를 지지하고 심지어 찬양하기도 하는 게 분명한데, 주로 열왕기에서 자세히 이야기되는 왕권에 대한 음울한 기록과 뚜렷이 대조되게, 왕들의 정의로운 통치를 찬양하는 본문들이 바로 그렇다. 아울러 그의 백성의 숭배와 선물을 요구하는 최고 권위의 군주로서의 이스라엘의 하나님 이미지는 많은 이스라엘인들이 자신들을 고통에 빠뜨린 조공 통치가 하나님이 정해주신 운명이라고 받아들이도록 했을지도 모른다. 그러나 더 종종, 성서의 증언들은 조공제도의 불의에 맞서 하나님의 분노와 정의를 제시하는데, 하나님은 조만간 이 불의를 벌할 것이다. 예레미야, 욥기, 전도서에서 힘차게 표현된 것처럼, 신적인 의도와 모순되는 불의에 대해 하나님이 책임이 있다고 주장될 때, **정의 구현이 지연되는 문제**는 이스라엘 역사에서 끊임없이 고조된다.

그러나 성서가 조공을 바치는 정치경제와 몹시 불편한 관계에 있다면, 그것은 무슨 대안을 제시하는가? 성서는 더 나은 제도를 위해 바로 써먹을 수 있는 청사진을 제시하지는 않지만, 고대 근동의 제도를 날카롭게 비판한다. 이 비판은 대부분 당대의 조공을 바치는 정치경제 내부에서 살았던 "지파"(tribal) 민족으로서의 초기 이스라엘의 사회적 형성에서 유래한다. 이러한 성서의 비판이 지지하는 어떤 형태의 정치경제를 우리가 발견하든 간에, 그런 정치경제 형태는 모든 사람들의 신체적-영적 복지를 제공한다.

이스라엘의 역사적 출현을 더욱 이해하기 위해 우리는 이집트 제국의 조공을 받는 정치경제, 그리고 이스라엘이 그 한복판에서 생겨난 이집트의 가나안 봉신들(vassals)을 먼저 이해해야 한다.

이스라엘과 가나안에서의 이집트의 지배

이스라엘이 기원전 1250-1000년경 가나안에 출현했다는 것에는 학자들이 일반적으로 동의한다. 그때, 가나안은 이집트 제국의 명목상 통제 아래 있었다. 이집트의 가나안 지배의 목적은 이중적이었다. (1) 메소포타미아의 미탄니(Mitanni) 제국과 아나톨리아(Anatolia, 흑해와 지중해 사이의 광대한 고원)의 히타이트 제국 같은 경쟁 세력들의 공격에 대한 완충 지대를 제공하는 것. (2) 이집트와 아라비아를 레반트(Levant, 동부 지중해 및 그 섬과 연안 지역) 및 메소포타미아와 연결하는 주요 교통로의 통과무역에 대한 통행세와 아울러 곡물과 재목의 형태로 교역과 공물을 확보하는 것이 그것이다.

이집트 제국의 행정은 이스라엘이 맞서 싸워야 했던 뒤이은 제국들보다 더 느슨했다. 기본적인 통치 방식은 시리아-팔레스타인에 산재해 있던 소규모와 중간 크기의 왕국들을 통한 것이었다. 이집트인들은 정기적으로 조공을 바칠 것을 이 속국들에게 요구했는데, 이것을 위해 이집트 군대는 그들의 영토 안에 주둔하거나 영토를 통과했고, 그리고 군사원정을 하는 이집트 군대를 돕는 데 필요한 보조적인 군대를 갖추었다.

파라오의 군대는 팔레스타인과 시리아 남부 지역에 대한 지배권을 얻었음에도 불구하고, 가나안에 대한 이집트의 통제는 끊임없이 불안정과 붕괴의 위협 아래 있었다. 자신에게 예속된 도시국가들이 그들의 의무를 어기고 서로 싸우려는 경향에 맞서, 이집트인들은 두 가지 전략을 채택했다. (1) 그들은 완강하게 반항하는 봉신들을 벌하고 이집트 제국의 권위를 거듭 주장하기 위해 가나안으로 주기적인 군사원정을 했다. (2) 그들은 봉신들 사이의 충성을 확보하려는 시도로 많은 주둔지에 이집트 "총독들"을 임명했다.

그러나 기원전 1425-1350년으로 연대가 추정되는 가나안 봉신들과 이집트 왕실 사이의 귀중한 외교 서한의 발견을 통해, 가나안에 대한 이집트의 지배력은 너무 불확실해서 봉신들 사이의 점증적인 갈등과 공공연한 싸움 때문에 이집트는 공물 감소, 그리고 농업과 교역의 붕괴를 예방할 수 없었음이 분명하다. 하비루(*habiru*) 혹은 아피루(*apiru*)로 알려진 사회-정치적으로 주변화된 사람들에 대한 반복적 언급은 그들을 기존질서를 어지럽히는 자들, 즉 종종 산적이나 도시국가들 사이의 전쟁 용병, 뿐만 아니라 지배적인 통치 체제를 전복시키려고 위협하는 폭도로 묘사한다.

이 하비루들과 나중의 이스라엘의 출현 사이의 관계는 지속적으로 토론되고 있는 문제다. 아마르나(기원전 1353년 경 고대 이집트 파라오 아케타톤이 수도로 삼았던 나일강 중류의 도시) 문서에 나오는 하비루와 최초의 이스라엘인들 사이의 유사성에 관해서 이야기할 수 있는 것은 둘 모두 가나안에서의 제국의 통제의 붕괴를 이끄는 한 궤적을 대표했다는 점이다. 성서의 이브라임(*'ibrim*)이 [이집트의 아피루에 해당되는] 아카디아어의 하비루와 언어적으로 같은 뜻인지 아닌지는 여전히 논쟁거리이지만, 성서 안에는 성서 바깥의 본문들에서 묘사된 대로의 하비루와의 유사성을 드러내는 사회-정치-군사적 맥락에서 "히브리인들"(Hebrews)이라는 표현이 몇 차례 나온다. 그 전통에서, "히브리인"으로 불리는 아브라함은 가장으로서의 평화적인 역할과 대조적으로 318명에 달하는 용사들의 무리를 통솔한다(창 14:14). "요셉을 알지 못하는" 파라오는 "히브리인들"을 두려워하는데, 그들은 이집트를 멸망시키려고 위협하는 해충들을 신속히 기르고 있다(출 1:8-22). "히브리" 노예들에게 노역 조건은 고대 메소포타미아 도시였던 누지(Nuzi) 시민들에게 예속되어 있었던 하비루의 계약들과 비슷했을 것이다(출 21:2-11). 사울과 요나단이 블레셋 족속과 벌이는 전투에서, 한 무리의 "히브리인들"—이스라엘과 블레셋 사람들 둘 모두와 구별할 수 있는—은 이스라엘이 우세하다는 것을 보기까지 그 충성심이 흔들린다(삼상 13:3-7a; 14:21-23a).

요약하면, 아마르나 문서의 하비루와 약 150년 후의 초기 이스라엘인들 사이에는 추적 가능한 직접적인 연결선이 없는 반면, 초기 이스라엘은 아마르나 문서에 나오는 하비루의 후손들을 포함했을 것 같다. 그렇다면 모든 이스라엘인들이 하비루는 아니었더라도 그들 중 상당수는 하비루의 후손이었고, 따라서 이집트와 블레셋 적군들이 그들을 "히브리인들"이라고 부르는 것은 조롱하는 어투였다고 가정해도 무방하다. 주된 차이는, 하비루는 특정 영토 안에서 응집력 있는 공동체를 형성한 적이 없었던 것처럼 보이는 반면, 초기 이스라엘은 가나안 서부의 고지대와 트랜스 요르단(trans-Jordan, 요르단 강 동편 지역) 북부에 흩어져 있었던 지파들의 연합이었다는 점이다.

아나톨리아의 히타이트 제국은 시리아 북부에 침입했는데, 결말이 나지 않은 가데스(Kadesh) 전투(기원전 1274년경) 후, 히타이트인들과 이집트인들은 서로에 대한 적대행동을 그만두는 협정을 체결함으로써 그들의 상충된 제국의 음모를 동결시켰다(기원전 1259년경). 이것은 이집트가 아시아 속으로 팽창하는 절정의 표지였다. 뒤이어 수십 년 동안, 파라오 메르넵타와 람세스 3세는 가나안에서 이집트의 지배와 영향력을 높이려고 일련의 군사행동을 취했지만 점점 더 성공을 거두지 못했다. 기원전 1200-1165년 사이, 이주하는 해양민족들이 들이닥치면서 가나안에 대한 이집트의 지배력은 더욱 약화되었다. 인도-유럽 해양민족들(블레셋족도 포함하여)의 등장은 이집트, 가나안, 블레셋족이 관련된 복잡한 힘의 역학 관계를 추진하였는데, 이런 상황 한복판에서 이스라엘이 처음 등장한 것으로 기록되어 있다.

이스라엘의 반제국의 기원(基源)의 은유로서의 출애굽

초기 이스라엘의 기원에 관한 논의는 출애굽과 가나안 정복의 불확실한 역사성과 불가피하게 결부된다. 출애굽기에서 사사기에 걸쳐 전해지는 성서의 전승들은 과장된 문체의 전설로 가득한데, 만일 사실적 역사로 해석하면 시대착오적이거나 받아들이기 어려운 해프닝과 신념들을 기술한다. 의미심장하게도, 성서를 떠나서는 이 사건들에 대한 아무런 언급이 없는데, 성서의 기록들은 우리가 고대의 문서자료들과 고고학으로부터 당시의 이집트 역사에 관해 알고 있는 것과 일치하지 않는다.

그럼에도 불구하고, 출애굽에 관한 성서의 전승은 이스라엘이 **가나안에서의 제국의 압제에서 벗어나** 앞으로 나아가는 상징적인 투영물(a symbolic projection)로 진지하게 받아들여져야 한다. 마찬가지로 **가나안 정복**은 이스라엘이 가나안 고지대에서 독립적인 자치에 이르게 된 것에 대한 상징적인 투영물이다. 그것들을 요약하는 과정들과 은유들을 위한 상황은 폭넓게 기술할 수 있다.

파라오 메르넵타(기원전 1212-1202년)의 소위 "메르넵타 석비"(Israel Stele)에는 기원전 13세기말 가나안에서의 군사원정 동안 그가 "이스라엘"을 패배시킨 것이 묘사되어 있다. 이집트 군대와 최소한 초기 이스라엘인들의 일부 사이의 군사적 충돌에 대한 이 설명을 받아들이는 데는 충분한 이유가 있다. 더군다나 메르넵타 석비와 이스라엘 군주국 창설 사이의 두 세기 동안, 성서에서 이스라엘인들이 정착한 것으로 광범위하게 언급되는 고지대 지역들에서 작은 농경/목축 촌락들이 급증했음을 고고학은 밝혀냈다.

이 촌락들이 이스라엘인들의 정착지였음을 증명하는 자료들은 남아 있지 않지만, 최초의 이스라엘 국가의 인구학적-물질적 자원의 기초를 형성한 것은 바로 이 지역과 그 주민들이었다는 것은 논리적으로 옳은 추론이다. 방어시설과 공공건물은 없이, 단일 가족(single-family) 거주지들이 주로 많은 것은 영세한 자급 농업과 목축을 위해 주변 환경에 적응하려 애쓰는 지역 사회 조직을 암시한다. 지역적 수준을 넘어서는 지도력을 가진 지파들에 대한 성서의 묘사는 고고학 자료들과 대체로 일치한다. 요약하면, 여호수아서와 사사기는 시간과 장소에 대한 신뢰할 만한 역사 보도를 하지는 않지만, 초기 이스라엘의 에토스를 표현하는 사회-문화 과정을 반영한다.

메르넵타의 군사원정과 그 다음 세기 동안 이집트가 가나안의 다른 지역에 침입한 것은 이집트에서의 이스라엘의 속박과 그것으로부터의 해방이라는 전통적 주제들의 역사적-정치적 모체일 것이다. 가나안에 대한 이집트 제국의 요구들은 가나안 주민들에게 달리 영향을 미쳤다. 인구가 더 조밀하고 생산력이 높은 저지대 도시국가들을 이집트는 부의 근원으로서 더 높이 평가하였는데, 주요 통상로에 놓인 간이역으로서 가치가 있었다. 이와 대조적으로, 자원이 희박하고 주요 통상로에서 벗어나 있는, 즉 인구가 덜 조밀한 산악 지역은 이집트의 직접적인 간섭을 덜 받을 수 있었다. 더욱이 산악 지역은 통일되지 않았기 때문에 저지대 도시국가들의 노력은 고지대 정착민들을 달래고 조공을 부과하는 데 한계가 있었는데, 그들 중 다수는 정치적-경제적 독립을 찾아 저지대에서 달아났었다. 정치적-군사적 공백이 생겨 고지대 사람들은 이집트인들과 도시국가들 모두가 다가오지 못하게 기민하게 협력할 수 있었다.

출애굽과 가나안 정복을 통해 이스라엘 민족의 토대를 마련한 전통들은 다음의 방식으로 설명할 수 있다. 이스라엘의 관점에서, 가나안 도시국가들(그들 자신도 이집트에 종속되어 있었다)로부터의 직접적 위협은 이집트로부터의 보다 장거리 위협과 겹쳤고 또 그것에 의해 추진되었다. 도시국가들과 이집트 둘 모두는 산악 지역의 자유농민들과 목축민들의 독립적 생계에 타격을 주는 것을 핵심으로 하는 조공을 요구하는 정책을 추구했기 때문이다. 기원전 12세기에, 이집트-가나안 도시국가들의 지배는 블레셋 족속에게로 넘어갔는데, 그들은 가나안 남서부 해안을 지배하게 되었고, 옛 가나안의 도시국가들에게까지 지배력을 확장했다. 나일강 어귀 삼각주에서 해양민족들의 공격을 물리친 후 이집트 제국의 정책은 블레셋이 가나안 해안에 정착하도록 뒷받침하는 것이었는데, 이것이 이집트에 이익이 될 거라고 생각했던 걸로 보인다. 따라서 권력 균형에 따라 변화하면서, 이스라엘인들은 이집트, 가나안, 그리고 블레셋 족속으로부터 독립에 대한 위협에 직면했다.

초기 이스라엘 전통의 형성이라는 관점에서 일어났던 것처럼 보이는 것은, 이집트와의 적대적 관계, 또 **가나안에 있는** 이집트 대리인들과의 모든 적대적 관계들은 **이집트 안에서의** 단일한 집단적 포로 상태라는 패러다임 속으로 모아졌다는 것, 그리고 마찬가지로 **가나안에서의** 이집트-가나안-블레셋의 교묘한 통제 속에 이스라엘인들의 모든 성공은 **이집트로부터의** 단일한 집단적 구출의 패러다임 속으로 응축되고 투영되었으며, 이것은 이스라엘이 가나안 외부로부터 오고 있는 것으로 묘사된 정복 전승들을 낳았다는 점이다. 요약하면, 출애굽과 정복이라는 주제들의 공식화는 이집트 안에 이스라엘인들이 실제로 있었느냐에 의존할 필요는 없었고, 오히려 이스라엘 농민들과 목축업자들이 가나안 고지대에서 생존가능한 공동체가 되기 위해 극복해야만 했던 가혹한 정치-사회-경제적 장애물들에 적합한 근원적 은유를 나타낸다.

이스라엘 사회의 반제국 구조

초기 이스라엘은 하나의 반계급구조(antihierarchic) 운동으로서, 즉 사회적으로는 지파들에 의한 반계급구조 형성에서, 그리고 정치적으로는 조공 납부, 징병, 국가의 강제노역에 대한 반대에서 생겨났다. 이것이 의미하는 것은, 초기 이스라엘이 외부의 국가들과 제국들의 통치 권리를 부정했을 뿐만 아니라, 또한 자기 자신의 국가 구조를 설립하기를 거절했다는 것이다. 자치라는 형태는 일부 인류학자들이 "규제된 무정부주의"(regulated anarchy)라고 불러온 것일 텐데, 여기에서는 단일한 권력 중심은 존재하지 않고, 빈약한 통일성을 협상하는 다수 권력의 이해관계들이 존재했다. 우리가 지방 분권화된 사회 조직을 정확히 어떻게 상상할 수 있느냐 하는 것은 골칫거리로 남아 있다.

경작할 토지와 일상생활에서의 공정한 거래를 위한 규정들은 개략적으로 평등주의나 최소한도 공산 사회주의(communitarian)로 묘사될 수 있는 평등화하는 영향력을 행사했다. 우두머리를 가지고 있었던 일부 지파는 뛰어난 공동체가 될 수 있었지만, 우두머리들은 아직은 강제적인 정치권력을 갖고 있지 않았다. 집이나 외부 환경에서 종교적 신념을 드러내는 의식이 거행되었는데, 제사장들과 경우에 따라 평신도가 희생제사를 드렸다. 야훼 제의(cult of Yahweh)는 가나안 제의들에 맞서 싸우면서도 또한 그 제의들로부터 빌려왔다. 성서가 가정하는 지파들의 통일성은 사실 시작부터 깨지기 쉬운 것이었는데, 그들의 사회정치적 프로젝트에서 끈기 있게 목적을 관철하려는 그들의 결정은 대부분 벤자민 프랭클린의 말로 생각되는 정서로 동기가 부여되었다: "우리 모두는 단결해야 한다. 그렇지 않으면, 우리 모두는 틀림없이 개별적으로 흩어질 것이다."

중앙집권화된 정치 구조들에 대한 초기 이스라엘인들의 반감은 여리고의 왕(수 2:1-4), 가나안의 통치자 아도니 베섹(삿 1:5-7),

모압 왕 에글론(삿 3:5-25), 그리고 이스라엘의 자칭 왕인 아비멜렉의 부상과 몰락(삿 8장)에 관한 이야기들에서 표현되었듯이, 왕들의 잔인성, 무능력, 실정(失政)에 대한 조롱에서 여실히 드러난다. 군사 지도자인 기드온은 한 형상을 만듦으로써 잘못을 범했다고 이야기되지만, 그는 자신의 군대 중의 일부가 제안한 왕의 역할을 받아들이기를 거부함으로써 신임을 얻는다. 그는 "나는 여러분을 다스리지 않을 것입니다. 나의 아들도 여러분을 다스리지 않을 것입니다. 오직 주[Yahweh]께서 여러분을 다스리실 것입니다" (8:23)라고 말했다.

이스라엘 속에서의 반계급구조적(따라서, 반제국적) 정서의 지속적인 힘은 군주국을 받아들임에 대한 투쟁과 특정한 왕들의 기록 속에서 반복적으로 표현된다. 왕들의 거만함과 자기 팽창에 대한 최고의 강타는, 그들에게 군림하는 왕을 선정하려고 왕권을 올리브나무, 무화과나무, 포도나무에게 차례차례 제안하면서 시작된 "나무들"에 관한 요담의 우화에서 눈부시게 선명히 그려져 있다. 그들은 먹고 마실 것의 공급자로서의 자신들의 사회적으로 건설적인 역할을 포기하고 싶지 않기 때문에, 이 셋 모두는 그 제안을 멸시하여 거절한다. 그러나 아무런 가치 없는 가시나무는 왕으로서 복무하는 것에 기꺼이 동의하며 세상에 알려지지 않은 나무들에게 가소롭게도 은신처를 제공하겠다고 약속하지만, 물론 말라빠진 가시나무는 그것을 가지고 있지 않다(삿 9:7-15). 교묘한 풍자가 담긴 이 우화가 전달하는 교훈은 왕들이 무익하기보다 사회-경제적으로 더 나쁘다는 것이다. 그들이 할 수 있는 것이라고는 백성에게 거짓되거나 현혹시키는 약속을 하는 것밖에 없는데, 결국 왕들에게 의지하는 백성들에게 파멸을 가져온다.

여섯 지파로부터 모집한 이스라엘 농민들이 가나안 왕들의 연합을 쳐부순 것이 시적인 본문들과 산문적 본문들 모두에서 자세히 이야기된다(삿 4-5장). 전쟁터에서 더 멀리 떨어져 있는 다른 네 지파는 이 전투에 참가하지 못했다고 경멸을 받는다. 5:6-7에 대한 한 적절한 번역은(NRSV를 RSV와 비교해 보라), 전투의 직접 원인은 자신들의 영토를 지나가는 군사-상업적 대상(隊商)들을 강탈하고 약탈하는 데 이스라엘인들의 성공한 사건이었다. 장비를 제대로 갖추지 못한 이스라엘 보병과 가나안의 이륜 전차가 날카롭게 대조되는데, 이 이륜 전차들은 폭풍우 때문에 움직이지 못하고 무력화된다. 전해지는 바에 의하면, 겐 족속이 가나안 사람들과 사이좋게 지냈는데도, 이스라엘과 일체감을 지닌 한 겐 족속 여인은 도망치려 애쓰는 가나안 장군을 죽인다(4:17).

시편 68:11-14는 세겜 부근 전투에서 가나안 왕들에 대한 비슷한 승리를 단편적으로 언급한다. 사무엘상 2:1-10의 한나의 노래는 야훼가 왕들의 군사력을 뒤엎고, 굶주린 가난한 사람들을 먹이고, 약탈하는 부자들을 대신하여 통치할 능력을 가난한 사람들에게 주려고 개입할 때 일어나는 운명의 역전을 선언한다. 이륜 전차들을 끌었던 포획된 말들을 무력하게 만들려는 여호수아의 결정(수 11:9)은 농경사회에서 수레를 끄는 매우 가치 있는 짐승이었던 소들을 절름발이로 만드는 레위 사람들의 경솔함과 대비된다(창 49:5-7).

고고학으로부터의 물질 문화적 증거는 제국의 농업경제와 반제국적 농업경제 사이의 대조를 잘 보여준다. 고지대 촌락들이 곡식, 과일, 채소를 중심으로 하고 축산업으로 보충되는 자신들의 취약한 자급경제 유지에 필요한 경작지를 마련하는 과정에서 나타난 고지대 촌락들의 정착 형태들을 식별하는 데 중요한 발전이 이루어졌다. 경작, 수확, 음식 가공 기술은 단순했는데, 나무, 동물의 뼈, 청동 도구들, 그리고 늘어나고는 있었지만 여전히 제한된 철 공급에 주로 의존했다. 철 따라 내리는 비를 물탱크에 저장해 두었고, 또 곡식은 바위를 파내 만든 사일로에 보관했다. 계단식으로 된 산허리를 활용하여 경작과 물 보관에 이용 가능한 땅을 극대화했다. 건물들은 주거용이었는데, 보다 큰 공공건물들에 대한 증거는 거의 없다. 교역은 주로 지역 물품들에 제한되었다. 물질문화의 고고학적 지도 제작은 농촌 생활의 계절적 순환의 윤곽을 보여주는 동시대의 고지대 천수 농업에 대한 연구들로 보충되어왔는데, 그러한 조건에서 가능하고 또 필요한 사회적 협력의 종류를 암시한다.

우리는 부풀려진 성서의 인구 숫자들에 현혹되지 말아야 한다. 이스라엘의 최초의 인구는 대략 2-3만 명으로 추산하는데, 군주국 시초에 이르러서는 세 배로 증가했을지도 모른다. 이것은 60만 명의 이스라엘 남성, 그리고 거기에 덧붙여 여성과 아이들이 이집트로부터 출발했다는 전통적인 주장(출 12:37)을 엄청나게 현실적으로 축소한 것이다.

이집트와 가나안 도시국가들에서 행해진 조공 생산양식과 대조적으로, 초기 이스라엘의 생산방식은 공산사회적(communitarian)이었다. 중앙정부의 지배로부터 해방된 이스라엘 농민들은 가까운 도시국가들에 의한 과세나 이집트에 바치는 조공이 없이, 그들의 농업과 목축의 잉여물을 누렸다. 가난하게 된 소작인들을 도우려고 현물로 주는 대부(貸付)는 이자 없이 제공되었다. 지도자들이 이끄는 이스라엘의 그러한 지역들에서는, 생산물의 일부는 의식적(ceremonial) 목적들을 위해, 또한 궁핍한 사람들 사이에 필요한 대로 재분배하려고 우두머리에게 공급되곤 했다. 제사장들도 비슷하게 그들의 수고에 대한 보상을 받았다. 요컨대, 자유로운 생산자들의 잉여 농산물은 국가나 제국을 뒷받침하기 위해 충당되지 않았고, 상호부조 체제 속에 직접 소비되거나 물물 교환되거나 공유되었다. 열악한 지형과 기후를 감안하면, 이스라엘 생산자들의 삶은 쉽지는 않았지만, 국가와 제국의 통제에 종속된 농민들의 생활과는 뚜렷이 비교되었다. 즉 이스라엘인들은 자신들의 삶, 노동, 생산을 통제하면서 존엄과 자기 가치 의식을 향상시켰다.

공산사회적 농업은 세금, 조공, 부담스러운 대부를 허용하기를 거절했을 뿐만 아니라, 일차 경작자들을 희생시켜 지배층을 섬기는 농업 전략을 국가가 강요하는 것을 피했다. 그러나 국가와 제국의 관심사는 주요 도시들에서의 소비나 목재와 귀금속 같은 부족한 품목을 확보하기 위한 국제시장 교역을 위하여, 곡물이나 포도주 같은 식민지의 단일 작물 경제에 대량으로 투자하는 것이었다. 단일 작물 수출 농업의 강요는 농민들을 고통스럽게 했는데, 그들은 건강한 삶을 유지하기 위해 다양한 농작물과 축산에 의존했다. 지나친 과세와 대부에 대한 높은 이자를 통해 소규모 농민들의 토지를 몰수함으로써 대규모 단일 작물 사유지를 발전시키기 위해 정치적 중심으로부터의 압력이 가해졌다.

이스라엘의 경작자들은 생계에 대한 그런 부담들로부터 자유로웠다. 그러나 블레셋 족속은 일단 저지대에 정착하자 이스라엘 고지대들을 조공의 근원으로 바꿔놓으려 애썼다. 만일 블레셋 족속이 우세했다면, 그것은 이스라엘 지파들에게는 경제-정치적 독립의 종말을 뜻했을 것이다. 그들로 하여금 사울을 총사령관으로 임명하게 한 것은 이러한 침울한 전망이었는데, 그것은 솔로몬의 압제적인 통치 방식으로 귀결되는 점증적인 정치 집중화 과정의 시작이었다. 이것은 불가피한 과정은 아니었지만, 참여자들 중 아무도 그것이 무엇으로 귀결되는지를 충분히 인식하지 못한 채로 전개된 것으로 보이는 과정이었다. 결국, 국가 확립에서 승자들과 패자들 모두 기쁨과 실망 속에 그 결과에 크게 놀랐을 것이다.

초기 이스라엘의 반제국적 유산

사울, 다윗, 솔로몬 치하에서 일단 이스라엘이 군주제 형태의 정부를 채택했을 때, 이스라엘의 이전 사회 조직 형태들은 말살되었다고 일반적으로 믿어진다. 점증적인 정치 집중화는 이스라엘 사회에 철저한 영향을 미쳤던 것은 확실하다. 그러나 국가는 인구의 90퍼센트 이상을 구성했던 농민들의 공산 사회적 정신과 실천을 전적으로 억압하거나 말살시킬 수는 없었는데, 특히 그것에 동기를 부여하는 이데올로기는 **해방시키는 신으로서의 야훼**에 대한 믿음이었기 때문이다. 사실, 새로 도입된 국가는 너무 인기가 없어서, 반제국적 야훼 제의에 호소함으로써 자신의 정당성을 입증하는 데 크게 의존했다. 그러나 야훼를 채택한 것은 한 해방시키는 신에 대한 숭배가 물구나무 설 것을 요구했다. 왕권과 정치적 계급구조에 대한 야훼의 이전의 거절은, 야훼가 사회 정의와 대외 전쟁의 승리를 확보하기 위해 이스라엘 왕을 그의 대리인과 **양아들**로 선택했다는 단언으로 대체되었다.

군주제로 나아갈 때, 이스라엘에 군림하는 유일한 주권자로서의 야훼에 대한 농민 전통들은 강탈당해서 고대 이스라엘의 군주제 이전 사회와 사이가 나쁜 조공 형태의 정치경제를 승낙하게 되었다. 지파 동맹체로서의 이스라엘이 야훼의 이름으로 맹렬히 저항했던 국가와 제국의 권위를 이제 새로이 형성된 이스라엘 국가를 종교적으로 축복하려고 간절히 염원하게 된 것은 놀라운 역전이다. 왕실의 선전은 악의적인 이집트 제국과 가나안 도시국가들과 그리고 외국인들보다는 이스라엘인들의 수중에 있었던 유익한 국가 장치 사이의 비판적인 구별을 촉진했다. 물론 많은, 어쩌면 대다수 이스라엘인들은 이 왕실 이데올로기에 반대했을 것이다. 사무엘서에서 이미 명백한 것처럼, 조공에 찬성하는 세력과 반대하는 세력 사이의 초기의 긴장으로 인해 하나님, 사회, 경제, 정치 형태, 그리고 종교에 대한 공산 사회적 이해와 계급 구조적 이해 사이의 투쟁이 시작되었으며, 이 투쟁은 성서의 역사와 그 이후의 역사를 통틀어 확대되었다.

더욱이 이스라엘 초기의 공산 사회적 삶은 이스라엘과 유대 민족들의 이후의 경로 형성에 깊은 영향을 미쳤다는 것이 나의 판단이다. 한편으로, 초기 이스라엘의 공산 사회적 삶은 군주제의 엄청난 남용들, 그리고 [조공을 바치는] 주변 나라들의 권력자들처럼 행동하여 그들이 누리는 번영을 가능케 하는 것들을 생산하는 바로 그 농민들을 짓밟는 대지주들과 상인들, 즉 의존적 계급들의 과시적인 탐욕에 날카롭게 도전하는 정의로운 공동체의 틀을 제공함으로써 후대의 예언운동에 힘을 불어넣었다. 농민들의 잉여 농산물이 제공되지 않았다면 국가는 붕괴했을 것이다.

요컨대, 이스라엘적 형태의 조공을 바치는 정치경제(tributary political economy)는 고대 근동 전역에서 발견되는 조공제도와 실제로는 근본적으로 다르지 않았다. 주된 차이는, 이스라엘에서는 조공을 바치라는 압박에 대한 맹렬한 반대가 예언자들뿐만 아니라 제사장들과 현인들, 심지어 정치권력 조직의 구성원들 사이에서도 되풀이하여 표출되었다는 것이다.

신명기부터 열왕기까지 이르는 신명기적 전통은 이스라엘의 왕실 통치에 대한 몹시 파멸적인 그림을 제시하는데, 이런 비극은 때때로의 일시적 개혁 조치들에 의해서만 완화되었다. 신명기와 예언서의 비판들은 기득권층의 바깥에서부터 나온 것으로 생각될지도 모르지만, 심지어 왕실 이데올로기를 명확히 표현하는 전통 내부의 많은 본문들에서도 불안한 걱정이 자주 등장한다. 평화와 정의에 헌신하는 왕실에 대한 극찬을 깎아내리는 것은 군주제의 실제 성과에 대한 어느 정도의 의심이다.

토착민에게서 조공을 거두어들이는 통치 방식에 관한 이 모호한 얼버무림은 왕권을 찬양하는 노래들에서 특히 분명하다. 소위 "다윗의 마지막 말들"에서 군주는 선언한다.

> "모든 사람을 공의로 다스리는 왕, 하나님을 두려워하면서 다스리는 왕은, 구름이 끼지 않은 아침에 떠오르는 맑은 아침 햇살과 같고, 비가 온 뒤에 땅에서 새싹을 돋게 하는 햇빛과도 같다." (삼하 23:3b-4)

하나님의 정의와 왕의 통치를 꼭 끼워 맞추는 이 서정적 찬양에 뒤이어, 신민들로부터의 승인에 지나치게 공들이는 왕의 간청이 수사학적 질문으로 던져진다: "진실로 나의 왕실이 하나님 앞에서 그와 같지 아니한가?"(5a절). 화자인 왕은 예스(Yes)의 대답을 바라는 것이 분명하지만, 아니(No), 어쩌면 그럴지도(Maybe so), 혹은 누가 그렇게 말하는가(Who says so?)라고 답할 여지도 있다.

시편 72편은 "왕이 주님의 백성을 정의로 판결할 수 있게 하시고, 주님의 불쌍한 백성을 공의로 판결할 수 있게 해주십시오… 왕이 불쌍한 백성을 공정하게 판결하도록 해주시며, 가난한 백성을 구하게 해주시며 억압하는 자들을 꺾게 해주십시오"(2, 4절)라고 왕을 대신하여 드리는 열정적인 기도이다. 본문은 농업적 풍요와 군사적 성공이 왕의 의로운 통치에 결정적으로 의존한다는 가정으로 나아간다. 12-14절은 왕이 진실로 사회 정의를 실천한다고 명확히 진술하는 단순한 선언으로 읽을 수도 있지만, 결과의 불확실성은 왕이 바르게 통치할 수 있도록 왕에게 정의와 올바름을 줄 것을 하나님에게 열렬히 간청하게 한다. 의식에서 암송되는 이 시편은 그 간청을 달성하려 애쓰는 일종의 "영구적 기도 기계"(perpetual prayer machine)이다. 이 시편의 왕에 대한 수사학은 본문의 표면 바로 밑에 숨어 있는 의심을 지우지 못한다. 또한 본문은 사회경제적 상부구조가 의존하는 노동, 즉 조공을 바치기 위한 백성의 힘겨운 노동을 전적으로 무시한다는 것이 지적되어왔다. 그러나 본문은 사회경제적 현실에 대한 뜻밖의 암시, 즉 농업 생산성은 정의롭거나 불공평한 국내 상황에 따라 올라가거나 내려간다는 것을 호기심을 끄는 방식으로 전달한다.

마지막으로, 이스라엘의 반제국적 기원(起源)은 수세기에 걸친 외국의 지배, 사회적 고립, 종교적 박해에도 불구하고 유대인들이 놀랍게 생존할 수 있었던 가장 중요한 요인이라는 것이 나의 주장이다. 이스라엘의 두 왕국이 몰락하면서 공동체는 정치적으로 무력화되었다. 이것은 결국 조공을 바치지 않는(nontributary) 방식들로 뒤집히게 되어, 일반적인 제도적 붕괴의 생존자들, 즉 팔레스타인에 있는 사람들과 흩어져 있는 사람들이 중앙집권화된 지도력 없이도 그들의 문화와 종교를 계속해 수행할 수 있게 만들었다. 몇 세기 뒤 로마제국 군대가 예루살렘과 제2 성전을 파괴시켰을 때, 백성들을 다시 한 번 구출한 것도 동일한 내면화된 공산사회적 에토스였다. 깊고 폭넓은 공동의 자원에 의지하면서, 랍비 유대교(성전 파괴 이후의 유대교)는 유대인 공동체를 로마 식민지 사회 내부에서 혹은 나중에는 의기양양한 기독교세계 내부에서 하나의 이질적인 집단으로서 해체하려는 모든 시도들로부터 보호하는 훈련된 자치 방식을 연마했다.

두 차례나 제국이 예루살렘 성전을 파괴한 큰 재앙을 겪은 후에도 이스라엘이 회복된 것은 초기 이스라엘의 반제국적 유산에 힘입었는데, 첫째는 국외 추방(바빌론 포로) 이후 유다의 회복에서, 둘째는 로마에 맞선 유대인의 폭동 이후 랍비 유대교의 출현에서였다. 이 두 가지 회복의 문학적 성과는 각각 히브리 성서와 탈무드였다. 더군다나 기독교가 한 발 한 발 나아가는 유대인 공동체에 합법적 정당성을 줄 수 없었던 권위주의적 교회로 치닫는 흐름에도 불구하고, 이스라엘의 반제국적 유산은 뚜렷하고 이따금 귀에 거슬리는 반권위주의의 저류(低流)와 기독교 사상과 실천 내부에서의 억압에 대한 저항에서 표출되었다.

아메리카 제국을 위한 함축들

이 유산은 아메리카 제국에 직면해 있는 교회와 회당 모두에게 중요한 함축적 의미들을 가지고 있다. 성서의 기준들은 현재의 미국 해외 정책의 승리주의를 명백히 엄격하게 평가한다. 최근에,

많은 정치 분석가들은 부시 행정부를 로마 역사에서 공화국에서 제국으로의 전환을 폭넓게 모방하는 것으로서 인용한다. 우리가 고대 이스라엘과 관련해 비슷한 유추를 시도한다면, 내 마음에 맨 먼저 떠오르는 것은 어떻게 종교인들이 미국을 하나님의 백성으로서의 이스라엘과 쉽사리 동일시하느냐는 것이다. 슬프게도, 이 동일시는 극도로 괴상하다. 고대 이스라엘은 고대 근동의 작고 보잘것없는 왕국이었기에, 일부 이스라엘인들이 소망했던 그러한 제국은 순전히 상상일 뿐이었다.

적절한 관계를 유추하기 위해, 우리는 미국이 이스라엘과 유다라는 아주 작은 왕국들보다는 이집트, 아시리아, 바빌로니아, 페르시아, 로마제국들에 훨씬 더 가깝다고 말해야만 할 것이다. 이것은 우리 자신을 "하나님의 백성" 즉 세속적 용어로 "지상에서 가장 위대한 나라"로 마음속에 그리는 것은 고대 이스라엘의 정치적으로 취약한 조건과 비교되는 우리의 막강한 정치력과 군사력을 기만적으로 간과함을 의미한다.

유추를 완성하기 위해, 오늘날 고대 이스라엘에 해당하는 것은 쿠바, 니카라과, 칠레, 베네수엘라, 베트남, 이라크 같은 비교적 힘이 없는 나라들이라고 해야 적절할 텐데, 그들 모두는 아메리카 제국으로부터의 적대 행위와 공격의 대상이 되어왔다. 웨스트뱅크(West Bank)의 팔레스타인 주민들이 초기 이스라엘인들에게 가장 가깝다는 것은 최고의 아이러니다. 왜냐하면 그들은 똑같은 영토를 차지하고, 비슷한 생계를 꾸리며, 아메리카 제국이 후원하는 이스라엘로 말미암은 **가나안** 상태로부터의 구출을 갈망하기 때문이다.

제2장

제국 안에서의 믿음

월터 브루그만

얼마간의 정치적 자율을 주장했던 군주 시대를 통틀어, 고대 이스라엘은 야심에 찬 초강대국들의 틈바구니에서 살았다.[1] 솔로몬의 죽음(기원전 922)부터 기원전 587년 예루살렘 멸망까지의 시기에, 이스라엘의 안녕과 생존을 끊임없이 위협하는 정치-경제-군사 권력의 큰 중심들에 대처하는 것이 고대 이스라엘의 지정학적 운명이었다. 역사를 통틀어, 이스라엘은 남쪽으로는 이집트의 침략 가능성을 인식했지만(왕상 14:25-28 참조), 더욱 중요한 것은 영토 불안정과 모험적인 정책을 더 쉽게 드러낸 북쪽으로 접한 제국들이었다.

고대든 현대든 제국들은 당연히 자신들의 것으로 여기는 영향권을 늘 지배적으로 통제한다. 이 헤게모니 행사는 세금 부과와

1) 이 주제에 관해서는 Walter Brueggemann, "Always in the Shadow of the Empire," in *The Church as Counterculture*, ed. by Michael L. Budde and Robert W. Brimlow (Albany: SUNY Press, 2000), 39-58 참조.

통상 이익 같은 강압적 수단을 통해, 혹은 제국 권력의 합법적인 권위를 주장하고 통제를 합리화하는 전체주의적 설화를 설득력 있게 주입함으로써 이루어질 수도 있다. 강제에 의한 것이든 이데올로기적 설득에 의한 것이든, 제국들은 자신들이 점령한 영토 안의 지역전통을 못 견디고 용납하지 않는 경향이 있는데, 특히 지역전통이 지역의 권위를 촉진하고 제국의 전체주의적 주장들에 저항할 때 그렇다.

아시리아 제국

군주 시대 동안의 고대 이스라엘에서, 이스라엘 공동체의 두 나라, 즉 사마리아에 수도를 가진 이스라엘과 예루살렘에 수도를 가진 유다를 가장 지속적으로 위협하고 괴롭힌 것은 아시리아 제국(오늘날의 이라크)이었다. 이스라엘과 유다 영토에 대한 아시리아의 지배적인 영향력 행사는 기원전 745년 디글랏빌레셀 3세의 등극부터 아시리아의 수도 니느웨의 멸망으로 절정에 달한 7세기 중엽 제국의 붕괴까지 지속되었다.[2)] 이 시기 동안, 아시리아 군대는 두 나라 영토를 되풀이하여 침략했다. 더욱이, 그런 공격적인 간섭이 없었을 때에도, 주위를 맴도는 그런 집중된 권력의 존재는 작은 나라들에게 상존하는 현실이고 위협이라고 우리는 믿을 수 있다.[3)]

---

2) 적절한 역사적 자료의 요약으로는 John Bright, *A History of Israel*, 4th ed.(Louisville, KY: Westminster John Knox Press, 2000), 267-324 참조.

3) 전형적 대결은 열왕기하 18-20장과 이사야 36-39장에 보도된 것이다. 이것에 관해서는 Christopher Seitz, *Zion's Final Destiny: The Development of the Book of Isaiah: A Reassessment of Isaiah 36-39*

이 시기와 관련된 아시리아 왕실의 주요 문서들이 더러 있기는 하지만, 우리는 구약성서 자체의 전통 속에 기억된 세 가지 위기의 순간을 식별할 수 있다.

1. 기원전 734-32년, 작은 국가들인 시리아(아람)와 이스라엘은 디글랏빌레셀 3세 치하의 아시리아의 공격에 저항하기 위해 동맹을 맺었다. 이 작은 국가들은 유다도 강제로 동맹에 가담시키려고 애썼지만, 예루살렘에 있는 아하즈 왕은 동맹에 가담하는 것을 슬기롭게 거절했다. 동맹을 맺어 저항한 시리아는 아시리아의 파괴적인 침략을 받았지만, 이 특정한 제국의 침략은 이스라엘 국가들에게는 아무런 직접적인 영향도 미치지 않았다.

2. 훨씬 더 심각했던 것은, 기원전 724-21년 사르곤 2세 치하의 아시리아가 이스라엘과 수도인 사마리아를 공격한 것이다. 열왕기하의 왕들에 대한 자세한 설명이 보여주듯이, 사마리아에 있는 북왕국은 취약하고 불안정한 정부의 시대에 직면했고 마침내 아시리아 군대에 항복했다(왕하 17:5-7 참조). 그 결과 이스라엘 국가는 해체되고, 북이스라엘 영토는 니느웨로부터 통치를 받는 아시리아의 식민지로 재규정되었다. 열왕기하 17장의 보도는 아시리아의 정책이 이스라엘인들을 본토로부터 국외로 추방하고 새로운 주민을 본토로 끌어들인 방식을 보여주는데, 이 새로운 주민도 제국에 의해 어딘가 그들의 본국에서 추방된 것이다. 734-32년과 724-21년의 위기 모두에서, 예루살렘에 있는 취약한 왕실은 강력한 제국의 위협에 신경을 곤두세우고 있었음을 감지할 수 있다. 이 두 번째 위기는 제국에 저항할 수 없었던 북 이스라엘의 붕괴

(Minneapolis: Fortress Press, 1991) 참조.

를 초래했다.

3. 기원전 705-701년, 아시리아 군대는 다시 영토를 침입했는데, 이번에는 예루살렘 도시를 포위 공격할 만큼 깊숙이 침입했다. 객관적인 관찰자라면 예루살렘과 유다 왕국이 제국의 위협 앞에 붕괴되리라고 예상했을 것이다. 북 이스라엘도 20년 전에 똑같은 일을 당했기 때문이다. 그런데 이런 예상을 완전히 깨고 예루살렘이 아시리아의 위협으로부터 기적적으로 구출되었다. 아시리아 군대는 예루살렘에 대한 일을 마무리하지 않고 본국으로 돌아갔기 때문이다(왕하 19:35-37 참조). 예루살렘의 다윗 왕조는 제국의 위협에 간신히 맞섰는데, 최소한도 외관상 자율을 유지했다. 그 다음 수십 년 동안, 아시리아의 막강한 힘은 남쪽으로 이집트까지 미쳤지만 예루살렘을 다시 직접적으로 침략하지는 않았다.

왕들

그러한 제국의 현실에 직면한 이스라엘 왕국들을 고려할 때, 제국의 위협과 관련해 중요했던 두 행위자인 **왕들**과 **예언자들**을 식별할 수 있는데, 아래에서 우리는 그들을 차례로 살펴볼 것이다. 아시리아 시대 동안, 디글랏빌레셀 3세의 등극(기원전 745년)부터 사마리아의 멸망(기원전 721년)까지 북이스라엘 왕들은 비효과적인 것으로 드러났는데, 우리는 그들의 지도력이 실패했다고 딱 잘라 말할 수 있다(왕하 14:8-15:31; 17:1-6 참조).

이 시기의 남쪽 다윗 왕조에서 두드러진 것은 아시리아의 현실에 직접 맞섰던 두 왕이었다. (셋째 왕인 므낫세는 아시리아 시대 동안 오랜 통치를 누렸다. 아시리아에 대한 그의 입장에 관해서는 우리에게 아무런 자료도 주어지지 않는다. 그의 통치는 평화적인 것으로 간주되므로, 우리는 그가 제국의 요구들을 수용했고 또 제국의 주목을 자극할 아무런 독립적인 노력도 하지 않았다고 추론할 수 있다[왕하 21:1-18; 23:26-27 참조]). 므낫세와는 별도로, 우리의 논의와 관련된 두 예루살렘 왕은 그의 할아버지 아하스와 아버지 히스기야이다. 이 두 사람은 지역전통 대(對) 제국의 현실에 관한 사례연구 비슷한 것을 제공한다.

아하스에 관해서 우리는 그가 제국의 요구들을 기꺼이 수용하려 했음을 암시하는 한 이야기와 관련해 제국에 대한 그의 관계를 숙고할 수 있다. 아하스는 디글랏빌레셀과 협의하려고 시리아의 수도 다마스커스로 갔다고 열왕기하 16장에서는 보도하는데, 이것은 복종하고 굴복하기 위한 것임이 틀림없다. 실제로 그는 자신을 시리아로부터 구해달라고 아시리아에 간청하면서 "나는 당신의 종이요 아들입니다"라고 맹세했다(7절). 이 보도는 그가 아시리아에 기꺼이 굴복하고 그의 정치가 제국의 정치에 순응하리라는 것을 암시한다. 굴복의 증표로, 예루살렘 왕은 다마스커스에 있는 제단을 본뜬 제단을 세우게 했는데 이것은 왕조의 이데올로기적 자기 이해의 기초인 야훼신앙(Yahwism)이라는 지역전통을 손상시켰다(10절). 학자들은 제국이 강력히 강제한 증거는 없다고 지적한다. 오히려 아하스는 유다 왕국의 안전을 지키려고 제국이 선호하는 파트너로서 흔쾌히 굴복한 것처럼 보인다.[4] 이로써 야훼신앙이라는 지역전통은 아시리아의 헤게모니에 완전히 합병되었다.

---

4) M. Cogan, *Imperialism and Religion: Assyria, Judah and Israel in the Eighth and Seventh Centuries B.C.E.* (Missoula, MT: Scholars Press, 1974), 그리고 J. McKay, *Religion in Judah under the Assyrians* (London: SCM Press, 1973) 참조.

그의 아들 히스기야 왕에 관해서는 문제가 더욱 복잡하다(왕하 18-20장). 성서에서 히스기야는 유다에서 야훼 신앙이라는 지역 전통을 존중한 두 "가장 훌륭한 왕들" 중 하나로 간주되는데, 다른 "가장 훌륭한 왕"은 그의 손자인 요시야 왕이다(요시야에 관해서는 왕하 23:25 참조). 히스기야에 관한 성서의 증거는 혼합되어 있다. 한편으로, 그에 대한 신학적 판단은 확실히 긍정적이다.

> "그는 조상 다윗이 한 모든 것을 그대로 본받아, 주님께서 보시기에 올바른 일을 하였다. 그는 산당을 헐어 버렸고, 돌기둥들을 부수었으며, 아세라 목상을 찍어 버렸다. 그는 또한 모세가 만든 구리 뱀도 산산조각으로 깨뜨려 버렸다. 이스라엘 자손이 그때까지도 느후스단이라고 부르는 그 구리 뱀에게 분향하고 있었기 때문이다. 그는 주님이신 이스라엘의 하나님만을 신뢰하였는데, 유다 왕 가운데는 전에도 후에도 그만한 왕이 없었다. 그는 주님에게만 매달려, 주님을 배반하는 일이 없이, 주님께서 모세에게 명하신 계명들을 준수하였다. 어디를 가든지 주님께서 그와 같이 계시므로, 그는 늘 성공하였다. 그는 아시리아 왕에게 반기를 들고, 그를 섬기지 않았다."(왕하 18:3-7)

이 판단에서, 지역의 자율권 보호와 야훼 신앙 실천은 제국의 헤게모니에 대한 저항을 낳았다. 이 이야기 보도는 야훼신앙에 기초한 자율에 대한 히스기야 왕의 능력을 찬양하며, 왕국의 "안녕"이 타협하지 않는 하나의 정치적-신학적 정신에 뿌리박고 있다고 이해하는데, 이것이 히스기야 왕에 대한 성서의 주된 해석이다.

그러나 이러한 판단과 어긋나게, 정치적-신학적 자율에 대한 히스기야 왕의 능력이 단기간 동안만 발휘되었다는 증거가 있다. 아시리아가 또 다시 유다에 침입하자, 히스기야 왕도 그의 아버지처럼 굴복했다:

"히스기야 왕 제 십사년에 아시리아의 산헤립 왕이 올라와서, 요새화된 유다의 모든 성읍을 공격하여 점령하였다. 그래서 유다의 히스기야 왕은 라기스에 와 있는 아시리아 왕에게 전령을 보내어 말하였다. '우리가 잘못하였습니다. 철수만 해주시면, 요구하시는 것은 무엇이나 해드리겠습니다.' 그러자 아시리아 왕은 히스기야 왕에게 은 삼백 달란트와 금 삼십 달란트를 요구하였다. 그리하여 히스기야는 주님의 성전과 왕궁의 보물 창고에 있는 은을 있는 대로 다 내주었다. 그때에 유다의 히스기야 왕은 주님의 성전 문과 기둥에 자신이 직접 입힌 금을 모두 벗겨서 아시리아 왕에게 주었다." (왕하 18:13-16)

아하스 왕처럼, 그는 제국에 맞섰던 "그의 죄를 고백하고" 굴복했는데, 왜냐하면 제국들은 그러한 지역적 저항을 용납하지 않기 때문이다. 히스기야 대 산헤립에 관한 이 이야기의 증거는 전혀 불분명한데, 학자들은 역사적-연대기적 증거에 관한 예민한 문제들을 지적해왔다. 역사적 세부사항을 분류하기는 불가능하지만, 우리의 목적을 위해서는 두 왕, 즉 아버지와 아들 모두 가장 어려운 상황에 처해 있었음을 살펴보는 것으로 충분하다. 즉 그들은 제국에 맞서 **국가 안보**를 유지하고 싶었지만, 저항할 수 없는 제국의 힘을 인정할 만큼 현실적이었다. 그 결과 대외정책은 끊임없이 요동쳤다. 이것이 정치적으로는 훌륭한 역할을 했을지 몰라도, 신학적 관점에서만 볼 때 이 행동은 기본적인 신학적 신념에 대한 우유부단한 망설임을 반영하는 타협으로 간주되었다.[5] **현실정치**가 거의 견딜 수 없는 방식으로 이스라엘의 신학적 주장들을 덮쳤다.

예언자들

제국에 대한 왕들의 반응을 논의할 때, 우리는 왕들이 **현실정치**의 영역 안에서 움직일 거라고 예상할 수 있다. 히스기야에 대한 보도에 종교적 감수성이 스며들어 있음에도 불구하고 그렇다. 내가 히스기야에 대한 보도에서 드러나듯이 저항과 독립을 위한 충동을 "지역전통"(야훼신앙의 감수성)의 유지라는 관점에서 말했던 것은 이 때문이다.[6] 이런 점에서, 왕의 저항 충동은 제국에 점령된 모든 영토에서 마찬가지다. 모든 "지역" 통치자들은 제국의 면전에서 이 견딜 수 없는 요구에 주의해야만 한다.

우리가 히브리 성서에서 두 번째 행위자인 예언자들에 이를 때, 문제는 매우 다르다. 예언자들은 왕들과 더불어 "지역전통"의 옹호자들이기는 하지만 예언자의 의제는 전혀 다르다. 왕들과 달리 예언자들에게는 예루살렘과 유다의 "지역전통"이 야훼, 즉 타

---

5) 그러한 동요에 대한 비판들에서 효과적으로 작용하는 특이한 신학적 관점은 "다른 신은 없다"는 시내산의 첫째 계명이다. 이 계명은 신학적 주장이지만, 야훼가 정치 영역에서도 충성과 복종을 받을 만한 유일한 분으로 단언되어야 한다고 확대 해석할 수 있는 주장이다. 따라서 첫째 계명은 타협적인 정책을 비판한다.

6) 구약성서 본문의 최종 형태에서, 예루살렘의 정책들은 시내산 계약과 이 계약의 강력한 야훼신앙의 주장들을 회고하는 해석 전승인 신명기 전승의 비평을 받는다. 신명기적 비평은 본문전승에 스며든다.

협하지 않는 이스라엘의 하나님에 대한 참조가 결정적이기 때문이다. 그러나 지역적으로 예루살렘에 거주하는 야훼의 주권은 국제적 현실의 전체 범위까지 확대된다.[7] 따라서 지역전통은 예언자적 상상력에 의해 어떠한 타협도 용납할 수 없는 열정적인 신학적 신념으로 전환된다. 그리고 야훼의 최고 주권을 가진 통치라는 심원한 주장을 감안할 때, 열정적인 신학적 신념은 정치적 현실주의에 의해 완화될 때를 제외하고는 아무런 타협도 요구되지 않는다.

예언자들 중에 우리는 국제정세에 가장 전념했으며 아하스 왕(사 7:1-17)과 히스기야 왕(사 36-39장) 모두를 가장 정면으로 다루었던 이사야를 살펴볼 것이다.[8] 이사야의 전통은 신학적 뿌리의 복잡성 때문에 특히 중요하다. 한편으로, 이사야는 고대 이스라엘의 모든 예언자들처럼 시내산 계약과 그 계약의 타협하지 않는 토라 계명들에 정통하다. 이 계명들은 국내의 경제적 착취에 대한 예언자 비판에서 매우 중요하다(사 3:1-4:1; 5:7-10). 그러나 모든 다른 예언자들 이상으로, 이사야는 또한 시온 신학(Zion theology)의 매우 큰 지평에도 전념한다.[9] 따라서, "시내산 토라"(Sinai Torah)의 근저에 있는 것이 훨씬 더 큰 관점에서 "시온 토라"(Zion Torah)로 전환되었는데, 이 관점에서는 야훼의 통치와 요구들은 이제 국내

7) 야훼의 왕권에 관해서는, Martin Buber, *Kingship of God*, 3rd ed. (London: Humanities Press International, 1967) 참조.

8) Norman K. Gottwald, *All the Kingdoms of the Earth: Israelite Prophecy and International Relations in the Ancient Near East* (New York: Harper & Row, 1964) 참조.

9) Robert R. Wilson, *Prophecy and Society in Ancient Israel* (Philadelphia: Fortress Press, 1980), 270-74; Gerhard von Rad, *Old Testament Theology II* (London: Oliver & Boyd, 1965), 147-75 참조.

정치를 뛰어넘어 국제적 지평으로 확대된다고 하르트무트 기스는 주장한다.[10] 위에서 언급한 아시리아의 시대 동안 이사야는 다양한 산발적인 활동을 펼치고 야훼의 단일한 특이성 대(對) 제국의 현실이라는 문제들과 씨름한다. 여기에서, 나는 제국의 한복판에서 예언자 신앙을 예증하는 세 개의 본문을 고찰할 것이다.

1. 이사야 10:5-19. 이 시적 선언에서, 이사야의 전통은 쟁점을 고대 이스라엘 시대의 지배적인 지정학적 현실인 아시리아의 힘과 정밀하게 결합시킨다. 시는 "아시리아에게 재앙이 닥친다. 내가 그를 내 진노의 몽둥이로 이용했고, 내 분노를 쏟기 위한 막대기로 삼았다"로 시작된다. 이사야 예언자는 제국에게 직접 선포하는데, 제국을 야훼의 수중에 있는 도구, 즉 자율적인 주체가 아니라 예루살렘에 뿌리박은 신적인 권위의 도구로서 식별한다. 더욱이 "아"(Ah)라는 서두의 감탄사는 다가올 고통의 신호이다. 따라서 예언자는 제국에게 그 제국이 응답해야만 하는 보다 궁극적인 통치를 알리는데, 제국에 대한 소식은 불길하다.

예언자의 선언에서, 아시리아는 "믿음 없는 나라" 즉 유다를 치는 수단으로 야훼께서 징집하셨다고 고백된다. 이 선언에서, 아시리아의 침략 정책은 야훼의 통치 방식의 일부로 이해되며, 따라서 유다에 대한 아시리아의 침략은 신의 승인을 얻는다. 7절의 "그러나"(but)에서 이런 논증의 수사학이 전환된다. 아시리아는 야훼의 의도에 따르지 않고, 오히려 야훼의 계획이 아니라 파괴적인 국가들에 헌신했다! 8-11절은 제국의 거만을 선언한다. 아시리아

10) Hartmut Gese, *Essays on Biblical Theology* (Minneapolis: Augsburg Publishing House, 1981), 80-85 참조.

는 예루살렘이 다른 정복된 수도들과 같고 예루살렘에 있는 야훼도 다른 패배한 우상들과 같다고 생각하기 때문이다. 즉, 제국의 거만은 야훼의 궁극성을 인정하기를 거부하고, 그래서 모든 다른 실패한 신들과 함께 야훼를 간단히 무시할 수 있다. 아시리아의 "거만한 뽐냄"과 "오만불손한 자랑"이 13-14절의 호언장담에서 끝없는 자기 경축의 허풍과 함께 계속된다.

제국의 말은 제국의 행동의 반영이라고 예언자는 생각하는데, 그것은 15절에서 예언자의 수사학적 질문으로 중단된다:

> "도끼가 어찌 찍는 사람에게 뽐내며, 톱이 어찌 켜는 사람에게 으스대겠느냐?" (사 10:15a)

이 인용문은 9절에서 이미 선포된 야훼와 제국 사이의 "올바른 관계"(proper relation)를 분명히 표현하는 역할을 한다. 야훼는 도끼를 "휘두르는" 분이다. 아시리아는 야훼께서 자신의 의도에 따라 사용하시는 도구이다. 도끼는 그 자체로는 아무런 기능이나 목적을 가지고 있지 않고 아무것도 성취할 수 없다. 아시리아는 모든 제국들의 주인이신 야훼와의 관계 속에서의 자신의 적절한 역할을 망각했다. 도끼 이미지의 중요성을 예언자는 15절 후반부에서 자세히 설명하는데, "[몽둥이가 나무 아닌 사람을 들어올리려 하는 것과] 같지 않느냐!"(as if)는 몽둥이가 그것을 휘두르는 자를 다스릴 것임을, 즉 제국이 야훼를 통제하는 것은 생각할 수도 없음을 의미한다.

제국 편에서의 이러한 "치명적인 잘못" 때문에, 예언자는 16-19절에서 육중한 "그러므로"(therefore)로 이동한다. 신적인 "그러므로"는 자율을 상상하는 제국의 거만에 대한 반응인데, 그 결과는 야훼만이 진정한 주권자라고 단언하는 것이다. 제국의 거만함이 진정한 주권자의 감정을 상하게 하기 때문에, 야훼는 "소모성 질환"(wasting sickness)의 형태로 제국을 재빨리 심판하실 것이다. 야훼는 맹렬한 불이 되어 제국을 깡그리 태워버릴 것이다. 제국은 벌채되고 멸망한 몸과 영혼이 되어 몇 그루 나무만 남을 것이다. 어린아이라도 숫자를 셀 수 있을 만큼 참으로 몇 그루 나무만 남을 것이다!

예언자의 신탁은 오직 운문(poetry)으로만 표현된다. 대담한 상상의 행동으로서, 신탁의 목적은 예루살렘에 잔존했을 것이 틀림없는 제국의 강력한 주장들을 맞받아치는 것이다. 제국의 주장들은 지역적 저항을 약화시켰고, 야훼에 대한 신뢰와 지역의 신학적 열정에 대한 용기를 잃게 했다. 표면상 아시리아에게 말하고 있지만, 십중팔구 이 시의 목적은 야훼신앙의 가치와 존엄성과 진리에 힘을 실어주기 위해, 예루살렘에서 상상되는 **꿈의 영역**을 변화시키는 것이다. 시는 더욱 본질적인 주장, 즉 아주 본질적이기 때문에 대중적 실천을 위한 엄청난 함축적 의미를 띤 주장을 갖고 제국의 현실들을 그 뿌리에서부터 맞받아치는 것이다.[11]

2. 이사야 31:1-3. 이사야 시대에 예루살렘은 북쪽의 아시리아에 점령되어 있었던 반면, 남쪽 국경에 있는 이집트의 지정학적 현실을 언제나 인식했다. 아시리아의 힘을 견제하기 위해 이집트

---

11) William T. Cavanaugh, *Torture and Eucharist: Theology, Politics, and the Body of Christ* (Oxford: Blackwell, 1998)는 충분한 근거를 가진 시(詩)들이 제국의 주장들보다 "더 뛰어난 생각을 할"(outimagine) 수 있는 방법을 제안한다.

에 가까이 접근한 것은 예루살렘에서 상식적인 정치적 현실주의였다. 그러나 예루살렘이 야훼를 신뢰하고 이집트에 도움을 청해서는 안 된다는 것이 예언자의 입장인데, 왜냐하면 이집트는 믿을 수 없게 될 또 다른 제국의 세력에 불과하기 때문이다.

이 신탁은 10:5에서와 똑같은 단어로 시작되는데, 여기에서 "아아, 슬프도다"(alas, NRSV)로 번역된 단어는 다가올 큰 고통에 관한 경고를 다시 끌어들인다. 이집트에 간청하는 사람들, 이집트의 무장(武裝)에 의존하는 사람들, 군사적 선입견 속에 야훼가 지정학적으로 충분한 힘과 지혜를 가지고 계심을 기억하지 않는 자들에게 고통이 임할 것이다. 다른 곳에서도 특징적이듯이, 여기에서 예언자들은 실제적인 정책에 본격적으로 착수하지 않고, 신적 실재(divine reality)라는 큰 그림을 스케치하는 것에 관심을 기울인다.

예루살렘 왕실은 어리석게도 이집트가 도와주기를 기대했다. 그런데 이 간청은 열정적인 야훼신앙의 전망 속에서, 야훼에 대한 신뢰 거절로 해석된다. 그것은 어딘가 다른 곳에 도움이 있다고, 토착적인 야훼신앙의 자원들은 위기에 부적합하다고 상상하는 정책 지향(policy orientation)이다. 그러나 야훼는 지정학적 지도(地圖)로부터 쉽사리 내쫓기지 않는다고 2절은 단언한다. 야훼에게 의견을 묻지 않음에도 불구하고, 야훼의 지혜는 충분하다. 그들 자신의 야훼신앙 지향(Yahwistic orientation)을 인정하고 실천하지 못하는 유다의 왕들이 야훼에게 의견을 묻지 않음에도 불구하고, 야훼는 국제 현실에 관해 잘 알고 있지만 국제 문제에서 지구력을 발휘한다. 야훼는 최고 주권을 가진 법령들을 포고하는데, 변함없이 효력 있는 이 법령들은 현실정치 범위를 넘어서며, 또 "악한 백성"과 "악을 행하는 자들을 돕는 백성"에 맞서 그 법령들 자체의 목적을 달성할 것이다. "악한 백성"은 예루살렘에 있는 다윗 왕조를 가리키며, "악을 행하는 자들을 돕는 백성"은 다른 곳에서 야훼의 원수들과 세계 평화의 원수들로 간주되는 이집트인들로 보인다. 이사야 19:1-15에서, 예언자는 이집트의 겉치레만의 거짓 현명함을 맹렬히 비난한다.

> 내가 이집트를 잔인한 군주의 손에 넘길 것이니,
> 폭군이 그들을 다스릴 것이다.
> 주님, 곧 만군의 주님께서 하신 말씀이다…
> 소안의 지도자들은 어리석은 사람들이다.
> 멤피스의 지도자들은 제 꾀에 속고 있다.
> 이집트의 주춧돌인 지파들이
> 이집트를 그릇된 길로 이끌었다.
> 주님께서 친히 그들에게
> 마음을 혼란시키는 영을 부으셔서,
> 그들이 이집트를 잘못 다스리게 하셨다.
> 그래서 마치 취한 자가 토하면서 비틀거리듯,
> 이집트를 그 꼴로 만들었다.
> 그러므로 이집트에서는 되는 일이 없고,
> 우두머리나 말단에 있는 사람이나
> 종려나무처럼 귀한 자나 갈대처럼 천한 자나 가릴 것 없이,
> 모두 쓸모가 없이 될 것이다. (사 19:4, 13-15)

예언자적 관점에서, 이집트의 운명은 절망적이다.[12]

31:3에서, 예언자는 준엄한 심판을 내리면서 이집트를 강력하게 물리친다.

> "이집트 사람은 사람['*adam*]일 뿐이요, 하나님['*el*]이 아니며,
> 그들의 군마 또한 연약한 고깃덩이(weak flesh)일 뿐이요,
> 생명력 넘치는 영(vital spirit)이 아니다."

이집트인들은 자기 자신의 생명을 갖고 있지 않은 연약한 피조물이다. 그들은 자율적이지 않고 솔선해서 하는 사람들이 아니며, 예루살렘이 소망하는 것에 대한 주도권을 쥘 수도 없다. 예언자의 주장에 따르면, 이집트를 지상에서 정책을 펼치기에 충분한 신적인 힘과 권위로 가득한 만군의 야훼와 대조시키는 것이 3절의 취지이다. 3절의 핵심어인 "영"(*ruah*)은 "없는 것도 있게 하시는"(롬 4:17 참조) 창조적인 힘과 권능과 에너지를 의미한다. 여기에서 입증되는 하나님은 (이집트의 지도자들과 군마들을 포함해) 모든 피조물이 그분께 책임이 있고 또 그분으로부터 생명을 받는 창조주 하나님이다. 대조의 요점은 예루살렘에서 **창조주**에 대한 신뢰에 쉽게 가까이 갈 수 있는데도, 창조적 힘이 없는 **피조물**에게 의존하는 것을 정책의 기초로 삼는 것은 참 어리석다는 것이다.

(외교·군사 정책으로서 표현된) 그러한 잘못된 신뢰의 결과는 출애굽에서 "펼치신 팔"로 행동하셨던 하나님이 다시 권능의 손

---

12) 그러나 19절에서 시작되는 예언자 신탁의 주목할 만한 180도 전환을 보라. 다니엘 4장 같은 본문들에서 입증되듯이, 이 시적 전환은 야훼가 제국에게 권력을 맡기는 방식을 확인한다. 야훼로부터의 그러한 권력 위임의 전제 조건은 제국이 기껏해야 두 번째의 지위를 갖는다는 것을 인정하는 것인데, 어떤 진지한 제국도 이것을 인정하기는 어렵다.

을 뿐으시리라는 것이다. 그 결과는 "돕는 자"(이집트)와 "도움을 받는 자"(유다)가 똑같이 종말의 운명을 맞으리라는 것이다. 시는 예루살렘에 있는 청취자들에게 피조물이 창조주를 계책으로 누르지 못하는 세계를 상상할 것을 권한다. 그러한 상상의 세계는 이집트가 구원할 힘이 있다고 가정한 왕들의 정책의 거짓 세계를 전복시킨다. 그러한 가정은 현실을 크게 오해하는 거라고 시인은 말한다.

3. 이사야 37:5-7, 22-29. 이사야 36-39장에는, 히스기야 왕 때에 산헤립 치하의 아시리아가 예루살렘을 공격하는 것에 관한 복잡한 보도가 나온다(비슷한 본문인 열왕기하 18-20장 참조). 이 포위 공격에 대한 역사적 질문들은 복잡한 반면, 제국의 면전에서의 야훼신앙("지역전통")의 신학적 쟁점들은 분명할 뿐만 아니라 극적으로 진술된다.

이 본문 속의 세 언쟁에서, 이스라엘과 제국의 극적인 충돌이 제시된다. 각각의 언쟁에서, 아시리아를 대표하는 랍사게 장군은 제국의 거만을 발설하고 지나친 요구를 하는 조롱조의 연설을 하며, 예루살렘 왕실은 세 개의 연설 각각에 응답한다.

첫째 언쟁에서, 아시리아 제국은 동맹군으로서의 이집트(위의 31:1-3 참조)와 제국에 맞선 "도움"으로서의 야훼도 신뢰할 수 없다고 단언한다(36:4-10). 더욱이, 야훼는 이스라엘에 맞서 자기를 급파했다고 아시리아 제국은 주장하는데, 이것은 이사야 10:5의 예언자의 단언을 반영한다. 제국에 대한 예루살렘의 반응은 나약하고 겁에 질려 있다(36:11-12).

둘째 언쟁에서, 제국의 조롱은 계속된다(36:13-20). 18-20절에서, 제국은 야훼가 모든 다른 신들과 똑같다고 생각하는 실수를 저지른다. 다른 신들이 제국에 저항할 수 없었고, 따라서 야훼 또한 제국에 패배하리라는 것이다. 제국에 대해 예루살렘은 무반응을 보이는데, 유다 왕실의 주류파는 아무런 희망이 없다(36:21-22). 그러나 이러한 허약한 반응은 이 이야기 보도를 명쾌하게 신학적 방향으로 전환시킨다. 히스기야는 무기력함 가운데 믿음의 자원들에 의지한다(37:1-4). 첫째, 통치체제의 근간인 고도의 이데올로기의 본거지인 성전 안으로 아주 가시적으로 들어가면서, 그는 공공연히 간청한다(1절). 둘째, 도시와 통치체제를 위해 "기도를 올려달라"고 요청하면서, 그는 이사야 예언자에게 의지한다(3-4절). 예언자에게 간청하면서 히스기야는 자신의 무기력함의 "수치"(disgrace)를 묘사하는데, 야훼가 마음이 움직여 제국의 조롱에 응수할지도 모른다고 생각한다. 왕이 예언자에게 하는 간청은 "남아 있는 자들"을 위한 것인데, 이것은 아시리아 군대가 유다 영토의 대부분을 이미 통치하고 있고 도시의 적은 인구만이 아직 남아 있음을 인정한다.

이 절들에서 왕의 반응에서의 "전환"(turn)을 과장해 말하기는 불가능한데, 이 전환으로 예언자가 마음속에 떠오른다. 예언자에게로의 "전환"은 모든 지역전통들에서 표현되는 피난처를 구하는 독특한 절망일 수 있다. 그러나 구약성서 맥락에서, 왕의 간청은 위기를 현실정치의 위기로부터 야훼가 중심 역할을 하는 신학적 경쟁으로 바꿔놓는다. 즉, 제국이 핵심 인물로 인정하지 않는 야훼가 위기의 성격을 재정의한다. 이제 쟁점은 유다 정권의 암울한 상황에 그치지 않고, 이스라엘뿐만 아니라 아시리아에 대해서도 권위를 주장하는 야훼의 최고 주권이다. 이것은 왕의 입장에서는 이데올로기적인 형식적 말투일 수도 있지만, 본문의 최종적 형태에서 이 간청은 야훼가 심지어 제국 위에도 군림하심을 주장하려는 것이 틀림없다.

예언자의 반응은 왕을 안심시키는 것이다: "두려워하지 말라!"(5-6절). 신학적으로 이해되는 이 발언은 제국의 위협을 야훼의 통치권 아래 가져다놓음으로써 그 위협을 최소화하려는 것이다. 그 안심의 특이성은 야훼의 간섭적인 행동과 관련되는데, 이 행동에 의해 "영"(*ruah*)이 제국 군대를 퇴각시킨다는 소문이 퍼질 것이다. "야훼"로부터 "영"으로, 또 "소문"으로 이어지는 이 일련의 진술이 인과관계로서의 직접적 방식의 진술이 아님은 주목할 가치가 있다. 오히려, 소문의 효과는 "그(아시리아 왕)가 들을 것"이라는 것이다. 야훼가 어떻게 권위를 행사하는가에 관한 주장에서 예언자의 시적 상상력은 기계적이지 않다. 그것은 야훼의 효과를 의심하지 않는 확신일 따름이다.

셋째 언쟁에서, 아시리아 왕은 이미 말한 요점들을 되풀이한다(37:8-13). 우리가 마땅히 주목할 것은 제국에 대한 예루살렘의 셋째 반응이다(37:14-29). 첫째, 히스기야 왕은 앞에서의 예언자에 대한 간청과 비슷한 또 다른 기도를 드리는데(37:16-20), 이 기도는 신적인 구조를 강력히 호소하는 20절에서 절정에 이른다. 야훼께 대한 이스라엘의 절박한 간청들에서 특징적이듯이, 그러한 이스라엘의 구조는 "그러면 땅 위의 모든 나라들이 오직 당신만이 주님이라는 것을 알게 될 것"이므로 야훼께도 또한 중요한 이익이 되리라는 주장이 간청에 포함된다. 이 기도는 예루살렘 성전을 주목하시는 하나님이 모든 나라들에 대한 지배권을 행사한다는 예루살렘 신학의 폭넓은 가정에 기초한다.

예언자는 왕의 간청에 응하여 아시리아에게 혹독한 연설을 하는데, 이것은 무엇보다도 예루살렘을 안심시키려는 것이다(37:22-29). 예언자는 아시리아 편에서 "나"(I)를 주어로 하는 일련의 진술로 아시리아의 교만한 주장들을 조롱한다(24-25절). 이 "나" 진술들은 자신이 자율권을 가지고 있다는 제국의 섣부른 가정을 반영한다. 그러나 26절에서 야훼께서 말씀하실 때, 뽐내는 제국의 자율권은 결정타를 맞는다(26-29절). "나"는 이제 야훼의 음성인데, 이분은 예언자 담화 속에서 제국의 "나"를 겨냥한다. 아시리아의 군사적 성공 모두를 결정하고 계획하신 분은 "나" 야훼라고 예언자 신탁은 주장한다. 아시리아를 감시하고 제국이 언제 일어나고 앉으며 언제 가고 오는지를 아는 분은 바로 "나" 야훼이다. 제국은 야훼의 주목과 설명해 보라는 출두명령을 결코 피할 수 없다. 왜냐하면 아시리아의 거만 때문에, "나" 야훼가 아시리아를 굴복시키고, 제국이 이스라엘로 왔던 그 길로 다시 돌아가게 할 것이기 때문이다(29절).

예언자의 선언은 위기를 완전히 재정의하며, 예루살렘을 효과적인 신적인 보호 아래 있는 도시로 자리잡게 하는 역할을 했다. 확실히, 예언자 방식을 띤 그러한 발언은 단지 발언일 뿐이다. 그러나 군사력으로 뒷받침되는 제국의 정치는 이데올로기, 정치적 선전, 위협, 유혹으로서 주로 연설이다. 하지만 아시리아 제국의 세 개의 비아냥거리는 연설 다음에는 네 번째 연설이 없다. 예언자 발언으로 아시리아는 무기력한 침묵에 빠지는데, 이 발언을 통해 야훼는 세계 역사 속의 한 결정적인 힘이 된다.

37:36-38의 이야기 어조는 신중하게 수수께끼 같은 용어들로

예언자의 발언이 진실임을 확언한다. 37:7의 "소문"은 효과적이다. 제국은 자신의 한계에 이르렀다. 제국이 죽음의 맹공격에 직면하는 반면, 예루살렘은 안전하다. 예루살렘의 구출은 다윗 가문에 대한 야훼의 아주 특별한 헌신에서 비롯된다는 것이 33-35절에서 분명히 드러난다. 여기에서, 예언자의 시야 속의 다른 영역들에서처럼, 국제정치는 제국과 식민지 사이의 일대일 관계에 불과한 게 아니다. 언제든지 제3의 요인, 즉 총체적 기획의 계산법을 바꾸어놓는 야훼가 계신다. 최소한도 너무 늦기 전까지는, 결국은 우세할 수 없는 거만의 이데올로기를 먹고사는 많은 수치스러운 야만성이 행해지기 전까지는, 제국들은 이것을 절대로 배울 수 없는 것처럼 보인다. 제국들은 야훼의 지역전통을 조롱하겠지만, 결국 시내산의 하나님, 이스라엘의 하나님은 조롱을 당하지 않을 것이다.

제국 안에서, 제국에 맞선 종교

이 장(그리고 이 책의 다른 장들)의 주제는 성서의 믿음에 관해 보다 광범위하게 생각해보라는 초대이다. 우리는 너무 "교회중심적"(ecclesial)으로 생각한다. 다시 말해 이스라엘, 교회, 혹은 새 이스라엘로서의 교회 등과 같은 공동체 신앙에 사로잡혀 있다. 이런 관점에서, 미국이 새로운 이스라엘, 즉 나머지 세계에 자유와 정의를 가져오도록 하나님의 기름부음을 받은 전달자라고 생각하는 것이 미국에서 한 주요한 유혹이 되어왔다.[13] 무한한 경

13) 미국 예외주의(exceptionalism)의 위기에 관해서는, Gary Dorrien, "Consolidating the Empire: Neoconservatism and the Politics of

제-군사 자원을 가지고 자신의 의지를 모든 곳에 강요할 준비를 갖춘 미국이 지배적인 초강대국으로 등장한 현실에서, 그 유혹은 훨씬 더 위험하고 문제가 많은 것이 된다.

"제국과 식민지"의 드라마를 오늘의 관점에서 더 책임감 있게 읽는 것은, **교회(회당)가 지역의 신앙 전통**(local tradition of faith)**을 구현하며 또한 우리들 사이에서 몹시 공격적으로 가시적인 폭력의 제국에 맞서며 또 그것과 긴장관계 속에 있다고 생각하는 것**이다.[14] 미국의 오랜 역사에서, "아메리칸 드림"과 복음 신앙(gospel faith)의 약속들은 너무 쉽게 동일시되었는데, 그것들은 오늘날 많은 종교 담론에서도 동일시된다. 예언자 전통에 충실한 비판적 과업은 아메리칸 드림을 복음 신앙의 약속들과 떼어놓고, 그것들이 원칙상 최소한도 긴장관계에 있고 여러 면에서 서로 모순되는 아주 별개의 주장임을 이해하는 것이다. (오늘날 신약성서 해석에서, 초기 교회는 "황제 숭배"를 했던 로마제국 한복판에서 살았음을 인식할 때, 동일한 쟁점이 제기된다.[15] 소위 콘스탄티누스의 결정(Constantinian Settlement)에서 기독교에 대해 다소 우호적인 결정이 내려지기는 했지만, 그런 쟁점들은 우리들 사이에서 다시 생생하고 긴급하다.

교회는 독특해서 제국에 맞선다는 점과 미국 수정 헌법 제1조는 손쉬운 순응적 입장으로의 움직임을 가리킨다는 점을 제국의 이데올로기가 인식하기를 기대하는 것은 비현실적이다.[16] 제국

American Domination," *Political Theology* 6(2005): 409-28 참조.

14) "폭력의 제국"(empire of force)이라는 문구를 James Boyd White, *Living Speech: Resisting the Empire of Force* (Princeton, NJ: Princeton University Press, 2006)의 정교한 연구에서 가져온다.

15) 나는 마커스 보그(Marcus Borg), 도미닉 크로산(Dominic Crossan), 리처드 호슬리(Richard Horsley)의 저작을 참고한다.

은 그러한 인식을 결코 하지 않을 것이므로, 교회가 제국 안에서와 제국 한복판에서의 자신의 삶을 재고할 필요는 여전히 남아 있다.

첫째, 제국의 한복판에서 교회는 자신의 정체성과 독특한 기억들, 자신의 마음에 사무치는 희망들을 재고해야 한다. 신앙 공동체의 독특한 기억들은 출애굽이나 부활과 같은 기적들에 뿌리박고 있다. 이 기적적인 기초들은 오늘의 문화, 즉 기억을 승리, 성취, 지배의 사례 목록으로 축소시키고 싶어할 뿐 다른 많은 것들은 망각하는 문화 속에서 교회의 발판을 제공한다. 따라서 **교회의 기억은 제국의 기억 상실**에 맞선다. 교회의 희망은 다가오는 샬롬(shalom)의 때를 예상하는 예언자 신탁들에서 분명히 확인된다.

그 때에는, 이리가 어린 양과 함께 살며,
표범이 새끼 염소와 함께 누우며,
송아지와 새끼 사자와 살진 짐승이 함께 풀을 뜯고,
어린아이가 그것들을 이끌고 다닌다.
암소와 곰이 서로 벗이 되며,
그것들의 새끼가 함께 눕고,
사자가 소처럼 풀을 먹는다.
젖먹이 아이가 독사의 구멍 곁에서 장난하고,
젖뗀 아이가 살무사의 굴에 손을 넣는다.
"나의 거룩한 산 모든 곳에서,

---

16) 미국 헌법 수정 제1조(First Amendment)의 중요성과 문제점에 관해서는, John White Jr., *God's Joust, God's Justice: Law and Religion in the Western Tradition* (Grand Rapids: Eerdmans, 2006), 169-262 참조.

서로 해치거나 파괴하는 일이 없다."
물이 바다를 채우듯,
주님을 아는 지식이 땅에 가득하기 때문이다. (사 11:6-9)

그 날이 오면,
주님의 성전이 서 있는 주님의 산이
산들 가운데서 가장 높이 솟아서,
모든 언덕을 아래로 내려다보며,
우뚝 설 것이다.
민족들이 구름처럼 그리로 몰려올 것이다.
민족마다 오면서 이르기를
"자, 가자. 우리 모두 주님의 산으로 올라가자.
야곱의 하나님이 계신 성전으로 어서 올라가자.
주님께서 우리에게 주님의 길을 가르치실 것이니,
주님께서 가르치시는 길을 따르자" 할 것이다.
율법이 시온에서 나오며,
주님의 말씀이 예루살렘에서 나온다.
주님께서 민족들 사이의 분쟁을 판결하시고,
원근 각처에 있는 열강 사이의 갈등을 해결하실 것이니,
나라마다 칼을 쳐서 보습을 만들고
창을 쳐서 낫을 만들 것이며,
나라와 나라가 칼을 들고 서로를 치지 않을 것이며,
다시는 군사 훈련도 하지 않을 것이다.
사람마다 자기 포도나무와 무화과나무 아래 앉아서,
평화롭게 살 것이다.

사람마다 아무런 위협을 받지 않으면서 살 것이다.
이것은 만군의 주님께서 약속하신 것이다. (미가 4:1-4)

이 약속들은 강압이나 착취에 기초하지 않은 공평한 경제를 가진 평온함에 관한 것이다. 예상된 샬롬의 약속을 로마의 평화(*Pax Romana*)이든 미국의 평화(*Pax Americana*)이든 제국이 강요하는 질서와 혼동하지 말아야 한다. 왜냐하면 그러한 "평화들"은 언제나 강제적이기 때문이다. 따라서 **교회의 희망은 제국의 절망**에 맞서며 또한 영구 전쟁에 대한 제국의 불가피한 열정에 맞선다.

둘째, 제국과 동떨어지고 제국에 맞선 공동체로서의 교회는 제국의 기율에 너무 쉽게 흡수되지 않도록 독특한 정체성을 유지해야 한다. 이 점과 관련해, 교회는 안식일, 생산과 소비의 에토스 거부, 제국의 정크 푸드(junk food, 칼로리는 높지만 영양가는 낮은 인스턴트 식품)에 반대하는 정결음식과 같은 유대교 전통에서 배울 것이 아주 많다. 이런 규율들이 없으면, 독특한 신학적 정체성이 제국의 강제적인 주장들에 굴복할 거라고 예측할 수 있다.

셋째, 제국과 동떨어지고 제국에 맞선 공동체로서의 교회는 세상 속에서 대안적 통치를 증언하는 자신의 공개적인 목소리를 회복해야 한다. 이 회복은 쉽지 않겠지만, 교회의 가장 평범한 발언과 실천 속에서 큰소리로 구체적으로 행해져야 한다. 이런 발언의 회복은 예언자 전통으로부터 나올 수 있다. 예언자들은 특징적으로 도덕을 가르치거나 설명하는 사람들, 심지어 그 어떤 프로그램의 옹호자들도 아니었기 때문이다. 그들은 시인들이었다! 그들의 일은 청중을 "주어진 현실"(the given) 너머로 초대함으로써 세상이 대안적 실천에 눈뜨게 하는 것이었다. 시인들로서, 심지어 제국의 면전에서도 **그들은 진리를 말한다**. 즉, 착취가 통하지 않을 것이고, 잔인한 행위는 거룩하신 하나님을 화나게 하며, 제국의 힘은 제한적이고 출두 명령을 받는다는 진리를 말한다. 시인들로서, 심지어 제국의 면전에서도 **그들은 희망을 말한다**. 전쟁이 그치고 땅이 보호될 것이고, 친절함이 말과 전차의 야망을 이길 것이라는 희망을 말한다. 제국의 면전에서, 이런 대안적 목소리를 회복하는 것은 "지역전통" 유지에 결정적으로 중요하다. 고대 이스라엘에서도 그러했는데, 이사야는 이런 발언의 돋보이는 실천가이다.

이 장의 제목인 "제국 안에서의 믿음"(Faith in the Empire)은 일부러 애매하다. 전치사 "안에서"(in)는 두 가지 방식으로, 즉 제국에 대한 헌신 곧 제국의 전체주의적 설화를 받아들이는 것으로 해석될 수도 있고, **한복판에서**(amid)로, 즉 대안적 정체성을 갖고 "제국 안에 있지만, 제국에 속하지는 않은"(in but not of)으로 해석될 수도 있다. 믿음은 언제나 제국의 한복판에 있지만, 언제나 제국에 헌신하는 것은 아니다. 고대 이스라엘은 늘 이 문제를 재검토했다. 이따금, 아하스 왕처럼 고대 이스라엘은 제국을 비공식적으로 승인했다. 이따금, 히스기야 왕에게처럼 제국은 (부분적으로!) 비판을 받고 거부당했다. 이 전통이 증언하듯이, 왕들의 차이는 제국에 굴복하지 않은 자들의 예언자적 선언에 기초한다. 이사야가 히스기야 왕에게 처음으로 한 말이 "두려워하지 말라"(37:6)인 것은 분명히 교훈적인데, 이것은 그가 아하스 왕에게 한 최초의 말이기도 하다.

"그를 만나서, 그에게 정신을 바짝 차리고 침착하게 행동하라고 일러라. 시리아의 르신과 르말리야의 아들이 크게 분노한다 하여도, 타다가 만 두 부지깽이에서 나오는 연기에 지나지 않으니, 두려워하거나 **겁내지 말라고** 일러라."(사 7:4)

아하스 왕의 경우에 예언자의 주장은 거의 효과가 없었다. 따라서 "지역전통" 속의 왕들은 계속해서 겁을 먹거나 혹은 겁을 먹지 않는다. 그것은 고대 이스라엘에서 지속적인 과업이었다. 더욱이 그 과업은 "제국에 대한 믿음"을 가진 우리로 끝나지 않는다. "두려워하지 말라"는 발언은 대안으로의 모험적인 초대이다. 그러나 제국은 여전히 강제적일 뿐만 아니라 무시무시하다!

제3장

페르시아 제국 안에서의 저항과 순응

존 L. 버퀴스트

(히브리 성서로도 알려져 있는) 구약성서에서 경험된 모든 제국들 중에, 페르시아 제국은 예루살렘과 주변 지역 사람들의 일상생활에 가장 결정적인 영향을 미쳤다. 페르시아 정부는 예루살렘 주민들을 재배치하고 새 성전을 건축하라고 명했다. 페르시아가 통치하던 세월 동안, 히브리 성서가 된 책들 중의 많은 것이 명확한 정경의 형태를 띠게 되었다.

페르시아 제국은 일련의 제국들 중에 유일하게 가장 최근이었기 때문에 몹시 중요했다. 히브리 성서는 몇몇 다른 제국에 관해 말하는데, 이 제국들은 모두 수백 년 동안 지속되고 자신들의 최초의 영토 훨씬 너머까지 힘을 행사한 거대한 정치적 실체들이었다. 성서 이야기에서, 독자는 맨 처음 창세기에서 파라오들의 이집트를 만나는데, 제국들에 대한 구약성서의 일반적 묘사가 이집트 제국의 이야기들 속에 이미 들어 있다. 파라오 제국의 왕실은 부유한 전제 왕조였다. 그 제국은 제국 내부 사람들의 삶을 지시했는데, 사람들이 어디에서 살고 그들의 삶을 무슨 일로 채워갈 것인가를 결정했다. 우리가 요셉 이야기로부터 알고 있듯이, 그 제국은 제국 안과 제국 바깥의 굶주린 대중에게 적당한 가격으로 식량을 줄 정도로 관대할 수 있었다. 그 제국은 또한 잔인할 수도 있어서, 자기 자신의 백성을 종으로 전락시키고 이웃 나라 사람들에 맞서 전쟁을 벌였다. 이집트 제국은 풍요로운 시절에는 사람들에게 과세하여 식량을 비축할 수 있었고, 경제적으로 어려울 때는 그 식량을 사회의 변두리로 내몰린 배고픈 사람들에게 팔았는데, 이따금 식량에 대한 비용을 치르기 위해 자신들과 가족을 종으로 팔 것을 요구했다. 출애굽기에서, 하나님은 압제받고 가난하게 된 히브리인들의 울부짖음을 듣는데, 그들을 이집트로부터 그들 소유의 새로운 땅으로 이끌어내려고 모세를 사용하신다. 이집트는 여전히 북아프리카에서 중요한 지역 세력이었지만, 이집트와 이스라엘의 상호 작용은 세월이 흐르면서 쇠퇴했다. 그러나 구약성서 전승들은 이집트인들의 손아귀에 있었던 제국의 전제정치를 결코 잊지 않는데, 후대의 수세기 역사를 통틀어 이것이 반영된다.

이집트는 성서에서 언급되는 최초의 제국이지만, 다른 제국들도 구약성서에서 경쟁적으로 주목을 끈다. 메소포타미아에 근거지를 둔 아시리아와 바빌로니아 제국은 군주제 시대의 유다와 이스라엘의 생존에 훨씬 더 직접적 영향을 미쳤다. 아시리아 제국은 이집트의 히브리인들 시대까지 뿌리가 거슬러 올라가는 열두 지파 중 열 지파의 자손을 포함한 북이스라엘 왕국의 멸망에 책임이 있었다. 아시리아 제국은 이스라엘인들을 흩어놓고 또 더 광범위한 제국 속으로 동화시켰다. 그래서 그들의 개인적 정체성은 역사 속에서 상실되었다. 세월이 흘러 새로운 제국, 즉 바빌로니아 제국이 아시리아를 정복했다. 오늘날의 이라크가 본거지인 바빌로니아 제국은 그 지역의 정치와 생활에 큰 영향을 미쳤고, 유다와 예루살렘의 정치를 통제하기에 이르렀다. 기원전 597년, 바빌로니아 제국은 예루살렘을 포위 공격하여 제국의 통치 체제를 더 지지하는 지도자들로 유다 정부를 대체했다. 그들은 여호야김 왕을 국외로 추방하고 시드기야를 예속 왕으로 앉혔다(왕하 24장). 바빌로니아의 혹독한 반응에 관한 예언자 예레미야의 경고에도 불구하고, 예루살렘에 있는 소문난 예속 정권은 제국을 화나게 했다. 바빌로니아 제국 군대는 587년의 2차 정복에서 무자비하여 예루살렘과 성전을 파괴하고 사실상 모든 왕실 관리들을 예루살렘으로부터 바빌로니아로 추방했으며, 땅을 황폐하게 하고 인구를 격감시켰다(왕하 25장). 수도인 예루살렘 없이, 유다 주민들은 생활방식이 덜 도시화된 시골로 흩어진 반면, 국외로 추방된 피난민들의 공동체가 바빌로니아에서 성장하고 살아남았다. 이 상황은 수십 년 동안 안정된 상태에 머물러 있었다.

바빌로니아 제국은 강력했지만 그 패권이 계속 유지된 것은 아니었다. 기원전 6세기 중엽(기원전 550년경), 이웃 민족들 중 일부가 바빌로니아 제국을 공격하기 시작했다. 그들은 아키메네스(Achmenes)라는 이름의 조상까지 거슬러 올라가는 한 가족의 지도력 아래 함께 집단을 이루어 바빌로니아 제국과 싸워 마침내 제국을 패배시키고 아키메니드(Achaemenid) 제국 혹은 페르시아 제국으로 알려진 자신의 제국을 형성했다. 그 뿌리는 한때 페르시아로 불렸고 지금은 이란으로 알려진 지역에 있었다.

페르시아 제국은 성장하여 바빌로니아 제국보다 훨씬 더 넓은 지리적 영역에 영향을 미쳤는데, 이집트로부터 그리스의 변두리까지, 북으로는 중앙아시아의 산악지대, 동으로는 인도까지 뻗어 있었다. 바빌로니아 제국이나 당시까지 역사상 그 어떤 제국보다도 공간적인 면에서 더 컸던 페르시아 제국은, 기원전 539년부터 알렉산더라는 이름의 마케도니아 출신 그리스인이 이끈 군대에 기원전 333년 정복될 때까지 200년 이상 지속되었다. 이 2세기 동안, 페르시아는 예루살렘 주변 지역을 포함한 주변 지역들에 중요한 정치적 영향력을 미쳤다. 이 시기 동안 구약성서의 발전을 이해하려면, 우리는 먼저 페르시아를 제국의 세력으로서 이해하고, 제국들이 어떻게 작동하는지를 또한 이해해야 한다.

제국의 작동들

제국은 인간의 삶을 크고 작은 규모로 조직하기 위한 다양하고 널리 퍼진 체제들이다. 이 제국의 조직은 온화하지 않다. 제국은 엘리트 통치자들의 자기 이익에 기초해 작동한다. 우리는 페르시아 제국을 자원을 효율적으로 분배하는 조직이 아니라 소수의 이익을 섬기도록 자원의 방향을 전환하는 것으로 이해해야 하는데, 제국은 자원을 이런 방향으로 이동시키려고 지배와 착취에 의해 작동한다.

제국의 지배는 정복의 경우처럼 군사적일 수도 있다. 확실히 페르시아 제국은 유대(Yehud) 지방과 그 중심인 예루살렘 지역에서 막강한 군사력을 행사했다. 예루살렘은 페르시아의 군사 원정의 표적은 아니었지만, 특히 페르시아 제국 초기의 세월 동안 지중해 동부 해안 전역에 상당히 큰 규모의 제국 군대가 있었다. 만일 제국의 군대가 그렇게 하기로 결정하기만 하면 며칠 안에 공격할 수도 있음을 유대 주민들은 알고 있었을 게 틀림없다. 제국은 정복만이 아니라 공격의 위협, 심지어 가까이 있는 군사력을 통해서도 군사적으로 지배한다.

정복은 또한 경제적일 수도 있다. 제국은 매우 대규모로 작동하고 또 (고대 세계의 도로와 항구 같은) 운송 수단들의 대부분을 통제하기 때문에, 제국의 한 지역으로부터 다른 지역으로 부와 자원의 흐름을 조종할 수 있다. 이것은 보통 자원이 주변 지역들로부터 중심으로 흘러든다는 의미이지만, 또한 제국을 편드는 지역들을 위한 혜택, 제국의 통치에 덜 우호적인 지역들에서의 불리함을 포함할 수도 있다. 제국은 어떤 지역이 다른 지역과 통상할 수 있는지, 또 이 상업 활동에 종사하는 데 드는 비용을 통제한다. 제국은 자신이 원하면 주민들을 벌하기 위해 어떤 지역들을 가난하게 만들 수도 있다. 제국은 자신이 지배하는 문화 내부에서 자유롭게 유통되는 자원들 중 일정량을 제거함으로써, 그 자원들이 더 큰 제국의 목표에 이바지하게 함으로써 작동한다.

제국은 군사-경제 수단뿐만 아니라 이데올로기를 통해서도 지배한다. 제국의 이념은 그 권력을 사실상 멈추게 만들 수 없고 또한 그 권력은 거의 어디에나 있다는(omnipresent) 믿음이다.[1] 제국이 이 믿음 체계를 보급시키면, 사람들은 그것을 제국의 지배의 일부로서 받아들인다. 제국은 그 제국의 사람들의 집합일 뿐이다. 그런데도 제국이 대중을 통제할 수 있다고 믿기 위해서는 제국이

---

1) 페르시아 제국과 오늘날 아메리카 제국에서 제국을 뒷받침하는 종교 이데올로기에 대한 주목할 만한 검토는 Bruce Lincoln, *Religion, Empire, and Torture; The Case of Achaemenian Persia, with a Postscript on Abu Ghraib* (Chicago: University of Chicago Press, 2007)를 참조하라.

그 이상이라는 것, 즉 제국을 구성하는 사람들이 없이도 존재할 수 있다고 사람들이 믿어야만 한다. 제국의 힘의 상징들은 부나 군사력 과시를 포함하는 이 힘을 전달한다. 페르시아 제국은 예술을 통해 자신의 제국적 통치를 상징화했는데, 종종 황제를 페르시아의 신 아후라-마즈다(Ahura-Mazda)와 나란히 그렸고, 많은 다양한 영역에 군림하는 황제의 권력을 설명하는 본문들이 종종 수반되었다. 그 본문들은 상징적-이데올로기적 지배를 표출하는 또 다른 방식인데, 페르시아는 (아마도 신의 은총으로 부여받은) 막강한 힘으로 묘사되었다. 그러나 이데올로기적 지배는 단지 제국의 힘의 상징 그 이상을 포함한다. 이데올로기가 제국을 인정이 많은, 즉 피정복 민족들을 위한 선량한 발전으로서 묘사하는 것은 당연하다. 지배적인 이데올로기는 사람들을 위협하거나 감언이설로 구워삶아 제국의 충실한 신민이 되게 할 수 있다.

대부분의 제국들은 경제적-재정적 수단을 통해서도 자신의 주변 지역을 착취할 수 있는데, 가장 간단한 방법은 과세일 것이다. 제국들은 한 지역 주민을 통제하기 위해 종종 과세 제도와 그 밖의 경제적 수단을 사용한다. 페르시아 제국 같은 경우에는, 과세율이 한 지역을 가난하게 하지 않고 또 그 지역 사람들을 박멸하지 않도록 아주 높지 않을 수도 있었다. 그러나 과세는 혁신과 저항이 훨씬 더 힘들어지도록 한 지역의 자원과 부를 충분히 제거할 수도 있다. 페르시아 제국 안에서 그랬듯이 경제와 군사는 종종 뒤섞여 있는데, 유대 지역에서 거둔 세금을 제국의 중심으로 보내지 않고 지중해 연안에 주둔한 군인들의 보수로 지불하기도 했을 것이다.

제국들은 과세를 통해 지방 지역들의 자원을 착취할 수도 있지만, 자원을 한 지역으로 이동시켜 자신들의 주변 지역들을 착취할 수도 있다. 경제적 강화는 페르시아 제국이 사용한 주요한 전략들 중의 하나다. 페르시아 제국은 예루살렘 성전을 재건축하기 위한 자금을 포함해 유대 지역에 자원을 투자했기 때문에, 제국의 군대를 먹일 수 있도록 그 지역으로부터 더 많은 생산을 기대했다. 이와 같은 투자들은 충성심을 낳기 위한 제국의 전략이지만, 정치적-이데올로기적 이익뿐만 아니라 장기적인 경제적 이익을 얻기 위한 것이기도 하다.

이런 방식으로 제국이 실제로는 지역의 지배자에게 힘을 실어주고 또 그들을 협력자로 전환시킴으로써 작동한다. 어떤 제국이라도 지역적 수준에서 업무를 관리할 사람들이 필요한데, 종종 그러한 일을 위한 최선의 후보자들은 지역을 직접 알고 있는 사람들이다. 만일 지역 사람들이 없다면, 제국은 사람들을 제국의 중심으로부터 주변 지역으로 재배치하여 그곳에서 새로운 주변 지역을 동화시키는 과정에서 제국을 돕는 통치 기능을 떠맡길 수도 있다. 페르시아가 바로 이런 경우로 보이는데, 제국은 꽤 많은 유대인들이 그들이 살아온 바빌로니아 지역으로부터 페르시아 제국의 유대 지방으로 이사하는 것을 허락하고 장려했다. 이 사람들은 지역의 지도자들이 되어 속주(屬州)와 지역 주민들을 관리함으로써 제국을 도와주었을 것이다. 제국은 그들에게 투자했고, 거꾸로 그들은 제국을 도와주었다. 이 협력은 제국이 유대 지역이나 다른 속주들의 지도자들을 완전히 통제했음을, 혹은 이들 지역의 지도자들이 그들 자신의 의제를 가지고 있지 않았음을 의미하지는 않는다. 그들은 십중팔구 제국의 투자를 받아들였을 것이다. 왜냐하면 그들은 지역의 지배층이 되는 것이 자신들에게 이롭다는 것을 알았고, 또 이 권력의 자리를 이용해 자신의 개인적-집단적 목표를 달성할 수 있었기 때문이다. 그럼에도 불구하고 그들은 제국과의 한 공생관계를 경험했는데, 이 경험 속에서 그들이 지역 세력으로 부상한 것은 제국에 도움을 주었고 그 역도 마찬가지였다.

먼저는 팽창에 의해, 그 다음에는 지배 전략을 통해 지역 주민들을 예속시킴으로 성장한 제국들은 속주들에 질서를 부여함으로써 일정 기간 동안 계속 권력을 장악한다. 제국은 통치하는 세계를 이해하는 이데올로기들뿐만 아니라, 최소한도 부분적으로는 지역 주민들의 이익을 위해 작동하는 구조들이 필요하다. 페르시아 제국은 상당한 정도의 지역 자율권을 허용했던 것으로 보인다. 제국은 단일한 언어, 문화, 법률 제도, 종교를 시행하려고 애쓰지 않았다. 그 대신에 지역의 집단들이 그들 자신의 문화적 가치와 규범을 설정하는 것을, 즉 대부분 지역의 관습과 지역 지배층들의 계획에 의해 규제되는 것을 허용했다. 제국은 질서를 갈망했지만, 이 질서가 반드시 속주들에서의 두드러진 페르시아적 생활방식일 필요는 없었다. 오히려, 그들의 사회 속에서의 제국의 지배적인 위치를 보증하면서도 토착민들에게 이치가 닿는 생활방식이 필요했다. 제국들이 잘 작동하면 거주민들, 특히 지역 통치자들을 위해 좋은 생활수준을 낳는 경향이 있다. 비교적인 자율과 결합하여, 이 페르시아 제국의 삶은 예루살렘과 이스라엘 역사상 다른 시기들보다 개선되었을지도 모른다. 그럼에도 불구하고, 제국은 유대 지역과 제국의 나머지 속주들의 모든 사람들이 그 안에서 살아가는 기본적인 사회 체제들을 결정했다.

페르시아 제국

모든 혹은 대부분의 제국들이 공유하는 특징들이 있기는 하지만, 페르시아 제국은 제국의 과정의 한 독특한 표출이다. 기원전 539년부터 333년까지 지속된 이 제국은 메소포타미아나 바빌로니아 지역들(지금의 이라크)을 지리적 중심으로 하고 페르시아나 아키메니드(지금의 이란) 영토를 정치적 중심으로 하면서, 아프리카의 이집트로부터 동쪽의 인도까지 뻗어 있는 영토를 포함했다. 페르시아 제국은 이전 제국들보다 더 크고 부유했는데, 예루살렘을 거점으로 하는 유대 지방을 포함해 지중해 동부 연안에 매우 큰 영향력을 행사했다.

아키메니드 황제들은 바빌로니아 제국을 패배시킴으로 권력을 잡았는데, 바빌로니아 제국도 이전에 비슷한 크기와 범위의 제국을 경영했었다. 따라서 페르시아가 제국이 되었을 때, 갈등은 바빌로니아나 메소포타미아 지역에 집중되었다. 페르시아는 바빌로니아를 정복하자마자 제국 전역에 걸쳐 바빌로니아의 힘과 영향력을 물려받았다. 소란스러운 시대였기에, 페르시아 제국은 더 먼 영토들에 대한 자신의 권위를 회복해야만 했다. 따라서 페르시아의 초대 황제 고레스(기원전 539-530년까지 통치)는 바빌로니아로부터 새로운 제국의 서쪽 지역들로 눈길을 돌렸다. 고레스는 이 북아프리카 지역에서 페르시아의 권위를 확립하려고 이집트에 대한 군사 침략을 계획했던 걸로 보이지만, 이런 일이 벌어지기 전에 죽었다. 그 다음 황제인 캄비세스(기원전 530-522년)가 이집트 군사 원정을 떠맡았다. 기원전 525년, 페르시아는 서쪽의 부유한 영토인 이집트를 정복하여 제국에 병합했으며, 또한 새로운 제국의 경제적 잠재력을 눈에 띄게 증가시켰다.

페르시아 제국 초기에, 유대 지역에 대한 서로 다른 두 가지 영향이 분명했다. 첫째로 제국이 이집트 침략을 준비하고 착수했을 때의 제국 군대의 영향력이었다. 페르시아는 군대의 대부분을 유대로부터 멀지 않은 지중해 동부 연안 영토들에 배치했다. 제국의 군대가 예루살렘 자체를 침략했다는 아무런 암시도 없지만, 며칠 안에 예루살렘으로 진군할 수도 있는 막강한 힘을 가진 군대의 존재는 유대인의 삶, 그리고 유대의 제국화와 식민지화에서 중요한 요소였을 것이다. 페르시아 제국은 유대에 가까운 모든 지역과 속주들의 충성을 기대하고 요구했을 텐데, 역사적 기록은 가까운 지방들 모두가 제국의 통치를 받아들였음을 보여주는 것 같다. 역사적-고고학적 기록으로 볼 때, 페르시아의 이집트 진격은 기원전 539-522년 시기에 제국이 유대에 미친 가장 중요한 영향이었을 것 같다.

그러나 페르시아 제국이 지중해 동부 연안으로 팽창할 때의 또 다른 특징이 성서의 기록에서 부각된다. 페르시아 제국은 제국 전역에 걸쳐 재정착을 허용하고 어쩌면 장려했을 것이다. 특히, 제국은 바빌로니아에 살고 있던 유대인들(아마 그들의 조상이 바빌로니아 제국에 의해 예루살렘에서 바빌로니아로 추방되었을)이 예루살렘으로 이주하는 것을 허락했다. 바빌로니아의 유대인들이 비교적 부유한 제국의 중심을 뒤로 하고 유대 지역, 즉 더 지방적이고 사람들이 덜 살고 덜 번영하였지만 더 빨리 성장할 잠재력이 있었고 사회 변화에 더 개방적인 영토를 향해 떠날 선택권을 준 것이다. 바빌로니아의 많은 유대인들이 이 기회를 포착했는데, 페르시아 제국 통치의 처음 20년 동안 바빌로니아에서 유대로 이주하여 예루살렘의 새로운 주민들로 유입된 그들은 바빌로니아에서 자신들의 삶을 보냈으면서도 그 이주를 조상들의 땅으로의 "귀환"(return)이라고 불렀다.

시간이 경과하면서, 이 이주는 유대의 사회구조를 변화시켰다. 눈에 띄게 인구가 증가했을 것이며, 언어, 문화, 생활방식을 둘러싸고 당연히 갈등이 있었을 것이다. 아마 새로운 이주민들은 예루살렘에 재집결해 살면서 결국은 도시의 중심을 재건축했을 것인데, 왜냐하면 그들은 이전에 최소한 인구가 더 밀집된 바빌로니아의 반(半)도시 지역들에서 살았기 때문이다. 이 이주민들은 페르시아 제국을 더욱 지지했을 것 같은데, 아마도 지역의 힘 있는 자리로 옮겨갈 사람들이었을 것이다.

히브리 성서는 이 재정착 과정의 이미지들을 제공한다. 에스라 1:2-4와 6:3-5에 따르면(아울러, 역대하 36:22-23 참조), 고레스 황제는 유대인들과 이전의 바빌로니아 제국의 다른 거주민들이 제국 안에서 이동할 수 있고 또 조상들의 땅에 정착할 수 있다고 선포했다. 고레스의 칙령은 역사적 기록에도 나온다.

> 나는 티그리스강 건너편에 있는 이 거룩한 도시들로 돌아왔는데, 이 도시들의 성소들은 오랫동안 폐허 상태에 있었다. 그래서 나는 이 도시들을 위해 영구적인 성소들을 세웠다. 나는 또한 이 모든 도시들의 이전 주민들을 모았고 그들의 거주지를 돌려주었다.[2)]

2) James B. Pritchard, ed., *Ancient Near Eastern Texts Relating to the Old Testament with Supplement*, 3rd ed. (Princeton, NJ: Princeton University press, 1969), 316.

제국의 맥락에서 볼 때, 이것은 제국을 강화하기 위해 제국에서 멀리 떨어진 속주들에 인구를 재정착시키는 최초의 단계였을 것인데, 바빌로니아 제국 안에서 살아왔으므로 제국의 기능들에 대한 인식이 커진 새로운 주민들이 노동력과 사회적 시야를 확대시키면서 기꺼이 페르시아 제국 체제와 협력하는 것이 필요했을 것이다. 그때, 유대 지역은 텅 빈 영토는 거의 아니었지만 분명히 비교적 사람들이 덜 살고 있었고 부와 조직 모두 낮은 수준에 있었다.

에스라 1-3장에 따르면, 고레스의 통치 동안 유대 지역으로 이주한 바빌로니아 유대인들의 숫자는 4만 2천 명을 넘었다. 그러나 고고학적 증거는 이 거대한 인구 증가를 거의 보여주지 않는데, 25년이 지난 후에도 유대 지역 전체 인구는 2만 5천 명에 불과했을 것으로 많은 학자들은 추정한다. 다른 성서 자료들도 (사실로부터 수십 년 후 기록되었을) 에스라의 보도는 크게 부풀려졌음을 암시한다. (에스라 4장의) 에스라 자신의 이야기에서는, 계획된 재건축이 다리우스의 통치(기원전 522-486년)에 이르러 비로소 이루어졌다고 말한다. 에스라 5장에서는 스룹바벨과 제사장 여호수아뿐만 아니라 (또한 그들의 이름을 딴 책이 있는 두 예언자인) 학개와 스가랴를 언급하는데, 그들 모두 다리우스의 통치 동안 예루살렘의 건축과 관련된다. 예루살렘 성전 건축은 다리우스가 황제였던 기원전 522년이나 521년에 비로소 시작되었다. 학개 1:3-11은 유대 지역의 경제적 어려움을 언급한다. 많은 학자들은 이것을 빈곤화의 시기로 해석하지만, 제국의 팽창이라는 관점에서 더 그럴 듯한 설명은 제국이 체제를 강화(强化)시키고 있었다는 것이다. 제국은 인구와 자원을 유대 지역에 투자했고, 그 결과로서 높은 수익을 기대했다. 어쩌면 유대 지역의 경제적 삶은 개선되고 있었을지도 모른다. 하지만 과세와 다른 자원들의 징발, 특히 기원전 525년 무렵 군대가 이집트를 침공하는 동안 군대 비용 지불을 요구한 것은, 유대 지역에서 생산한 것 중의 더 많은 부분이 제국의 목적을 위한 자금으로 흘러 들어갔음을 의미했다. 예언자 학개는 제국 체제 강화의 결과를 이렇게 언급했다: "너희가 돈을 벌어도 마치 구멍난 주머니에 넣은 것처럼 모두 잃어버리고 만다"(학 1:6).

회복과 관련된 예언자들인 학개와 스가랴는 페르시아 제국이 임명한 총독 스룹바벨과 대제사장 여호수아를 "살아남은 자들"(the remnant of the people)의 지도자라고 불렀다(학 1:12-2:9; 슥 4:8-10; 6:9-14). 이 예언자들은 또한 "땅의 사람들"(the people of the land)이라고도 불렀는데, 이들은 아마 "만군의 야훼의 집"에서 섬기기 위해 "살아남은 백성들"(귀환자들)일 뿐만 아니라 땅에 남아 있던 사람들일 것이다(학 1:14; 2:2; 4; 슥 1-7장). 이 예언자들의 권고는 성전의 종교-경제 이데올로기를 생생하게 보여준다. 그들은 십일조/세금을 성전에 바치는 것에 땅의 비옥함과 밭의 산출, 따라서 그들 자신의 경제적 생존이 달려 있다고 주장했다(학 1:2-11; 2:15-19; 슥 8:9-13; 말 3:8-12). 하나님은 "너희는 창고에 너희가 거둔 것의 십일조를 가져와 나의 집에 먹을 것이 있게 하여라."고 요구했다(말 3:10). 그러나 학개서에서 분명히 드러나듯이, 많은 고대 유대인들은 성전 건축과 유지 모두에 대해 저항했다.

성전의 제사장 관리들은 첫 수확물, 십일조, 성전 창고 속으로 들어가는 다른 예물(느 10:35-39)에 덧붙여, 황제를 위해 공물, 인두세, 토지세를 거둘 것이 기대되었다(스 4:13, 20; 6:8; 7:24; 느 5:4).

아마 페르시아 시대에 창작되었을 레위기와 민수기의 확대된 구절들에 따르면, 제사장들은 성전 봉헌물의 일부를 받았을 것이다.

> 주님께서 아론에게 말씀하셨다. "내가 제물로 받은 것, 이스라엘 자손이 거룩히 구별하여 나에게 바치는 것은 모두 너에게 준다. 나는 그것들을 너와 너의 아들들의 몫으로, 언제나 지켜야 할 규례로 준다… 그들이 바친 모든 제물, 곧 그들이 나의 것이라고 하여 나에게 바친 모든 곡식제물과, 그들이 바친 온갖 속죄제물과, 그들이 바친 온갖 속건제물 가운데, 불태워서 바치고 남은 것은 아주 거룩한 것으로서, 너와 너의 자손이 받을 몫이다." (민 18:8-9; 레 7:28-36 참조).

기원전 522년 성전 건축이 시작되었을 때, 다리우스는 제국의 예산으로 비용을 지불하고(스 6:8-10), 사형의 위협 아래 건축을 진행하라고(스 6:11) 명령했다. 성전 건축을 강제하려고 제국의 정치-경제-법률 장치들이 결합된다. 다리우스의 포고령은 제국이 모든 건축 비용을 지불하리라는 것이었지만, 건축에 들어간 자금 중 얼마나 많은 것이 지역의 과세로부터 나왔는지, 혹은 성전 건축 중의 얼마나 많은 것이 지역의 강제노동으로 진행되었는지는 알 수 없다. 성전이 어느 정도까지 제국이 유대 지역에 베푼 "선물"(gift)인지, 그리고 유대는 자신의 돈과 시간을 얼마나 많이 소비할 것이 요구되었는지 우리는 모른다. 에스라서는 모든 유대 주민들이 (이웃한 행정관들의 일부 반대에도 불구하고) 성전 건축을 원했다는 인상을 풍긴다. 반면에, 학개서는 일부 유대 주민들이 성전 건축을 못마땅하게 여겼음을 분명히 하는데, 이것은 인구 재정착과 성전 건축이 기원전 539년에 허락되었지만 기원전 522년 이전에는 시작되지 않았다는 사실로 뒷받침되는 입장이다.

이사야서에도 예루살렘 성전 건축을 둘러싼 사회적 긴장들이 반영되어 있다. 이사야 56-66장은 최소한 부분적으로는 다리우스 시대에서 유래하는데, 그때는 건축 계획이 막 시작되려 했거나 아직도 진행 중이었다. 일부 구절들은 새 성전을 갈망하지만(60:13-15), 다른 구절들은 성전이라는 개념 자체를 경멸한다(66:1-6). 유대는 다리우스가 지시한 대로 성전을 짓기는 했지만, 건축은 논쟁적이었다. 성전은 제국의 지시들에 따르고 제국의 체제 강화 계획을 돕는 것을 통해 페르시아 제국에 참여하는 것과 관련되었기 때문이다.

이 제국 체제의 강화 계획은 페르시아 제국의 목표들에 동조하고 지역 주민들과 제국의 권력자들 사이의 공간에서 움직이는, 유대 지역 자체 안에서의 지배 계급 확립을 필요로 했다. 제국은 지역 주민들과 바빌로니아로부터의 이주자들을 힘 있는 자리에 앉혀, 그들이 나머지 유대 지역 주민들은 누리지 못하는 특권과 권력을 가진 별개의 계급이 되도록 사회를 조직했다.

2세기에 걸친 페르시아 제국의 통치 동안 세월이 흐르면서, 유대 지역과 인근 지역들에 대한 제국의 접근방법이 달라졌다. 초기 페르시아 시대에는 이집트가 군사적 침략의 표적이었던 반면, 5세기 중엽(기원전 450년경) 이후에는 제국의 군사적 관심이 그리스와의 대결로 바뀌었다. 페르시아 군대가 북쪽으로 방향을 틀면서, 지중해 동부 연안에서의 개입은 감소했다. 시간이 경과하여 페르시아 제국 후반기에는 유대 지역이 이집트에 맞서기 위한 완충지대로서도 덜 필요하게 되어 아마 더 많은 독립을 얻었을 것이고,

남쪽의 이집트로부터 북쪽의 그리스까지 이웃들과 더 복잡한 형태의 교역을 했을 게 확실하다. 이 교역으로 인해 유대 지역과 인접한 사회들 사이의 문화적 접촉이 증가했고, 이로써 그리스가 페르시아를 정복하여 기원전 333년 후 헬레니즘 제국들이 생기기 이전에도 유대 지역은 약간의 그리스의 영향을 드러낼 수 있었다.

페르시아 제국은 유대 지역 주민들의 삶과 사회 구조의 많은 측면에 영향을 미치거나 통제했음에도 불구하고, 제국은 어느 정도의 자유와 지역의 자율을 허용했다. 페르시아 제국은 자신의 모든 속주들 내부에서 어느 정도의 용납과 관용, 심지어 다원주의(pluralism)까지도 촉진했던 것 같다. 페르시아 제국은 문화의 획일성을 요구하지 않았고, 그 대신 각각의 지역 정부가 자신의 지역 전통, 언어, 종교를 사용하여 자신의 주민들을 관리하기를 원했다. 제국은 아무런 공식적인 종교나 문화를 가지고 있지 않았기 때문에, 지방의 지역들은 자기네 사회 내부의 변화와 인접한 지역 사회들 사이의 관용을 허락했다. 이런 상황 덕분에, 유대 지역은 다원주의를 배경으로 자기 자신의 야훼종교를 발전시킬 수 있었다. 제국의 전체적인 목표에 충실하면서 지역사회를 관리한 지배층들이 또한 종교적 신념과 관행을 포함하여 자신의 지역적 가치를 표현함으로써 유대 지역을 이끌었다. 이 부분적 자율에 힘입어 유대 지역의 종교는 페르시아 시대를 통틀어 번성할 수 있었다.

페르시아 제국 시대의 유대교

따라서 유대 지역의 발전을 위한 식민지 시대 상황은 네 가지 주요 특성을 드러냈다. 유대는 특히 과세, 군사, 외교(국제) 관계에서 페르시아 제국의 지배로 인한 변화를 경험했다. 동시에 유대 지역은 불쾌감과 위치 거주지 이동이 없었던 것은 아니지만, 경제를 향상시켰을지도 모르는 체제 강화를 경험했다. 제국은 또한 지배 계급, 즉 그들의 조상이 이전의 유다 나라에 살았으며 대부분 바빌로니아 제국으로부터의 이주자들로 구성된 지배 계급을 확립했다. 이 모든 것은 문화와 종교 같은 지역 문제들에 대한 총체적인 다원주의적 태도 속에 일어났다. 이런 상황에서 유대 지역의 종교와 문화는 그 형태를 갖추었다.

페르시아 시대의 유대 지역 종교의 특징들 중에 가장 중요한 것은 성전이었는데, 이 성전은 기원전 10세기 솔로몬 시대에 지어졌고 바빌로니아 사람들이 그 도시를 정복한 때인 기원전 586년까지 예루살렘에 서 있었던 성전과 구별하려고 제2 성전(Second Temple)으로도 불렸다. 기원전 522년 스룹바벨의 지도 아래 지어진 이 제2 성전은 그것을 건축하라는 페르시아 제국의 명령을 이행했을 뿐만 아니라 유대 지역 종교와 종교 의식의 실천을 위한 영구적인 중심을 제공했는데, 페르시아 시대를 통틀어 그리고 예수 시대까지도 지속되었다. 성전은 일종의 민간 센터로서 통치와 재정 관리의 중심이었으며, 또한 제국이 현존하는 자리였다. (에스라 6:10에 따르면, 다리우스는 유대의 성전을 황제와 그의 가족을 위한 기도의 장소로 이해했음을 주목하라.) 성전은 또한 제사장 업무, 희생제사, 속죄 의식, 기도, 종교 교육, 종교적 문서들의 보존과 복사, 그리고 공동 집회를 하는 장소였다. 솔로몬의 성전 시대 동안 대부분의 지역 종교들은 성전에 기초를 두었지만, 제2 성전은 유대교가 성전에 기반을 둔 종교로서 그리스와 로마 시대까지 오랫동안 발전할 수 있게 했다. 제2 성전이 믿음의 초점과 상징을 제공한 거의 6백 년의 세월 동안, 유대교는 깊이 있게 그 형태가 갖추어졌다.

제2 성전은 유대 종교의 가장 눈에 띄는 표지였다. 그러나 성전 안에서 발전했고 성전을 통해 보급된 율법은 페르시아 시대 유대교의 더욱 영구적인 공헌으로 판명되었다. 예루살렘에 본거지를 둔 제사장들은 고대 이스라엘 전통들(그리고 어쩌면 앞선 시대의 일부 법이나 법전을 포함하여)에 기초하며 또한 페르시아 제국에 적합한 법률 체계를 글로 쓰고 법전으로 편찬했다. 에스라는 이것을 "하나님의 법과 왕의 법"(the law of God and the law of the king, 스 7:26), 즉 신적인 법이며 동시에 제국의 법이라고 불렀다. 다리우스는 입법자, 즉 많은 속주들이 그들 자신의 법 전통을 글로 적고 또 그것이 페르시아 제국의 공식적인 권력을 뒷받침하도록 후원한 황제로서의 명성을 가졌다. (느헤미야 8-9장의 에스라에 대한 묘사와 아울러 에스라서에 기초하여) 유대 전통에서는 에스라를 법률(율법) 선포자로 기억한다. 페르시아 제국 시대 동안, 유대 지역 사람들은 아마도 지금의 오경(Pentateuch)에 있는 법률들의 기초를 형성했을 법전을 발전시키고 출판했다. 오경이 이스라엘 역사상 보다 이른 제국 이전의 전통들에 눈에 띄게 기초하고 있음에도 불구하고, 일부 학자들은 심지어 오경을 제국의 명령에 따라 만들어진 문서로 간주한다. 제국이 법률을 글로 쓰도록 명했든지 아니든지 간에, 페르시아 제국이 법률의 영속성과 영향력을 위한 배경을 제공했음은 확실하다. 오경의 법률 자료들은 일련의 장황한 문서들이었는데, 제사장들과 서기관들은 새로운 두루마리에 되풀이하여 복사하는 일을 통해 이 본문들을 보존할 필요가 있었을 것이다. 그러한 집필은 예루살렘에 있는 성전과 같은 한 성전에 가장 적합한 큰 과업이었을 것인데, 성전에서 영구적 직원들은 이 문자로 된 기록을 유지하고 법률을 복사할 뿐만 아니라 그것들을 응용할 새로운 세대들에게 전달할 수 있었다. 공동체로서 함께 살아가는 방법을 위한 기본적인 교훈들, 종교 운용을 위한 제사장 규정들, 그리고 또한 유대 지역의 신앙의 핵심을 형성한 신학적 진술들이 법률에 담겨 있었다. 조직화와 강화에 대한 제국의 강조는 문자로 된 법률 전통의 발전에 필요한 선구자들을 낳았는데, 법전 편찬은 그 이후 유대교의 기초뿐만 아니라 기독교 신앙의 핵심을 제공했다.

페르시아 제국의 상황에서, 유대 지역의 종교는 지역적 경험, 즉 예루살렘 가까이 있고 또 히브리어를 말하는 지식을 가진 사람들이 접근할 수 있는 성전에 기초한 종교였다. 그 결과, 종교와 민족(ethnicity)은 밀접히 관련되었다. 그러나 제국에 의해 가능해진 문화적 접촉의 확대와 비교적 용이한 운송은 그 종교가 새로운 지지자들을 얻을 기회를 주었다. 일부 유대 지역 주민들은 이집트로 이주했고, 한 집단이 엘레판티네(Elephantine)라는 이름의 나일강 섬에서 종교 공동체를 형성했는데, 그들은 그곳에 성전을 건축하고 예루살렘 성전에서 일하는 제사장들의 충고를 받았다. 유대 지역의 종교는 예언자 말라기가 "해뜨는 곳에서부터 해지는 곳까지 내가 모든 민족들 가운데서 영광을 받을 것이다. 곳곳마다 사람들이 향과 깨끗한 제물을 내게 바칠 것이다"(말 1:11)라고 말하는 하나님을 인용할 정도로 성장했다. 유대 지역의 종교의 성장과 다양화는 민족과 심지어 제국의 경계 너머까지 신앙이 확장되고 또 이 종교가 제국보다 더 오래 살아남을 상황을 조성했다.

오경 속의 자료들에서 한 주요 주제, 그리고 어쩌면 그 자료들의 편찬과 오경 속에서의 그것들의 중심적 위치의 이유에 대한 한 가지 실마리는 계약, 즉 하나님의 계명들을 지키는 것의 중요성이다. 예레미야보다 1세기 앞선 기원전 8세기 예언자들인 아모스, 호세아, 미가, 이사야는 계약 규범들에 호소하면서, 하나님의 계명을 어기고 사람들을 억압한 것에 대해 왕들과 왕의 관리들을 고발했다. 따라서 군주들은 하나님의 준엄한 심판 아래 있었는데 임박한 징벌과 파멸을 받아 마땅했다. 사무엘과 열왕기 같은 책들에 책임이 있는 역사가들의 관점에서, 사마리아가 아시리아 군대에 무너지고 뒤이어 바빌로니아가 예루살렘, 성전, 또 다윗 왕가의 군주제를 멸망시킨 것은 예언자들의 고발이 옳았음을 증명했다. 계약의 저주들 아래, 사람들은 이제 일곱 세대 동안 고통을 겪을 것이라는 강한 인식이 널리 퍼졌다(신 28-29장). 멸망 후에, 야훼께서는 마음에 새겨질 새 계약을 만들고 계신다고 예레미야는 선언했다(렘 31:31-34).

계약 종교의 중요성은 오경에 중심적인 것으로서 포함되어 있는 병행되는 법률 수집물에서 엿볼 수 있다. 계약법전(The Covenant Code, 출 21; 23장)은 가장 오래된 법률 수집물로 간주되며, 그 다음에 제사장들이 개작한 것이 분명한 성결법전(Holiness Code, 레 17-27장), 그리고 신명기(신 10-26장) 속의 법률들과 계약의 가르침들의 수집물이 뒤따르는데, 이 마지막 수집물은 권력 집중을 뒷받침하려고(아마도 요시아 왕의 개혁에서) 수집되고 개정되었다는 것이 분명한 표지들을 보여주지만 이것은 페르시아 시대 동안의 비슷한 권력 집중에도 매우 적합했을 것이다.

제국에 맞서고 순응하기

페르시아 제국이 유대의 식민 지역에서뿐만 아니라 제국의 나머지 전역에서도 삶과 문화를 규제하려고 시도하던 중에, 유대 문화와 종교가 발전하고 확산되는 상황을 만들었다. 제국은 유대의 종교적 관행들이 완전히 제국을 뒷받침하기를 의도했을지도 모르지만, 그 종교는 처음부터 제국화에 저항하는 자원들을 포함하고 있었다. 부분적으로, 노만 갓월드(Norman Gottwald)와 월터 브루그만(Walter Brueggemann)이 이미 분명히 밝혔듯이, 군주제 이전과 군주 시대의 이스라엘로부터 물려받은 고대의 종교 전통들은 유대 지역의 종교에 이러한 반제국적 방향성을 주었지만, 그것은 또한 페르시아 시대의 상황에서 유래했다.

제국화는 인간 역사에서 강력하고 중요한 힘이지만 항상 저항을 키운다. 제국의 문화와 지역 문화의 상호 작용은 일부 사람들로 하여금 제국 이전의 자율뿐 아니라 자신들의 전통적 생활방식과 사고방식을 더욱 단단히 고수하도록 촉구한다. 제국의 체제 강화가 지역의 새로운 지배 엘리트 계급을 만들어낼 때, 다른 사회적 부분들 또한 사회 계층화를 통해 형성되며, 이것은 서로 다른 집단들 사이의 경쟁적인 이해관계를 낳는다. 제국화의 과정은 동시에 저항의 과정을 불러일으킨다. 이것은 한 사회 내부의 다양한 제도들 속에서 동시에 발생한다.

심지어 성전과 법률들처럼 중요한 종교적 표현들 내부에서조차도, 수용과 저항이 즉각 일어났다. 이사야 56-66장은 성전을 지지하는 목소리뿐 아니라 성전에 반대하는 목소리도 제시한다. 언제나 법률은 법을 따르는 사람들과 따르지 않는 사람들, 혹은 예외들과 법의 허점을 찾으려는 사람들, 혹은 에스라 7:26, 느헤미야 9장, 그 밖의 다른 곳들에서 볼 수 있듯이 상이한 해석을 주장하는 사람들의 공동체를 형성한다. 사람들이 다양한 방식으로 자신들의 활동을 수행할 때, 법과 성전의 관행(temple practice) 모두 계속적인 협상 속에 있다. 그러나 커다란 연속성과 응집력을 제공했던 이 지배적인 제도들을 넘어서도, 유대 종교는 자신을 많은 다른 방식들로 저항으로서 표출했다.

보다 오래된 이스라엘 전통들이 단순히 법과 이야기로 구성되었던 반면, 페르시아 시대에는 많은 다른 장르들이 생겨났다. 이 시대에, 유대 종교 내부의 한 주요한 문학적 예술 형태로서 노래들이 등장했다. 아마도 유대 지역 사람들이 이 시대 동안 시편 책의 대부분을 쓰고 수집했을 것인데, 시편들 중 일부(시 121-34 같은)는 포로기 이후의 제2 성전 주제들을 명시적으로 표현한다. 아가서와 예레미야 애가 또한 이 시대로부터 유래할지 모른다. 그러한 노래들을 통하여, 유대 지역 사람들은 자신들의 신앙을 열정적으로 노래했고, 이 유산을 제의적-법률적 틀과 나란히 대중적 종교 형태로 보존했다. 이와 같은 노래들은 제국을 통틀어 공유된 형태의 종교적 표현이 아니었다. 노래들이 반드시 유대에만 독특한 것은 아니었지만 유대 종교의 한 특징적 부분을 형성했는데, 개별성이나 공동체적, 지역적, 비제국적(nonimperial) 정체성의 진술로서 종종 일인칭으로 표현된다.

서기관들 역시 한 덩어리의 지혜문학을 만들어냈는데, 이것은 페르시아 시대를 통틀어, 특히 유대가 다른 지역들의 사상과 접촉하게 된 후대를 통틀어 활기차게 성장한 지적 전통을 대표했다. 잠언서와 같은 지혜문학은 독립적인 사고의 유산을 대표하는데,

지식이 왕이나 심지어 하나님의 명령보다는 개인적-집단적 관찰과 경험에서 온다고 기술한다. 그러한 것으로서, 지혜문학은 그것이 전체적인 문화의 가정(假定)들을 반영할 때조차도 통찰력을 공동체에 훨씬 더 가까이 가져다놓음으로써 본질적으로 제국에 저항한다. 욥기와 전도서 같은 지혜문학은 회의주의를 수반하는 지적 전통의 일부를 보여주며, 그리고 일반적으로 인정되는 문화적 규범들의 확실한 진리들로부터 벗어난다. 이 책들은 심지어 반대나 항의로 해석되어 왔다.

유대 종교가 확장되면서 민족성과의 엄밀한 연관성을 잃기 시작했다. 히브리 성서는 민족적 경계 바깥에서 종교를 재정의한 흔적들을 보여준다. 예를 들어, 이사야는 믿음이 신실한 사람들을 "민족들을 비추는 빛"(42:6; 49:6; 60:3 참조)으로 이해하며, 그 민족들이 하나님의 영광스러운 임재 때문에 예루살렘으로 달려올 것이라고 말한다(사 55:5; 2:2, 4 참조). 이사야 예언자는 심지어 토착민들이 하나님을 예배하는 것과 동일한 방식으로 외국인들이 하나님을 예배할 수 있다고 주장한다(56:3, 6). 나중의 역사에서, 유대 종교는 하나님을 두려워하는 자들로서 합류한 외부인들을 훨씬 더 용납하는 종교가 되었는데, 이런 관행은 페르시아 시대에 뿌리를 갖고 있을지도 모른다. 룻기 같은 그 밖의 책들은 모압 사람들과 같은 이웃들을 믿음의 상속자와 조상으로 기꺼이 받아들인 것을 암시할 것이다. 동시에 이런 변화들은 논쟁적이었는데, 에스라와 느헤미야 같은 책들은 선택된 공동체의 순수성을 위해 민족성의 훨씬 더 높은 가치를 주장한다.

이런 종교적 변화들과 더불어 제2 성전의 유대 종교에는 두 가지 매우 중요한 실천이 있는데, 기도와 안식일 준수가 바로 그것이다. 기도는 문학의 일부로서 보다 평범한 것이 되었다. 예를 들어, 역대기상·하의 이스라엘 역사에 대한 개작된 이야기 속에서 기도의 숫자와 길이를 사무엘과 열왕기의 책들에서 출판된 더 이른 형태와 비교해 보라. 시편들에서처럼, 기도들의 일인칭 언어는 개인을 신과 연결시켜 주어, (기도는 종종 성전 예배 의식에 맞추어져 있음에도 불구하고) 왕들과 제사장 제도 같은 중간 매개물을 생략한다. 다니엘서에서, 기도는 왕의 법과 제국의 통치에 맞서는 명백히 반제국적 실천으로서 등장한다. 마찬가지로, 안식일은 종교적 준수의 한 실천이 되었는데, 개인의 경건한 신앙심을 공동체적 연대성과 통합시킨다. 안식일은 언제나 반(反)경제적 사건으로 해석되었는데, 제국의 생산과 소비의 리듬을 거부한다. 히브리 성서는 안식일을 제국의 부와 가난의 계층화에 저항하는 사회정의 전통 속에 확고히 근거를 둔다. 안식일은 모든 지상의 권력들에 대한 하나님의 최고 주권을 강조함으로써 제국을 부정한다. 기도와 안식일의 부상(浮上)과 함께, 개인들과 지역 공동체들은 똑같이 제국화하는 체제들이나 계급제도들에 참여함 없이 자신들의 신앙을 표현하는 방법들을 찾았다. 이것들은 제국에 저항하는 종교적 수단들이었다.

페르시아의 칙사인 에스라가 예루살렘의 공공 광장에서 모세 율법을 낭독했을 때(느 8-9장), 이 의식은 하나님과 사람들 사이의 고대 계약을 갱신했다. 율법을 읽는 것 또한 고대 유대인의 성전 국가(temple-state)의 헌법 헌장 역할을 하였는데, 성전 국가가 여전히 제국의 일부이기는 했지만 어떻게 자신의 일들을 처리함에 있어서 최소한 반(半)자율성을 가졌는지를 보여준다. 페르시아인들은 피지배 민족들에게 상당한 정도의 사회-문화적 자율권을 허용했던 것으로 보인다. 제국은 제국의 단일한 언어, 문화, 법률 제도, 혹은 종교를 시행하려고 애쓰지 않았다. 그 대신, 제국은 지역의 집단들이 그들 자신의 문화적 가치와 규범을 세우는 것, 지역 엘리트들이 이끄는 지역의 관습과 제도들에 의해 주로 규제되는 것을 허용했다. 제국은 피지배 민족들에게 독특하게 페르시아적인 생활방식을 결코 강제하지 않았다. 그러나 제국의 질서와 세입(歲入)의 꾸준한 흐름에 대한 관심 속에, 제국은 예루살렘 성전 국가처럼 그 두 가지 관심사항 모두를 관리할 지역 기구들을 후원했다. 따라서 성전 국가의 우두머리들에 의한 통치는 언제든지 지배적인 제국의 질서에 대한 적응이나 순응을 수반했다.

이사야 40-55장에도 페르시아 제국 아래에서의 삶에 대한 적응 속에 이스라엘 전통의 또 다른 창조적인 변형이 포함되어 있다. 이사야는 페르시아 황제인 고레스를 메시아로 선포한다(45:1). 아울러, 이사야는 페르시아인들의 바빌로니아 정복을 국외로 추방되었던 유대인들이 예루살렘으로 귀환하게 될 새로운 출애굽이라고 부른다. 이것은 (이집트의 종살이로부터의) 고대의 출애굽을 **모든 백성들의 해방**으로부터 **귀족정치의 회복**으로 바꿔놓는다(51:9-11). 동시에, 이사야는 하나님이 참된 창조자라고 강력히 단언하는데(40:12-31), 이것은 바빌로니아와 페르시아의 상황에서는 **반제국적 선언이었을 창세기 1-2장의 선언들**을 반영한다.

후대의 서기관들은 계속해서 지역의 자율성과 제국의 통치 사이에 붙들려 있었다. 그들은 제국의 후견인들에게 충성해야만 했지만, 그러면서도 지역 종교의 확고한 지지자들이었다. 아마도 이 서기관들은 다니엘서의 맨 처음 여섯 개의 장과 같은 문헌을 발전시킨 사람들일 것이다. 이 이야기들 속에서 다니엘과 그 밖의 다른 영웅들은 제국의 궁전에서 근무한다. 그러나 자신들의 하나님의 계약 법률을 범하도록 요청을 받거나 강제되는 처지에 놓일 때, 그들은 단호히 거부하고 그 결과 고난을 겪는다. 그들은 하늘의 하나님, 즉 지극히 높으신 하나님이 한 왕에게 한동안 제국의 주권을 주고 또 그것을 빼앗아갈 수 있는 궁극적인 왕이요 주권자라는 자신들의 인식에 견고히 서 있다. 이 이야기들 속에서, 신실한 믿음을 가진 서기관 영웅들의 정당한 진실성이 하나님에 의해, 그리고 이따금 심지어 다니엘의 하나님의 궁극적인 왕권을 갑작스럽게 인식한 제국의 왕에 의해 마침내 입증된다. 이 이야기들은 나중 세대들의 노골적인 저항의 길을 준비하는 것을 도와주었다.

페르시아 제국 이후

페르시아 제국은 결국 마케도니아의 알렉산더 대제의 군대에 굴복했는데, 그는 마케도니아와 그리스로부터 인도, 그리고 오늘날의 아프가니스탄에 이르기까지 훨씬 더 큰 영역을 정복했다. 그러나 그가 일찍 죽은 후, 그가 정복한 지역들은 그의 후계자들에 의해 분할되었다. 이집트에 본거지를 둔 프톨레마이오스 왕조는 기원전 3세기 동안 유대와 팔레스타인의 나머지를 다스렸는데, 기원전 200년 이후 시리아에 근거지를 둔 셀류코스 왕조의 정복에 항복했다. 이 그리스인들의 라이벌 제국들은 유대에서의 제국의 질서, 즉 예루살렘에 있는 성전 국가를 바꾸지 않았다. 그러나 제국은 이제 정치-경제적일 뿐만 아니라 또한 문화적이 되었다. 그들은 언어를 제국의 그리스어로 바꾸고, 자신들의 영역 안에 있는 그리스의 폴리스(*polis*)를 모방하여 도시들을 재편성했다. 그리스어를 말하는 퇴역군인들의 집단들과 종종 협력한 지역 엘리트들이 주변 지역의 토착 민족들을 지배하고 경제적으로 착취하기 위해 도시들을 다스렸다.

기원전 175년 이후, 헬레니즘화된 지역의 엘리트들이 자신들의 권력을 강화했고, 유대 정부에서 근무했던 서기관들을 그들이 이전에 직면했던 것보다 더 힘든 딜레마에 빠뜨렸다. 그들은 귀족 후견인들에 대한 충성과 경제적 의존, 그리고 그들이 직업적으로 수호했던 유대의 율법과 전통에 대한 충성, 이 둘 사이에서 분열되었다. 더욱이, 만일 그들이 모세 율법에 대한 헌신을 계속해 고집하면 갑자기 희생될 수 있었는데, 왜냐하면 귀족정치는 그리스 방식의 새로운 정치 체제를 확립했기 때문이다. 이 서기관들 중 일부가 다니엘 7장과 8장, 그리고 10-12장의 꿈들을 창작했을 것은 당연하다. 이 환상들은 끔찍하게 파괴적인 맹수로서 유대를 통치했던 일련의 제국을 상징한다. 예를 들어, 다니엘 7장에 나오는 환상은 하나님의 하늘 법정에서의 심판 장면과 "사람의 아들 같은 분"(one like a son of man)의 도래로 끝난다. 하나님은 제국들을 멸망시키며 하나님의 거룩한 자들에 대한 호의를 회복한다. 그러나 기원전 168년 이후에는, 황제 안티오쿠스 4세 에피파네스가 제국의 개혁들을 시행하여, 제국에 대한 그러한 저항의 목소리들을 순교자로 만들어냈다(단 12:1-4). 그 밖의 묵시종말론 본문들은 헬레니즘 제국들에 저항한 이 집단들로부터 유래한다.

그러한 저항은 제국에 대한 마카비 폭동(Maccabean revolt)을 낳았다. 촌락들과 마을들에서 보통의 제사장들이 이끈 많은 수의 주민들은 자신들의 전통적 생활방식을 포기하기보다는 싸우고 심지어 죽기를 선택했다. 마카베오서에 이런 이야기가 나오는데, 영웅적 지도자들에게 브니아스처럼 자신들의 하나님을 위해 열성적인 전통적 인물들의 망토를 입힌다. 이야기의 끝에 이르러, 마카비 봉기 지도자들 중의 하나가 새로운 대제사장 직분을 장악하지만, 그것 역시 제국의 통치 체제와 협상한다.

결론

페르시아 제국이 유대 지역과 지중해 동부 연안의 나머지를 지배했던 두 세기 동안, 제국은 유대의 사회적 환경과 문화와 종교 형성에 고도의 통제와 영향력을 행사했다. 제국의 강화 정책들은 성전 건축과 율법 공표로 이어졌는데, 이 제도들은 전체 사회를 규제함과 동시에 유대 종교의 상당 부분을 위한 기조를 정했다. 그러나 이 제국의 세력들의 상황 내부에서 하나의 저항적인 종교가 자라났다. 제국은 전체주의적 추진력으로서 작동했을지도 모르지만, 유대 종교는 그런 전체주의적 영향력에 저항하고, 개인들과 공동체들에게 제국에 의존하지 않는 삶을 위한 자원을 제공하는 수단으로서 발전했다. 사실, 유대 지역의 종교생활은 아케메네스 왕조 통치의 세부 사항들이 대부분 잊혀진 오늘날에도 계속해서 살아 있다.

그것 이상으로, 유대 지역의 믿음과 실천으로부터 자라난 종교들은 그 뿌리가 제국에 저항한 이 경험에까지 거슬러 올라간다. 히브리 성서의 정경은 저항을 위한 다양한 전략들을 반영한다. 다원주의 문화의 한복판에서, 야훼에 대한 신앙은 새로운 청중에게 호소하는 새로운 형태를 제공하기 위해 다양화되어 율법과 이야기와 함께 음악과 지적 작업(intellectualism)을 통합했다. 그 종교의 실천이 성전을 훨씬 더 넘어서서 이집트와 다른 곳들 속으로 확대되는 동안에도, 성전은 하나님의 권능이 세상의 모든 힘을 무색하게 만드는 공간이 되었다. 유대교, 기독교, 이슬람교의 충실한 신자들이 오늘날 제국의 월권행위들, 그리고 전체주의 정치와 세계화하는 경제의 악들에 맞서 말하는 때, 히브리 성서는 오늘날 이런 반제국주의 저항을 위한 기초를 놓아준다. 이 페르시아 시대의 성서 구절들은 우리 모두에게 하나님만이 홀로 세상의 힘들 위에 군림하는 최고 주권을 가지고 있고, 열정과 지성은 예배와 순종에 대한 효과적인 동반자이고, 개인과 지역 공동체의 기도는 제국의 무력보다 강하고, 안식일 휴식은 끊임없이 증가하는 생산성에로의 부름보다 더 강력하고 치유적이고, 신앙은 우리를 떼어놓으려는 모든 경계를 가로질러 사람들을 결합시킬 수 있음을 계속해 상기시켜 준다.

제4장

로마제국의 신학

존 도미닉 크로산

“자신들의 제국에 대한 로마인들의 태도에서 가장 신기한 것은 로마제국이 보편적이고 신들에 의해 의도되었다는 믿음이다.”
— 피터 A. 브런트 (1978)

“로마는… 모든 역사 속에서 가장 성공적인 정복 국가들 중의 하나였다. 그러나 로마는 정복들의 가장 성공적인 보유자였다… 로마는 자신이 획득한 것을 굳건히 지켰다.”
— 마이클 만 (1986)

“우리는 현대 세계의 로마인들, 즉 위대한 동화력이 있는 사람들이다. 우리의 원형에서처럼, 우리에게도 갈등과 정복은 물론 필요한 사건들이다.”
— 올리버 웬델 홈메스 (1858)[1)]

---

1) 첫째 인용문은 *Imperialism in the Ancient World*, The Cambridge University Research Seminar in Ancient History, ed. Peter D. A. Garnsey and C. R. Whittaker, Cambridge Classical Studies (Cambridge:

먼저, 나는 단지 로마의 문명, 종교, 혹은 신화가 아니라 매우 의도적으로 **로마 제국의 신학**(imperial theology)에 관해 말한다. 나는 로마제국의 신학을 로마의 문명을 한데 결합시킨 이데올로기적 접착제로서 이해한다.[2] 이것은 버클리에 있는 캘리포니아대학교 교수인 마이클 만(Michael Mann)의 역사적-비교학적 거시 사회학(macrosociology)에 기초한다. 그에게 제국의 힘은 모든 사회 세력처럼 그 자체의 것이라기보다 오히려 네 가지 유형의 힘의 상호 작용적 결합이다. 즉 힘과 폭력의 독점이나 통제인 **군사력**, 노동과 생산의 독점이나 통제인 **경제력**, 조직과 제도의 독점이나 통제인 **정치력**, 그리고 의미와 해석의 독점이나 통제인 **이데올로기적 힘**이 그것이다.[3] 더욱이 1세기 아우구스투스의 **신학**(Augstan theology)에 대해 똑같이 정확하게 말하지 않은 채 1세기 기독교 **신학**(Christian theology)에 관해 말하는 것은 타당하지 못하다.

둘째, 나는 단지 "황제 숭배"(the emperor cult)에 관해 말하는 게

Cambridge University Press, 1978), 159-191쪽의 "제국을 찬양하라"(Laus Imperii)에서 가져왔다. 162쪽을 보라. 둘째 인용문은 *The Sources of Social Power*, vol. 1, (Cambridge: Cambridge University Press, 1986), 250쪽(아래의 주2 참조)에서 가져왔다. 셋째 인용문은 *The Autocrat of the Breakfast-Table*(인터넷 자료)에서 가져온 것이다.

2) Ramsay MacMullen, *Romanization in the Time of Augustus* (New Haven, CT: Yale University Press, 2003)에 따르면, "로마 문명은 마침내 한 단일한 것으로서 어디에나 등장했다. 아무리 불완전하다고 해도, 그 성취도는 모든 사람에게 낯익은 놀라움으로 남아 있다"(9-10쪽)는 사실에서, 로마제국 신학은 매우 중요한 역할을 했다.

3) 그의 주요한 지속적인 연구는 *The Sources of Social Power*, 4 vols. (Cambridge: Cambridge University Press), vol. 1: *A History of Power from the Beginning to A.D. 1760* (1986); vol. 2, *The Rise of Classes and Nation-States, 1760-1914* (1993); vol. 3, *Globalization*(집필 중)이다. 그는 이 사중적인 분석을 *Incoherent Empire* (London and New York: Verso, 2003)에서 현대 미국에 적용한다.

아니다. 마치 어떤 개인적 특질이나 공손한 궁중 의식에 지나지 않는 것인 양, 황제 숭배는 너무 간단히 처리해 버리는 것처럼 들린다. 나는 "그리스도 숭배"(the Christ cult)라는 표현을 사용하지 않으며, 그래서 "황제 숭배"라는 표현도 사용하지 않는다. 예를 들어, 중세 기독교계는 그리스도의 신성을 중심으로 하는 기독교 신학에 기초해 있었다. 비슷하게, 로마의 문명은 황제의 신성을 중심으로 하는 **제국의 신학**(imperial theology)에 기초해 있었다.

셋째, 제국의 신성(imperial divinity)은 이따금 마치 그것이 속주(屬州)들을 위한 선전 책략에 불과하며 로마나 이탈리아에서는 믿어지지 않았던 것인 양 묘사된다. 그러나 예를 들어, 기원전 15년경의 『아우구스투스에게 보낸 서한』(*Epistle to Augustus*)에서 시인 호라티우스는, 모든 이전의 신격화가 사후에만 일어났던 반면, "당신께서 아직 우리들 사이에 계신데도, 우리는 이미 존경을 바치고 당신의 이름으로 맹세하려고 제단들을 세우고, 그리고 당신과 같은 분은 앞으로 떠오르지 않을 것이고 지금까지도 떠오른 적이 없었음을 고백합니다"(서한 2.1.15-17)라고 언급했다.[4]

넷째, 로마제국 신학의 직접성과 편재성은 제국의 꼭대기로부터 식민지의 밑바닥까지의 선전으로서보다는 제국 전체를 통틀어 자기 의식적으로 "로마적인"(Roman) 정치 엘리트들이 지지한 비범하게 성공적인 광고 캠페인으로서 더 잘 이해된다.[5]

---

4) Horace, *Satires, Epistles, and Ars Poetica* (trans. H. Rushton Fairclough; LCL; Cambridge, MA: Harvard University Press, 1970).

5) Clifford Aldo, *Imperial Ideology and Provincial Loyalty in the Roman Empire, Classics and Contemporary Thought* 6 (Berkeley, CA: University of California Press, 2000). Charles S. Maier, *Among Empires: American Ascendancy and Its Predecessors* (Cambridge, MA:

다섯째, 로마제국 신학의 가장 두드러진 측면들 중의 하나는 살아 있는 아우구스투스를 주피터의 화신(Jupiter/Jove-Incarnate)이나 대지를 위한 주피터(Jupiter/Jove-for-Earth)로 기술하거나 묘사하는 애매하고 간접적인 방식이다. 예를 들어, 흑해 중서부 해안 다뉴브 강어귀 근처에서 유배생활을 했던 시인 오비드는 『트리스티아: 한 유배자의 슬픔』(*Tristia [Sorrows of an Exile]*)에서 "부재한 권능인 주피터(=아우구스투스)와 함께라면, 나는 하고 싶은 말을 다 할 수 있을 텐데."라고 탄원한다.[6] 그는 자신이 다시 한번 로마로 돌아가 팔라틴 언덕(Palatine Hill, 로마 황제가 최초의 궁전을 세운 곳)을 안내자와 함께 돌아다닌다고 상상한다. "나는 '이것이 [팔라틴 언덕에 있는] 주피터의 집입니까?'라고 물었다. 저 위의 오크나무 왕관으로 판단하건대, 그렇다고 생각했다. 집주인이 [아우구스투스였다는] 것을 알게 되고서, '맞아요. 이것은 막강한 주피터의 집인 게 틀림없어요'라고 나는 대답했다"(*Trist.* 3.1.36-39).

여섯째, 율리우스 카이사르나 카이사르 아우구스투스의 신성(divinity)은 개인적인 카리스마의 경우에 불과한 것이 아니었다. 신성은 그런 개인들에게서 비롯되어 먼저는 왕조, 그 다음에는 제국의 대권(大權)이 되었다. 그것은 먼저 율리우스-클라우디우스 왕

Harvard University Press, 2006)를 주목하라: "제국은 정치적 조직화의 한 형태이다. 이 조직화 속에서, 지배적인 나라에서 통치하는 사회적 요소들은… 그들 자신의 행정 단위에서의 안전에 대한 보답으로 국제 정세에서의 종속을 받아들이는 해외 지역들의 연합한 엘리트들의 연결망을 만든다… 제국은 안정시키는 불평등(stabilizing inequality), 혹은 더 정확하게는 일부 의식들(rituals)과 평등의 형태들을 엄청난 불평등의 보존과 화해시키는 역할을 한다"(7, 23쪽).

6) Ovid, *Tristia* (Ovid in 6 vols; trans. Arthur Leslie Wheeler; rev. G. P. Goold; vol. 6; LCL; Cambridge, MA: Harvard University Press, 1988).

조를 가로질러 확대되었다—심지어 칼리굴라 황제 이후에도 신성은 여전히 클라우디우스와 함께 그곳에 있었다. 그리고 네로 때문에 그 왕조가 수치스러운 종말을 맞이하고 내전이 이전보다 더 많이 벌어진 후에도, 네로 황제의 신성은 베스파시아누스, 티투스, 그리고 도미티아누스의 새로운 플라비우스 왕조와 더불어 예전처럼 강력하게 회복되었다. 예를 들어 로마에서, 티투스 개선문은 "신적인 베스파시아누스의 아들, 곧 신적인 티투스 베스파시아누스 아우구스투스"(the divine Titus Vespasian Augustus, the son of the divine Vespasian)에게 바쳐진다.

마지막으로, 로마제국 신학은 시와 비문(inscription), 동전과 이미지, 조각상, 제단, 구조물을 통해 선전되었다.7) 그것은 이야기 신학(a narrative theology), 즉 매디슨 애비뉴(미국 광고업계)로부터 거의 배울 게 없을 멀티미디어 상황에서 말해지는 이야기였음을 나는 강조한다. 물론, 그러한 몇몇 범주는 종종 겹쳤다. 예를 들어, 로마의 티투스 개선문에 관해 다시 한 번 생각해 보라. 그것은 한

---

7) 이 논문은 다음과 같은 독창적인 저작들에 크게 신세지고 있다: Simon R. F. Price, *Rituals and Power: The Roman Imperial Cult in Asia Minor* (Cambridge: Cambridge University Press, 1984); Paul Zanker, *The Power of Images in the Age of Augustus*, trans. Alan Shapiro, Jerome Lectures: Sixteenth Series (Ann Arbor: University of Michigan Press, 1990); Karl Galinsky, *Augustan Culture: An Interpretive Introduction* (Princeton, NJ: Princeton University Press, 1996). 로마제국 신학은 제국의 거의 대다수를 차지하는 문맹인 사람들을 위해 텍스트와 책이 아니라 형상과 구조물 속에 선언되었다. 이 마지막 두 개의 저작은 그러한 형상들을 무더기로 보여준다. Jonathan L. Reed and John Dominic Crossan, *In Search of Paul: How Jesus's Apostle Opposed Rome's Empire with God's Kingdom* (San Francisco: HarperSanFrancisco, 2004)에서도 많은 형상들을 볼 수 있다. 이 현재의 논문에서, 나는 그 형상들을 보여주는 것을 일부러 피하고 대신 독자들이 인터넷으로 직접 검색해 볼 것을 요청한다: 예를 들어, Gemma Augustea 혹은 Ara Pacis Augustae를 검색해 보라.

구조물 위에 이미지들과 함께 비문을 가지고 있다. 이 글의 범위 내에서, 나는 이 일곱 가지 범주의 각각으로부터 한 가지씩 탁월한 실례를 선택하겠다. 이 범주들이 어떻게 가령 당신의 손이 감싸고 있는 작은 동전으로부터 그 자체가 당신을 감싸고 있는 커다란 구조로 확대되는지 주목하라. 하지만 나는 로마제국 신학의 기초적인 서사적 환상을 담고 있는 텍스트로 시작한다.

베르길리우스의 『아이네이스』

시로 표현된 로마의 신학을 위해 내가 선택한 실례는 가장 분명한 것이다. 만일 바다 항해에 뒤이은 육지에서의 전쟁에 관한 호메로스의 『일리아드』와 『오디세이』를 로마제국 신학의 구약성서로 간주한다면, 육지에서의 전쟁에 뒤이은 바다 항해에 관한 베르길리우스의 『아이네이스』는 그 신약성서였다. 로마의 운명에 관한 이 서사적 환상은 기원전 19년 베르길리우스가 죽은 후 출판되었는데, 그 구성요소들 중의 다섯 가지는 다음과 같다.

하늘의 포고령

그것 모두는 주피터가 하늘에서 딸 비너스에게 말하는 것으로 시작된다. 로마인들이 "그들의 지배 아래 있는 바다와 모든 땅을 보유할 통치자들"이 되리라는 그의 약속을 그녀는 그에게 상기시킨다(Virgil, *Aen.* 1.236).[8] 그는 자신의 결정을 재차 단언한다. 왜냐

8) Virgil, *Eclogues, Georgics, Aeneid* (2 vols; trans. H. P. Fairclough, rev. G. P. Goold; LCL; Cambridge, MA: Harvard University Press, 1999;

하면 주피터는 “이것들을 위해 나는 시간이나 공간을 제한하지 않았다… 로마인들, 세계의 군주들, 그리고 토가(toga, 고대 로마 시민이 입은 겉옷)의 나라를 소중히 하기 위해… 제국에 어떤 한계도 주지 않았다. 따라서 그것을 포고한다”고 말하기 때문이다(1.278- 83).

고대의 혈통

천 년도 더 일찍이 트로이 전쟁 때, 트로이의 안키세스와 여신 비너스의 아들인 아이네이스(Aeneas)—아우구스투스의 예표—는 운이 다한 도시인 트로이에서 탈출하여, 그 아들 율루스(Julus)를 통해 이탈리아에서 로마 민족과 율리우스 씨족을 창건하도록 운명지어졌다. 그래서 주피터는 비너스에게 말한다: “이 귀족 혈통에서 트로이 혈통 황제(아우구스투스)가 태어날 것인데, 그는 자신의 제국을 대양까지, 그의 영광을 별들까지, 위대한 율루스에서 유래한 이름인 율리우스까지 확대할 것이다! 너[비너스]는 도래할 날에, 동방의 전리품을 싣고 올 그를 하늘로 환영할 것이며, 그 또한 맹세들에서 그의 혼령을 불러낼 것이다”(1.286-90).[9]

예언적 약속

이탈리아에서 라티누스 왕은 다음과 같이 선언하는 신탁을 듣는다: “낯선 사람들이 당신의 아들이 되려고 올 것인데, 그들의

2000).

9) G. Karl Galinsky, *Aeneas, Sicily, and Rome*, Princeton Monographs in Art and Archaeology 40 (Princeton, NJ: Princeton University Press, 1969).

피는 우리의 이름을 별들까지 높일 것이다. 그리고 그들 민족의 자녀들은 자신들의 발아래 고분고분 굴러가는 온 세상을 주시할 것이고, 선회하는 태양은 각각의 대양(즉 동과 서)을 지켜본다" (7.98-101). 나중에 그는 아이네이스가 "영광스러운 용맹을 떨치는 자손인 게 틀림없는데, 그 힘은 온 세상을 지배할 것"을 인식한다.

명백한 사명

이처럼 앞에 나오는 요소들은 트로이부터 이탈리아까지, 그리고 아이네이스부터 아우구스투스까지, 로마의 변경할 수 없는 운명을 확립한다. 안키세스는 하데스(Hades)를 방문한 아이네이스에게 그의 소명에 관해 경고한다. 지금은 죽은 그의 아버지는 "너, 로마여, 반드시 세상을 통치하고, 정의로 평화에 왕관을 씌우고, 피정복자들의 목숨을 살려 주고, 그리고 교만한 자들을 궤멸시켜라"고 말한다(Virgil, *Aen.* 6.851-53). 이것과 이 글 속의 모든 다른 실례들에서, 로마제국의 신학은 이탈리아나 지중해에 군림하는 구원적인(salvific) 힘에 관한 것일 뿐만 아니라, 세상과 땅, 시간과 공간에 군림한다는 것을 주목하라.

승리의 신

마지막으로, 베르길리우스는 아이네이스로부터 아우구스투스까지의 천 년이나 되는 이야기 모두를 표현하면서, 대장장이 신 벌컨이 아이네이스를 위해 전투용 방패를 만들고, 그것을 기원전 31년 9월 2일 머잖아 아우구스투스가 될 옥타비아누스가 고대 최후의 큰 해전에서 곧 자살하게 될 안토니우스와 클레오파트라를 무찌른 악티움 앞바다 전투에서 과시한 것으로 표현한다. 그곳에서, 서방의 "모든 힘 있는 신들"은 동방의 "모든 형태의 괴물 같은 신들"에 맞서 싸웠다(8.679, 698).

시인 프로페르티우스는 그의 『비가들』(*Elegies*) 중의 하나에서 심지어 베르길리우스를 능가했다. 첫째, 그는 "카이사르의 영광을 위해 나의 노래를 부른다. 카이사르를 노래하고 있는 동안, 주피터여! 당신까지도 가만히 기도하네!"라고 쓴다.[10] 둘째, 궁수 신이며 소문으로는 아우구스투스의 사실상 신적인 아버지인 아폴로는 자신이 태어난 고향인 델로스 섬이 아우구스투스에게 다음과 같이 말하도록 내버려 둔다: "오 세상의 구원자여… 육지는 이미 네 것이니 이제 바다에서 정복하라. 나의 활이 너를 위해 싸우고, 내 어깨 위의 이 모든 화살이 네 편이다." 마지막으로, 아우구스투스의 "양아버지 [율리우스] 카이사르는 '나는 신이다. 이 승리는 네가 나의 혈육이라는 증거이다'라고 금성(the star of Venus)으로부터 계속해 경탄하는 것처럼 보인다"(4.6.13-14, 37-40, 59-60).

옥타비아누스의 야영지 비문

비문들에 담긴 로마제국 신학을 살피려고 선택한 비문을 위해 나는 악티움에 머문다. 이 비문은 옥타비아누스가 승리한 직후 만들어졌는데, 그 정확한 위치는 아우구스투스의 로마제국 신학의 핵심을 가장 분명히 암시하는 것들 중의 하나이다.

---

10) Propertius, *Elegies* (trans. G. P. Goold; LCL; Cambridge, MA: Harvard University Press, 1990).

알렉산드리아에서 안토니우스와 클레오파트라를 추격하여 죽음으로 내몰기 전에 옥타비아누스는 승리의 도시인 니코폴리스를 건설하라고 명했는데, 이것은 그의 악티움 승리를 경축하고, 주변 지역을 로마화하고, 또 이탈리아 남부의 아피아 대로(大路)부터 그리스를 가로질러 동쪽으로 에그나티아 대로까지 로마 군대의 주요 도로망을 확보하려는 것이었다. 여기에는 매우 놀라운 것이 하나도 없었다. 그러나 그는 새로운 도시 북쪽의 자신의 전투지휘소(command tent) 부지를 신성한 사당(shrine)으로 만들 것을 또한 명령했다. 서쪽으로 이오니아 해(海)에 그의 함대가 있고 동쪽으로 암브라시아 만(灣)에 적군 함대를 두고, 미크할리트시 언덕 기슭에 뛰어나게 위치한 그의 야영지는 이제 곧 그리고 앞으로도 영원히 신성한 땅이 될 것이다.

야영지 사당의 연단은 삼면에 주랑(柱廊)이 있었지만, 남쪽 정면은 열려 있었다. 적군의 배들로부터의 포획물 중 1/10인 대략 35개의 청동으로 만든 공격용 충각(衝角)들이 돌로 쌓은 흉벽(胸壁)을 따라 깊숙이 박혀 있었다. 그것들은 밖으로 향하고 있었는데, 서쪽 끝에 있는 가장 큰 것은 무게가 2톤 정도 되었다. 물론 이 청동 충각들은 오래 전에 사라졌지만, 한때 그것들이 박혀 있었던 구멍으로 미루어 아직까지도 그 엄청난 크기를 추정할 수 있다. 승전 기념비 벽면 바로 위에 비문이 있는데, 이 비문은 로마제국 신학에서 두 번째로 중요하다.

이 비문은 더 일찍이 기록되거나 부지 주변에 여전히 흩어져 있는 다양한 큰 덩어리들로부터 1989년에 원문대로 복원되었다.[11] 당시 남아 있던 것들이 내가 아내와 2004년 9월 12일에 그 부지를 방문했을 때는 그 일부가 없어졌다. 그것들에 관해 나

<옥타비아누스의 야영지에 건설된 사당 유적과 비문>

중에 내가 묻자, 사우스플로리다 대학 역사학과 학과장인 머레이(Murray) 교수는 2005년 4월 13일 날짜의 전자메일에서 이렇게 답변했다: "콘스탄티노스 자코스(현재 공공사업 감독관)는 제2차 세계대전 동안 그 언덕들에 다양한 방어용 진지를 지으려고 (내 생각에는 이탈리아인들이) 그곳에서 돌덩어리들을 제거했을 때, 이런 일이 생겼다고 생각합니다. 자코스는 이 돌덩어리들 중의 하나 혹은 그 이상이 앞으로 다시 발견될지도 모른다는 희망을 갖고 있지만, 솔직히 그것들이 어디에서 발견될 수 있는지는 모릅니다. 그는 그것들이 다른 건축물에 사용하려고 쪼개지거나 석회를 얻으려고 불태워졌을 것을 두려워합니다."

아직까지도 남아 있는 모든 돌덩이는 현재는 이 부지의 동편 꼭대기에 적절한 순서에 따라 모아져 있는데, 그것들 위에는 양철 지붕이 덮여 있고 주변은 잡초가 무성하다. 방금 말했듯이, 제2차

11) William M. Murray and Photios M. Petsas, *Octavian's Campsite Memorial for the Actian War,* Transactions of the American Philosophical Society, vol. 79, part 4 (Philadelphia: Independence Square, American Philosophical Society, 1989).

세계대전 전에는 보이던 15개 글자들이 지금은 남아 있지 않지만, 33개의 새로운 글자들이 추가로 발견되었다. 이 새로운 글자들은 그 비문의 재구성을 확증했는데, 나는 1989년의 탁월한 재구성을 다음처럼 약간 개작한다.

> 임페라토르 카이사르는 신의 아들[Julius]로서, 이 지역의 공화정을 위해서 그가 싸웠던 전쟁에서 승리한 후, 그가 다섯 번째로 집정관(consul)이 되고 일곱 번째로 정복자(imperator)가 되어 육지와 해상에서 평화를 확보한 이후, 적군에 대한 공격을 명령했던 막사를 마르스(Mars, 軍神)와 넵튠(Neptune, 海神)에게 봉헌하면서 해전의 전리품들로 장식했노라.[12]

로마제국의 신학과 종교 → 전쟁 → 승리 → 평화로 이어지는 이야기 순서에 대해 이보다 더 간결한 요약을 상상하기는 어렵다. 이 일련의 주문(mantra)은 훨씬 더 간결하게 **승리를 통한 평화**로서 표현될 수 있다.

마지막 논평이다. 만일 이 비문이 타이밍(timing), 위치, 또 내용이라는 관점에서 두 번째로 중요한 로마의 비문이라면, 가장 중요한 것은 『신적인 아우구스투스의 업적』(*Res Gestae Divi Augusti*)인 게 확실하다. 이것은 원래 로마의 캄푸스 마르티우스에 있는 그의 왕조의 웅장한 왕릉 입구 청동 판들에 과시하려고 아우구스투스 자신이 작성했다. 이 청동판들도 오래 전에 사라졌지만, 원문의 사본들이 아우구스투스가 새로 조직한 갈라디아 속주에 여전히

---

12) 역자주. 카이사르와 임페라토르의 차이에 관해서는 크로산과 마커스 보그가 함께 쓴 『바울의 첫 번째 복음』(2010), 138쪽을 참조하라.

남아 있다.[13)]

기원전 29년 무렵, 악티움 비문은 "승리로 말미암아.... 육지와 해상에서 평화가 확보되었다"라고 선언했다. 40년이 더 지난 후, 그것과 동일한 프로그램이 안키라(오늘날 터키의 앙카라)에서 선포되었다: "육지와 바다에서의 승리로 수립된 평화."

악티움 동전

동전에 담긴 로마제국 신학을 고찰하려고 내가 선택한 실례 또한 악티움으로부터 온다. 아마 이겨서 의기양양했을 그의 군대에 급료를 지불하고 또 안토니우스의 아마 패배한 군대에 급료를 주고 해산시키려고, 옥타비아누스는 전투 전에 일련의 여섯 개의 은화를 만들었는데, "로마에서 이전에 이렇게 아름다운 동전들이 주조된 적은 없었다."[14)]

첫째, 동전은 제각기 세 개씩 두 벌로 주조되었다. 한 벌에서는 앞면에 한 여신의 머리, 뒷면에 옥타비아누스의 전신상이 새겨

---

13) *Res Gestae Divi Augusti: The Achievements of the Divine Augustus*, with an introduction and commentary by P. A. Brunt and J. M. Moore (London: Oxford University Press, 1967). 비시디아 안디옥 근처의 얄바치 박물관 내부에는 (마침내!) 그리스어로 된 두 개의 커다란 덩어리들과 라틴어로 된 많은 작은 파편들이 있다. 그때는 갈라디아의 주도(州都) 안키라(Ancyra)였고 지금은 터키 수도인 앙카라에 있는, (마침내!) 복원된 로마와 아우구스투스의 신전 벽면들에는 다소간 완전한 라틴 버전(Latin Version)과 그리스어 번역이 있다.

14) Zanker, *Power of Images*, 54. 여섯 개의 복제품 모두 이 책의 54-55쪽에 나와 있다. 아직까지 남아 있는 원형물들의 복원은 Crossan-Reed, *In Search of Paul*, 91에서 볼 수 있다. 나의 분석은 Zanker, *Power of Images*, 53에 기초한다.

져 있다. 다른 벌에서는 앞면에 옥타비아누스의 머리, 뒷면에 한 여신의 전신상이 새겨져 있다. 그것은 마치 "우리의 모든 게 신적이다. 그러므로 앞면이냐 뒷면이냐, 머리냐 전신이냐 하고 말하는 것은 부적절하다"고 말하는 것 같다.

둘째, 여섯 개의 동전 각각의 뒷면에는 [로마 황제를 신의 아들로 선언하는] 간결한 비문이 새겨져 있다(CAESAR DIVI F). 율리우스 카이사르의 종손이며 양아들로서 옥타비아누스는 이미 "신격화된 분의 아들"이었다. 라틴어에서 영원한 남성 신은 데우스(*deus*)였고 신격화된 인간 남성은 디부스(*divus*)였지만, 그리스어에서는 예를 들어 터키 중앙의 에게 해(海) 해안 근처 프리에네에 있는 "임페라토르 카이사르, 신의 아들, 신 아우구스투스에게(To the Imperator Caesar, the Son of God, the God Augustus) 바친 신전의 땅에 떨어진 처마도리(들보)에서처럼 두 존재 모두 데오스(*theos*) 곧 신이었음을 주목하라.

셋째, 세 여신은 풍요의 뿔이 달린 평화(Peace), 마르스의 갑옷을 가지고 유혹적으로 장난치는 비너스(Venus), 그리고 지구 위에 서 있는 날개 달린 빅토리(Victory)이다. 로마제국 신학은 단지 이탈리아나 심지어 지중해에 관한 것이 아니다. 앞서 언급한 베르길리우스로부터 상기하듯이, 그것은 세상, 지구, 그리고 그 안의 모든 민족들에 관한 것이다.

넷째, 첫째 동전의 뒷면에서, 옥타비아누스는 전투를 벌이기 전에 군대에게 연설한다. 그들은 평화를 위해 싸우며, 그래서 여신의 머리가 앞면에 있다. 둘째 동전의 뒷면에서, 옥타비아누스는 전투 개시 명령을 내린다. 그들은 비너스의 보호 아래 전투하며, 그래서 여신의 머리가 앞면에 있다. 셋째 동전의 뒷면에서, 노골적으로 신적인 옥타비아누스는 오른발을 지구 위에 올려놓은 채로 서 있다. 그는 세상을 정복했고, 그래서 날개 달린 여신인 빅토리의 머리가 앞면에 있다.

마지막으로, 방금 보았듯이, 일련의 세 뒷면의 옥타비아누스의 전신상을 그것들 각각의 앞면의 여신들의 머리와 함께 해석할 때, 우리는 로마제국 신학의 또 다른 두드러진 측면을 본다. 이미 베르길리우스에게서 흘끗 보았듯이, 그것은 천 년 이상의 세월을 가로질러 땅으로 내려왔고 마침내 9월 어느 날 옥타비아누스-아우구스투스의 악티움 해전 승리로 절정에 도달한 이야기 신학(narrative theology), 즉 하늘에서 시작된 이야기이다.

젬마 아우구스테아 카메오

이미지들에 의한 로마제국 신학을 위해 내가 선택한 실례는 젬마 아우구스테아(*Gemma Augustea*)로 알려져 있고 지금은 비엔나 미술사 박물관에 있는 가로 7인치 세로 9인치의 붉은 줄무늬 마노(瑪瑙) 카메오(cameo, 양각으로 아로새긴 보석이나 조가비)이다. 보기에 따라 그것은 시각적으로 묘사된 이야기로서의 신학 프로그램의 전형적 실례이다.[15] 그것은 위와 아래의 두 층으로 되어 있는데, 상

층부의 우주적 **평화**의 묘사는 하층부의 잔인한 **승리**에 기초하며 또 이 승리로 균형이 잡힌다.

약간 더 작은 아래쪽 **승리**의 형상에서, 왼편으로부터 오른편으로 네 명의 로마 군인이 정복된 지도자의 두 팔을 쥐고 있는 전통적인 전승 기념비 기둥을 세운다. 그 밑에는 한 쌍의 부부가 앉아 있다. 왼편 여자는 비탄에 잠겨 두 손으로 머리를 감싸고 있고, 오른편 남자는 두 손을 등 뒤로 하고 군인들을 비스듬히 바라본다. 부부는 야만인들로 묘사되는데, 그들은 아마 패배한 장군과 그의 아내일 것이다. 그 둘 모두 혹은 최소한 남자는 전승 기념비 앞에서 처형되거나 희생될 것이다.(보다 선명한 사진은 표지 참조)

그 장면은 아래층의 왼쪽 반보다 약간 더 공간을 차지한다. 이것과 상응하는 아래층 오른편 반에는, 두 군인이 한 남자와 한 여

15) Gisela M. A. Richter, *The Engraved Gems of the Greeks, Etruscans and Romans,* part 2; *Engraved Gems of the Romans*, Supplement to the History of Roman Art (London: Phaidon Press, 1971), 104, #501. Zanker, *Power of Images*, 231; Crossan-Reed, *In Search of Paul,* 145; 인터넷에서 "Gemma Augustea"로 검색하면 사진을 찾아볼 수 있다.

자의 머리를 전승 기념비 쪽으로 끌고 간다.

약간 더 큰 위쪽 층에는, 시각적으로 연결되고 또 밀접히 통합된 세 장면이 있다. 왼편 1/3에는 날개 달린 여신 빅토리가 고삐를 쥐고 있는 개선식(triumphal) 사륜전차에서 내리는 티베리우스가 있는데, 그는 화환을 쓰고 길고 낙낙한 예복을 입고 있다. 그들의 오른편에는 게르마니쿠스(Germanicus)가 군복을 입은 채로 서 있다. 아우구스투스의 신성은 이제 왕조의 승리들에 권능을 부여한다.

중앙의 1/3 장면은 긴 옥좌에 나란히 앉아 있는 여신 로마(Roma)와 신적인 아우구스투스를 보여준다. 그들은 로마와 아우구스투스의 평화라는 새로운 세계 질서 한가운데 있는 신적인 한 쌍인데, 둘 다 권위를 나타내는 창으로 된 홀을 쥐고 있다. 그녀의 두 발은 늘 그렇듯 패배한 적들의 팔위에 놓여 있다. 그는 태연히 벌거벗고 있지만 하반신은 투명하게 옷으로 덮여 있고, 그의 왼발 또한 정복된 무기들 위에 놓여 있다. 그의 머리 위에 그의 별자리인 염소자리가 있고, 발아래에는 로마(Rome)와 주피터의 상징인 독수리가 있다. 독수리는 아우구스투스를 올려다보고 있지만, 아우구스투스는 독수리를 내려다보지 않는다.

오른편 1/3 장면은 사실상 기껏해야 1/4 조각처럼 보이는데, 세 주요 인물을 한데 모은다. 전면에 대지(Earth)가 있다. 평화롭게 앉아 있는 그녀는 번영하는 비옥함을 상징하는 풍요의 뿔을 들고 있고, 자녀들은 그녀 곁에 안전하게 머물러 있다. 오른편으로 그녀의 뒤에는, 수염 달린 남성인 대양(Ocean)이 서 있다. 왼편으로 그녀의 뒤에는 사람들이 거주하는 세계인 오이쿠메네(Oikumene)가 있는데, 그녀는 아우구스투스의 머리 위로 화환을 들고 있다.

이 카메오에 묘사된 가장 그럴 듯한 사건은 기원후 12년 티베리우스의 의기양양한 귀환이다.[16] 수에토니우스는 『로마 황제들의 삶』에서 이렇게 썼다: "[티베리우스는] 주피터 신전에 들어가려고 돌아서기 전에 전차에서 내려, 의식들을 주관하고 있는 그의 아버지 앞에 무릎을 꿇었다"(*Tiberius*, 20).[17]

프리마 포르타 조각상

조각상에 담긴 로마제국 신학을 위해 내가 선택한 실례는 프리마 포르타(로마 북쪽 12킬로 떨어진 교외)의 리비아 별장에서 발견된 아우구스투스 조각상이다. 그것은 기원전 53년 메소포타미아의 카르헤 전투에서 크라수스가 패한 후 파르티아인들이 포획한 군기(軍旗)들을 기원전 20년에 되찾아온 것을 경축한 청동 원형물의 대리석 복제품이다. 아마 아우구스투스 사후인 기원후 15년 세워졌을 그것은 실물보다 약간 더 큰데, 어쩌면 서른세 살에 죽은 알렉산더 대제를 본떠 젊은 남자로서의 아우구스투스를 보여줄지도

---

16) 또 다른 카메오, 즉 *Grande Camee de France*로 알려져 있고 지금은 파리 루브르 박물관에 있는 가로 10인치 세로 12인치의 붉은 줄무늬 마노(瑪瑙)에는 세 가지 기록이 있는데, 북방 군사 원정에서 승리한 게르마니쿠스의 귀환과 기원후 12년 동방에서의 전쟁을 위한 그의 출정을 가장 그럴듯하게 묘사한다. 맨 아래층에는, 다시 한 번 패배한 남자들과 여자들, 또 아이들이 있다. 중간층은 티베리우스 황제와 그의 어머니 리비아, 그리고 지금은 죽은 아우구스투스의 아내에 중심을 둔다. 그러나 꼭대기 혹은 하늘의 세 번째 층은 신격화된 아우구스투스에 중심을 두는데, 아이네이스는 온 세상을 아우구스투스에게 바치려고 그를 향해 날아간다. Richter, *Engraved Gems of the Greeks,* 105, #502 참조

17) Suetonius, *Lives of the Caesars* (trans. J. C. Rolfe; LCL; Cambridge, MA: Harvard University Press, 1914.)

모른다. 그는 군복을 입고 있지만 신적 지위의 표지로서 맨 다리와 맨발이다. 마르스와 비너스의 아들 큐피드는 오른발 곁의 돌고래를 타고 있는데, 율리우스 씨족의 신적인 여자 조상을 관람객들에게 상기시킨다. 아우구스투스는 왼손에 창으로 된 홀을 쥐고 있고 오른손은 적들에게 연설할 때처럼 쭉 뻗어 있다. 그의 동체 갑옷은 파르티아인들에 대한 아우구스투스의 "승리"—실제는 전쟁이 아니라 외교에 의한—에 적용된 로마제국 신학의 종합이다.

아우구스투스의 동체 갑옷의 돋보이는 양각은 이 외교적 승리에 집중된다. 중앙에서, 파르티안 왕이 독수리가 꼭대기에 있고 군사적 장식들, 즉 화환과 납작한 원반들로 장식된 군기(軍旗)를 인계한다. 군기를 받고 있는 로마인은 로물루스(Romulus) 혹은 티베리우스를 나타낼지도 모른다.

가운데 형상들의 오른편과 왼편으로, 관람객 오른편에는 정복된 로마의 속주들, 아마 갈리아(Gaul)를 나타내는 여자들이 수퇘지와 용 모양의 나팔과 함께 있고, 왼편에는 스페인이 있는데, 이 형상 또한 독일과 동방의 예속된 부족들을 나타낼지도 모른다. 동체 갑옷 꼭대기에서, 카에루스(Caelus, 하늘의 신)가 창공의 덮개를 펼친다. 왼편으로는 태

양신(Sun)이 그의 전차를 몰고 있고, 오른편으로는 아우로라(Aurora, 새벽의 여신)가 이슬 맺힌 꽃병을 쥐고 있는데, 그녀 위에는 횃불을 들고 있는 루나(Luna, 달의 여신)가 있다. 중앙 밑바닥에는, 풍요의 뿔이 달린 어머니 대지(Terra Marter)가 비스듬히 누워 있다. 그녀 오른편으로는 디아나(Diana, 달의 여신이며, 여성과 사냥의 수호신)가 숫사슴에 올라타 있고, 왼편으로는 아폴로가 그리핀(griffin, 그리스 신화에서 독수리 머리와 날개, 사자 몸뚱이를 한 괴물)에 올라타 있다.

전체적인 시나리오는, 하늘이 평화롭고 비옥한 땅을 고요히 내려다볼 때, 정복된 속주들과 왼편과 오른편의 수호신들과 더불어 동트는 새 날에 관한 것이다.

아우구스투스의 평화 제단

제단들에 담긴 로마제국 신학을 위해 내가 선택한 실례는 아우구스투스의 평화 제단(*Ara Pacis Augustae*), 즉 단지 로마의 평화가 아닌 아우구스투스의 평화 제단이다. 『신성한 아우구스투스의 업적』으로 불리는 앞서 언급한 자서전에서 아우구스투스는 이렇게 썼다: "내가 스페인과 갈리아에서 다행히 큰 성과를 거두고 이들 속주에서 로마로 귀환했을 때, 원로원은 나의 귀환에 경의를 표하며 마르스 광장에 '아우구스투스의 평화' 제단을 세워 바치기로 결의했으며, 이 제단에서 행정 장관들과 제사장들, 그리고 베스타 제단의 처녀들이 매년 희생제사를 드릴 것을 명하였다."18)

이 평화 제단은 기원전 13년 명해졌고 9년 봉헌된, 그리고 마

18) Brunt and Moore, *Res Gestae Divi Auguste*, 11-12.

치 아우구스투스가 서쪽 지방에서 돌아오자마자 그 안으로 들어가고 있기라도 하듯 서쪽으로 출입구가 나 있고 동-서 축에 놓인, 빈틈없는 대리석 경내에 넣어진 실용적인 희생 제단이었다. 그것은 원래는 플라미니아 가도(Via Flaminia, 지금의 코르소[Corso] 대로)에, 그리고 지금은 루시나(Lucina) 가도 남서쪽 모퉁이에 있는 팔라조 피아노(Palazzo Fiano) 아래 위치했었다. 제단 조각들이 16세기와 20세기 사이에 발견되었지만, 제단은 1937-38년 로마에 대한 무솔리니의 새로운 제국주의적 환상 아래 완전히 발굴되었다. 그런 다음 재조립되어 북-남 축의 현재 위치로 옮겨졌는데, 지금은 남쪽으로 출입구가 나 있다. 그것은 무솔리니의 감독 아래 대리석과 유리로 된 울타리로 둘러싸여 있었지만, 최근 매우 논쟁적인 현대식 구조로 대체되었다.

거의 정사각형의 경내 벽들의 바깥은 두 개의 똑같은 위-아래 층에 장식되어 있다. 아래쪽 것은 평화의 여신 팍스(Pax)에 의해 황금시대로 돌아간 울창한 자연의 비옥함을 묘사하지만, 다소 통제되고 로마화된 자연인 것이 아주 분명하다. 위쪽 층에는, 양편에 하나씩, 제단 울타리 전면을 향해 조용히 움직이는 두 행렬이 있다.

한쪽에는 아우구스투스 자신이 이끌고, 희생 제사를 위해 베일로 가려져 있고 또 제사장들로 둘러싸인 황제의 친족들이 있다. 황족들은 매우 느슨한 자세를 보여주는데, 아내와 남자 상속자들을 동반한 성인 남자들은 전쟁의 갑옷이 아니라 평화의 옷(toga, 고대 로마 시대의 긴 겉옷)을 입고 있다. 반대쪽에는, 귀족적인 원로원 의원들로 채워진 또 다른 행렬이 있다.

앞뒤로, 즉 관람객들이 보기에 제단 안으로 통하는 통로의 왼편과 오른편으로, 네 개의 주요 장면이 있다. 오른쪽 앞으로부터 왼쪽 뒤로 제단을 시계 방향으로 돌면서, 그것들은 앞서 사용한 용어로 종교, 전쟁, 승리, 평화를 나타낸다.

<아우구스투스의 평화 제단과 그 절정의 장면인 평화>

종교

네 개의 커다란 장면들 중 첫째 장면은 운이 다한 트로이로부터 이탈리아의 라티움으로 자신이 안전하게 도착한 것을 감사하며 희생제사를 드리는 아이네이스를 보여준다. 그는 자기 집의 수호신 페나테스(penates)에게 희생제사를 드리는데, 이 페나테스는 안키세스가 트로이를 도망칠 때 가져온 것이다. 그의 뒤에는 아들 율루스(Julus)가 서 있고, 왼편에서는 두 명의 수행원이 희생제사를 위해 예언된 라비니움(Lavinium)의 흰 암퇘지를 이끈다. 물론, 관람객들은 경건한 아이네이스를 그와 똑같이 희생제사를 위해 베일로 가려진 경건한 아우구스투스의 예표로 이해해야 한다.

전쟁

네 개의 장면들 중 둘째 장면은 통로 왼편에 있다. 그것은 아버지인 전쟁신 마르스, 양아버지인 목동 파우스툴루스, 그리고 양어머니이며 그들을 기르는 암컷 늑대와 함께 로물루스와 레무스를 보여준다.

승리

네 개의 장면 중 셋째 장면은 제단 울타리를 뒤편으로 돌 때 통로 오른편에 있다. 그것은 늘 그렇듯 두 발을 정복된 적들의 무기 위에 올려놓고 앉아 있는 여신 로마(Roma)의 표준적 모습이다. (베르길리우스의 『아이네이스』의 맨 처음 단어는 아르마[arma], 즉 무기들이라는 것을 기억하라. 그는 "나는 무기들과 한 용사를 찬양한다"고 선언한다.)

평화

네 개의 장면 중 마지막이며 절정의 장면은 뒤편 통로 왼쪽에 있는데, 가장 적합하게도 모든 장면들 중에 가장 잘 보존되고 복원되어 있다. 중앙에, 한 아름다운 여자가 오른편을 바라보며 앉아 있다. 그녀는 평화로운 이탈리아, 평화로운 땅, 여신 팍스(Pax) 자신, 그리고 일부 옷의 차이에 비추어 또한 비너스이다. 그녀 무릎 위에는 두 건강한 유아가 있다. 이 장면은 안전과 안정, 번영과 풍요를 가리킨다. 팍스의 양편에는 여자 형상이 있는데, 왼편 형상은 거위 등에 올라탄 하늘을, 오른편 형상은 바다 동물 위에 올라탄 바다를 나타낸다. 장면의 밑바닥을 가로질러 있는 살찐 동물들은 휴식을 취하며, 땅은 전쟁의 파멸로부터 안전하다.

전체적인 기념비는 네 개의 구성 요소, 즉 로마제국 신학의 연속적인 요소들의 시각화이다. 종교, 전쟁, 승리, 그리고 평화, 혹은 앞서 요약하였듯이 **승리를 통한 평화**가 그것이다.

아프로디시아스의 세바스테이온

구조물에 담긴 혹은 더 낫게 표현하면 구조물을 통한 로마제국 신학을 위해 내가 선택한 실례는 오늘날 터키 서쪽지방에 있는 고대 도시 카리아(Caria)의 아프로디시아스에서 "미와 사랑의 여신 아프로디테"에게 봉헌된 아우구스테움(라틴어) 혹은 세바스테이온(그리스어)이다. 첫째, 그것은 두 가지 이점, 즉 대리석 조각술 학교와 가까운 산으로부터의 풍부한 원료를 가진 한 도시가 건축한 독특하고 어쩌면 심지어 유일무이한 사당 구역(shrine-complex)이다. 둘째, 그것은 적절한 때에 적절한 이름을 가졌다. 즉, 여신 비너스-아프로디테가 지배적인 황실의 여자 조상으로 선포된 순간, 그녀의 이름을 따서 이름지어졌다. 옥타비아누스는 아직 아우구스투스가 아니었을 때 말했다: "아프로디시아스는 내가 내 자신의 것으로 선택한 아시아의 모든 도시들 중의 하나이다." 시민들은 극장의 기록 보관소(archive) 담벼락에 그 찬사를 새겼다.

세바스테이온은 티베리우스 아래 시작되어 네로 아래 완성되었지만, 클라디우스 시대의 지진으로 말미암아 재건축이 요구되었다. 그것은 서쪽 끝의 이층 출입문으로 시작되었는데, 그런 다

<아프로디시아스의 세바스테이온 유적>

음 동쪽 끝에 있는 로마와 아우구스투스의 한 신전을 향한 두 개의 긴 포르티코(portico, 기둥으로 받쳐진 지붕이 있는 현관)로 계속되었다. 그런데 내가 현재 초점을 맞추는 것은 바로 이 쌍둥이 포르티코 혹은 돋을새김 벽면들이다.[19]

돋을새김 벽면들은 넓은 광장보다는 오히려 좁고 지붕 없는 터널을 이루었다. 이 벽면들은 따로따로 46피트였는데, 각각의 벽면의 높이는 40피트, 길이는 거의 300피트였다. 가로로, 벽면들은 세 층으로 나뉘어져 있었는데, 밑바닥에는 도리아 양식, 중앙에는 이오니아식, 그리고 꼭대기에는 코린트식 기둥머리들이 있었다.

19) 최초의 발굴은, Kenan T. Erim, *Aphrodisias: City of Venus Aphrodite* (New York: Facts on File Publications, 1986) 참조. 세바스테이온에 새겨진 형상들에 관한 자세한 설명으로는, R. R. R. Smith, "The Imperial Reliefs from the Sebasteion at Aphrodisias," *Journal of Roman Studies* 77 (1987): 88-138; "Simulacra Gentium: The Ethne from the Sebasteion at Aphrodisias," *Journal of Roman Studies* 78 (1988): 50-77 참조.

세로로, 벽면들은 마흔 다섯 개의 조각으로 나뉘어져 있었다. 바닥층은 아무런 조각도 포함하고 있지 않고 꼭대기의 두 층을 떠받쳤을 뿐인데, 이 두 층은 가운데 두 개와 꼭대기 두 개의 기록에 마흔 다섯 개의 형상을 담고 있었다. 바꾸어 말하면, 이 형상들을 보려면 시선을 위로 향하고 심지어 고개를 바싹 들어야만 했다.

북쪽의 포르티코 벽면은 맨 먼저 붕괴하고 다시 사용될 수 있었기에 덜 보존되어 있다. 상층부에는, 낮과 밤(Day and Night), 바다와 육지(Ocean and Land) 같은 그리스 전통의 우화적 형상들이 있었다. 하층부에는, 다리가 축 늘어진 여자들로 상징되는 피정복 민족들이 있는데, 유대인들은 있지만 그리스인들은 없다!

남쪽의 포르티코 벽면은 나중에 붕괴되고 그 상태로 남아 있었기에 더 잘 보존되어 있다. 90개의 원래의 패널(panels) 중 70개의 패널이 완전하거나 파편 상태로 아직까지도 남아 있다. 상층부에는 율리우스-클라우디우스 가문 사람들이 있는데, 칼리굴라는 빠져 있다. 남성들은 모두 신처럼 벌거벗고 있지만, 여성들은 얌전한 체하며 옷을 입고 있다. 제국의 신성의 결과로서, 정복과 승리의 주제들이 되풀이하여 강조된다. 예를 들어, 클라우디우스는 하늘의 구름 망토 아래 벌거벗은 채로 성큼성큼 걷는데, 그에게 풍요의 뿔을 제공하는 육지(Land)와 [배의] 키를 제공하는 바다(Sea)에 대한 지배권을 장악했다. 승리가 평화보다 훨씬 더 돋보인다. 하층부에는 안키세스, 아이네이스, 그리고 트로이에서 도망치는 율루스(Julus)의 표준적인 아우구스투스의 형상을 포함해 그리스 신화와 전설, 종교의 장면들이 있지만, 여기에서 비너스-아프로디테 자신은 그들과 함께 보호하듯이 공중을 맴돌고 있다.

네 층의 이야기의 통일성은 매혹적이다. 북쪽 벽면 위에는 한 그리스인, 아래에는 한 로마인이 있다. 남쪽 벽면 위에는 한 로마인, 아래에는 한 그리스인이 있다. 정복된 그리스인들은 하나도 없는데, 그러한 이미지들은 세 가지 형태의 기둥머리로 둘러싸이고 또 뒷받침된다. 다른 말로 하면, 그리스의 모든 것은 로마를 위해 준비된 것이어서, 고대 그리스 전통이 로마제국의 신학 속으로 매끄럽게 흡수되었다. 세바스테이온은 그 예정된 결합의 한 경축이므로, 우리는 굴복(submission)을 언급하지 않도록 하자! 그러나 물론 신전에 도달할 무렵에는 당신의 바싹 들어 올린 목이 아프다고 해도, 괜찮다. 그것 또한 (그리스)-로마제국 신학에서의 이 기념비적 교훈의 일부분이다.

결론

예수 그리스도가 존재하기도 전에, 또 설령 그가 결코 존재하지 않았다고 해도, 아우구스투스 황제의 칭호들은 신(Divine), 하나님의 아들(Son of God), 하나님(God), 하나님으로부터 온 하나님(God from God), 주님(Lord), 해방자(Liberator), 세상의 구세주(Savior of the World) 등이었다.[20] 로마 황제에게 붙었던 이런 칭호들이 한 유대인 농부 예수에게 주어졌을 때, 그것은 저급한 풍자나 대역죄의 경우였다. 우리는 로마 권력자들을 위해 행동한 빌라도가 꼼꼼

---

20) 역자주: 기원전 63년에 태어나 기원전 27년, 오랜 내전을 끝내고 로마제국을 세워 41년 동안 황제로 다스리다가 기원후 14년에 죽은 뒤 원로원이 그의 승천을 선포한 아우구스투스 황제의 신적인 족보와 기적적인 출생 이야기에 맞서서 예수의 족보와 동정녀 탄생 이야기가 선교를 위해서 반드시 필요했던 이유에 관해서는 존 도미닉 크로산 & 마커스 보그, 『첫 번째 크리스마스』(김준우 역, 한국기독교연구소, 2011)를 보라.

하게 올바로 이해했다고 생각할 수도 있다. 그는 제국의 세력에 맞선 비폭력 혁명을 이유로 예수를 공개적으로, 공식적으로, 합법적으로 처형했다. 하지만 그는 예수의 추종자들까지 일망타진하려는 아무런 시도도 하지 않음으로써, 예수의 행동이 비폭력적이었음을 인정했다.

우리는 카이사르 안에 성육신된 로마제국 신학의 프로그램이 종교, 전쟁, 승리, 그리고 평화의 순서라는 것, 혹은 더 간단히 말하면 승리를 통한 평화(peace through victory)라는 것을 보았다. 그렇다면 카이사르와는 다른 하나님의 아들의 대항 프로그램(counter-program)은 무엇이었던가? 확실한 대항 프로그램이 없다면, 카이사르로부터 그리스도에게로 옮겨진 그러한 칭호들은 그저 터무니없이 고약한 농담일 것이다.

안식일의 평등을 절정으로 하는 창세기 1장의 비폭력, 땅이 하나님에게 속한다는 오경 계약의 핵심, 예언서들과 시편들에서의 불의에 대한 가차없는 비판, 그리고 이 세상에서의 변혁된 세계에 대한 종말론적 신앙으로부터 나오는 대안적 환상(alternative vision)은 이것이다: 종교, 비폭력, 정의, 그리고 평화의 순서, 혹은 더 간단히 말하면 **정의를 통한 평화**(Peace through justice)이다.

따라서 폭력적인 승리를 통한 평화(peace through violent victory) 혹은 비폭력적 정의를 통한 평화(peace through nonviolent justice)는 그때와 마찬가지로 지금도 세계 평화를 위한 위대한 초월적 환상들(visions)이다. 흠정역(King James Version)에서, 잠언 29:18은 우리에게 "환상(vision)이 없는 곳에서는 사람들이 멸망한다."고 경고하는데, 잘못된 환상이 있는 곳에서 사람들은 훨씬 더 빨리 멸망한다고 덧붙였을지도 모른다.

제5장

예수와 제국

리처드 A. 호슬리

로마제국은 나사렛 예수에게, 가장 분명히는 그의 몸에 자국들을 남겼다. 십자가형은 로마의 한 사형집행 형태였다. 그것은 희생자들을 장대나 대들보에 매달아 장시간, 어쩌면 심지어 여러 날 동안 서서히 질식시켜 죽음에 이르게 함으로써 최대한 고통을 주려는 것이었다. 로마인들은 십자가형을 주로 완강하게 반항하는 노예들, 그리고 자신들의 지배에 맞선 속주의 반란자들을 처형하는 데 사용했다. 그것은 희생자들에게 창피를 주어 품위를 떨어뜨리고 인간성을 말살시키는 로마의 궁극적인 방식이었다. 분명히 예수는 십자가에 처형되었다. 이것은 우리의 모든 자료에서 당연시된다. 예수의 추종자들이 그것을 날조하지 않았다. 그러므로 그는 "유대인들"이 아니라 로마인들에 의해 처형된 것이 분명하다. 그리고 십자가 위의 "유대인의 왕"이라는 팻말은 왜 로마인들이 그를 십자가에 처형했는지를 나타낸다. 그들은 그를 로마의 통치에 맞선 폭동의 지도자로서 십자가에 처형했다. 이것을 감추려고 애쓰기는커녕, 복음서들은 로마 군인들이 예수를 자주색 옷을 입고 왕관을 쓴 왕으로서 조롱하는 이야기로 그것을 확증한다(마가 15:16-20). 로마인들뿐 아니라 예수의 추종자들도 예수가 로마의 통치에 반대하여 말하고 행동했다는 것을 이해했다.

그러나 예수가 20세기에 이해되어온 방식에 비추어 판단할 때, 로마인들이 그를 십자가에 처형한 것은 큰 실수였음이 틀림없다. 그는 무죄한 사람이었다. 그는 폭도로서 십자가에 처형시키지 않으면 안 될 만큼 로마인들에게 아주 위협적이었을 아무런 말이나 행동을 하지 않았다. 이것은 예수에 관한 20세기의 세 가지 매우 일반화된 믿음에서 분명히 드러난다.

첫째, 예수는 사역의 절정에서 "성전 정화"를 했다는 믿음이다. 더욱이 예수는 사람들이 카이사르에게 세금을 바치고 하나님을 예배하는 이 둘 모두를 행해야 한다고 현명하게 선언했다. 예수에 대한 이러한 묘사는 교회와 국가의 분리라는 현대 서구의 가정에 의존한다. 예수는 당연히 종교적 인물이었으므로 정치가 아니라 종교에 종사했다. 그러나 이런 가정에 담긴 함축적 의미는 훨씬 더 깊다. 예수는 낡은(지방색을 띠고 몹시 편협한) 종교인 "유대교"에서 벗어난 새로운(보편적이고 더 영적인) 종교인 "기독교"의 출현을 위한 역사적 촉매로 생각되었다. 그러므로 예수는 "유대교"와 달랐고 또 유대교와 충돌하기에 이르렀다는 것인데, 이것은 기독교의 반유대주의(anti-Judaism)를 영속시킨 견해이다. 그러나 일반적으로 로마제국에서처럼, 고대의 유대와 갈릴리 사회에서도, 종교는 정치적-경제적 삶과 분리되어 있지 않았다는 것을 이제 우리는 인식하게 되었다. 새로운 가정들에 기초해 다시 한 번 생각하는 것이 타당하다.

둘째, 예수는 열둘, 즉 "추종자들"이 되었고 나중에 예루살렘에서 한 공동체를 형성했고 그의 말과 행동 중의 일부를 기억한 열두 명 가량의 개인들의 개인적인 종교 교사였다는 믿음이다. 이러한 믿음은 현대 서구 개인주의의 가정에 의존한다. 이 가정을 극복하기는 어렵지만, 우리는 이제 사람들이 사회적 관례들과 정치-경제적 관계들의 네트워크 속에 갇혀 있다는 점을 최소한 지적으로는 인식하게 되었다. 예수는 위기와 갈등의 독특한 역사적인 상황 속에서 남들과의 강렬한 상호작용을 통해서만 역사적으로 눈에 띄게 되었을 것이다.

셋째, 예수는 단지 비폭력이 아니라 무저항(nonresistance)을 옹호했다는 믿음이다: "너희의 원수들을 사랑하라." "다른 뺨을 돌려대라." 이러한 해석은 문학적 맥락과 동떨어지고 따라서 역사적 맥락과도 동떨어진 개별적인 말에 초점을 맞추는 방법, 즉 예수의 가르침에 대한 매우 일반적인 접근방법에 의존한다. 중요한 역사적 인물이 되기 위해, 예수는 남들과 그들의 삶에서 중요한 문제들에 관해 의사소통을 했을 게 틀림없다. 그러나 의사소통을 배우는 학생들이 지적하듯이, 그것은 일방적으로 혹은 의사소통 맥락과 동떨어진 채로는 일어나지 않는다. 예수에 관한 정보를 위한 사실상 우리의 유일한 자료인 복음서들은, 역사적 맥락에서의 정치적 갈등을 수반하는 플롯을 가진 완전한 이야기들이었다는 것을 우리는 마침내 인식하게 되었다. 복음서들은 또한 경제적 생존, 권력자들에 의한 체포, 예루살렘의 통치자들과 그들의 대리인들에 맞선 예언자 선포들 같은 다양한 쟁점에 관한 예수의 연설들을 포함한다. 우리가 역사적 상황 속에서 상호작용 가운데 있는 역사적 예수를 식별하기 시작할 수 있는 통로가 되는 창문은 고립된 말씀들에 의해서는 얻을 수 없다. 오히려, 그것은 완전한 복음서 이야기들과 예수의 말씀들과 같은 의사소통의 진정한 단위를 비판적으로 읽고, 또 그 다음에는 다양한 쟁점에 관한 이러한 묘사들을 비판적으로 비교하는 일을 통해서만 얻을 수 있다.

21세기 초반의 지나간 몇 년의 관점에서 볼 때, 20세기의 "역사적 예수"(historical Jesus)는 전례가 없었던 정치적 소란의 한 세기를 통틀어 두드러지게 용케도 비정치적인 채로 남아 있었다는 것이 지금 우리에게는 뚜렷하게 보일 수 있다. 600만 유대인들의 대학살도, 수십 년의 반식민지 반란들과 유럽의 식민지 세력들에 의한 진압도, 일반적인 가정들, 관점, 그리고 접근방법에 대한 폭넓은 의문을 제기하지 못했다. 오직 미국이 중동, 즉 이라크에서의 침략과 점령에서 자신의 "확고한" 힘을 주제넘게 단언한 후에야 비로소 소수의 성서 해석자들이 물려받은 지혜에 의문을 제기하기 시작했다.

미국은 하나의 제국이므로, 중동에서의 선제공격에서 자신의 제국의 힘을 보다 노골적으로 사용해야만 한다고 신보수주의 지식인들은 주장해왔다. 이것은 많은 사람들을 미국이 참으로 제국주의 세력처럼 행동하고 있다는 인식으로 이끌었다. 미국의 집단적 정체성 속에는 자신이 하나님의 새로운 이스라엘(New Israel)일 뿐만 아니라 새로운 로마(New Rome)라는 인식이 얼마나 깊이 깔려 있는지를 역사가들은 우리에게 상기시키고 있다. 최근의 이러한 발전들은 이제 "새로운 로마인들"로서의 자신들의 역할에 불편을 느끼는 많은 기독교인들이 원래의 로마와 고대 중동의 관계에 관해, 그리고 특히 로마인들이 한 사람의 폭도로서 십자가에 매달았던 그 인물에 관해 면밀히 질문하도록 이끌었다.

로마의 정복과 로마의 통치

로마인들은 예수가 사역을 시작한 갈릴리의 삶의 조건들, 그리고 그의 사역이 절정에 이른 예루살렘에서의 삶의 조건들을 결정했다.[1] 로마 군대는 갈릴리와 유대를 정복하고 또 재정복했다. 사람들을 겁먹게 하여 굴복시키려고, 그들은 마을들을 파괴했고 사람들 중 일부를 학살하거나 노예로 만들었고 저항의 지도자들을 십자가에 처형했다. 로마 장군들은 지방 사람들에게 조공을 바치게 했다. 로마인들은 시골을 통제하고 조공을 거두기 위해 예속 통치자들(client rulers), 즉 헤롯 가문의 왕들과 예루살렘의 대제사장들을 임명했다. 로마 총독들은 강도들, 예언자들, 그리고 분쟁을 야기하는 말썽꾸러기들을 십자가에 처형했다. 그리고 대중적 메시아들이 이끈 보다 광범위한 폭동을 진압하기 위해, 그들은 다시 한 번 군대를 파견하여 시골을 황폐화시키고 폭동의 지도자들을 십자가에 처형했다.

정복

로마가 부상하기 전에, 유럽 군대는 근동 민족들에 대한 서구의 정치적-문화적 지배를 이미 확립했었다. 알렉산더 대제의 후계자들이 확립한 이전의 서구 제국들이 피정복 민족들의 반란에 대해서만이 아니라 서로 전쟁을 벌였던 것처럼, 로마는 자신의 힘

---

1) Richard A. Horsley, *Jesus and Empire: The Kingdom of God and the New World Disorder* (Minneapolis: Fortress Press, 2003), 1장; Galilee: History, Politics, People (Valley Forge, PA; Trinity Press International, 1994), 3장과 5장을 더 보라. 이 책은 〈예수와 제국〉으로 번역되었다.

을 그 지역에 쏟아부었다. 지중해 세계의 다른 도시들과 민족들에게까지 로마가 자신의 세력을 무자비하게 확대한 것은 우연한 일이 아니었다. 로마인들은 자신을 우월한 민족, 즉 "제국의 백성"으로 간주했다. 그들은 다른 민족들이 여러 가지 면에서 열등하기 때문에 우월한 민족의 지배가 필요하다고 간주했다. 그들은 시리아인과 유대인 같은 일부 민족은 기본적으로 자주성이 없고 굴종적이라서 노예로 만드는 것 말고는 거의 아무런 도움도 안 된다고 여겼다. 로마 자체는 어쨌든 세계적인 패권을 쟁취하기로 운명지어져 있었다. 문명의 횃불이 고대 트로이로부터 로마로 전달되었다(베르길리우스의 *Aeneid*를 보라). 로마는 신들의 은총을 받았고 역사는 예정표대로 움직이고 있었다. 이제 로마는 도로, 수로(水路), 로마의 법률 같은 자신의 문명의 혜택을 타민족에게 가져다줄 사명을 지녔다.

기원전 1세기 초엽에 이르러, 로마는 지중해 세계 전역에 걸쳐 지배적인 유일한 초강대국이 되었다. 그러나 로마 장군들은 제국의 주요 도시에서의 소비를 위해 곡물과 다른 물건들의 유통에 대한 더 큰 통제권을 확보하려고 애썼다. 이것을 위해, 그들은 군사 원정을 하여 근동으로부터의 로마의 공급선을 공격하고 있었던 강도들/해적들(*latrones*, 오늘날의 정치적 용어로는 "테러리스트들")을 무차별 진압했다. 로마 장군들의 잔인한 동방 정복은 로마 제국주의에서 새로운 단계를 가져왔다. 키케로와 다른 정치적 웅변가들은 군사 원정을 위한 더 폭넓은 지지를 얻으려고 대중의 물질적 이기심에 호소하기 시작했다. 로마의 지휘관들은 정치적 지배에 더 이상 만족하지 못하고, 로마 주민들과 팽창하는 제국의 도시의 지배층에게 "평화와 번영"을 제공하기 위해 자신들의 정복의 산물들에 대한 보다 체계적인 경제적 착취를 시작했다.

로마가 팽창한 이 새로운 국면에서 한 주요 단계는 기원전 64–63년 로마의 위대한 장군 폼페이우스가 시리아와 메소포타미아를 침략한 것이다. 그의 군대는 처음에는 많은 어려움이나 파괴 없이 신속히 팔레스타인을 지배했다. 그는 자신이 팔레스타인의 도시들을 예루살렘에 있는 하스몬 가문의 제사장 제도의 통치로부터 "해방시켰다"고 뽐냈으며, 대제사장을 유대와 갈릴리의 꼭두각시 정부로서 원래 자리에 남겨두었다. 그런 다음 로마인들은 정복된 사람들에게 굴욕의 척도와 세입원(歲入源) 둘 모두로서 조공을 바칠 것을 요구했다. 그러나 로마 군대는 팔레스타인에서의 내전을 포함해서, 자신의 근동 지배에 대한 심각한 저항에 직면했다. 그 지역을 재정복하려는 군사 원정의 과정에서, 로마는 유프라테스강 전역에서 한 군대의 상실을 포함해 심각한 패배를 겪었다. 그곳에서, 제국의 다른 곳에서와 마찬가지로, 로마 군대는 복수심에 불타는 재정복의 원정들에서 특히 잔인해졌다. 민족들을 겁주어 굴복시키려는 의도를 띤 조치들로서, 그들은 마을들을 파괴하고 많은 사람들을 학살하거나 노예로 만들고, 그리고 수백 명의 반란자들을 나머지 사람들에게 "전시"(demonstration) 효과를 내려고 길가에 세워진 십자가에 매달았다.

이 원정들 중 하나에서, 카시우스 장군은 수천 명의 갈릴리 사람들을 막달라(Magdala)와 그 주변에서 대량 학살했다(삼만 명이라는 요세푸스의 숫자는 과장이다). 나치 독일의 유대인 대학살과 보스니아에서의 최근의 대량 학살 여파로, 우리는 그러한 대학살이 살아남은 주민들에게—이 경우에는 막달라 마리아와 (그리고 아마도 예수의 다른 추종자들이) 살았던 마을에서—남기는 집단적 트라우마를 훨씬 더 많이 알게 되었다.

예속 통치자들

반항적인 갈릴리와 유대 사람들을 더 빈틈없이 통제하기 위해, 율리우스 카이사르와 로마 원로원의 다른 지도자들은 젊고 호전적인 실력자인 헤롯을 이두메, 유대, 사마리아, 갈릴리 전역을 통치하는 왕으로 앉혔다. 로마 군대의 도움을 받고서도, 헤롯이 자신이 통치하도록 임명받은 민족들을 진압하는 데는 3년이 걸렸다. 그 후, 이 무자비한 왕은 요새, 수비대, 첩자라는 광범위한 안전장치로 사람들을 계속해서 빈틈없이 통제했다. 주로 대규모 "발전" 프로그램 덕분에, 그는 재빨리 아우구스투스 황제의 총애를 받는 군사 독재자가 되었다. 그는 로마 황제에게 경의를 표하는 지명을 가진 모든 도시들과 같은 거대한 건축 프로젝트에 착수했고, 자신의 안전과 로마제국의 지배를 유지하기 위해 난공불락의 요새들뿐만 아니라 몇몇 제국의 성전들도 세웠다. 물론, 그러한 "발전"은 갈릴리, 사마리아, 유대 마을들로부터 가능한 한 최대한의 자원 착취가 필요했다.

헤롯이 죽은 후, 로마인들은 제국의 궁전에서 자라고 교육을 받은 그의 아들 안티파스를 갈릴리와 베레아 지역의 통치자로 삼았다. 거대한 "발전" 프로그램들을 계속하면서, 그는 20년 안에 갈릴리의 세포리스와 티베리아스에 두 개의 수도를 건축했다. 또 다시 그러한 야심에 찬 프로젝트들은 굉장한 세입(歲入)이 필요했다. 그러나 그는 직접 갈릴리에 자리잡고 통치한 덕분에 거의 모든 촌락을 지배적인 도시들로부터 쉽게 감독할 수 있게 되면서,

이제 세금 징수는 훨씬 더 효율적이 되었다.

헤롯과 로마인들은 예루살렘의 성전 국가(temple-state)를 제국의 질서에서의 한 기본적인 제도로서 손대지 않고 그대로 두었다. 에스라와 느헤미야에서 설명된 대로, 성전 국가는 기원전 6세기에 페르시아 제국의 통치체제에 의해 예루살렘에 세워졌는데, 이것은 현대의 해석에서 종종 언급되지 않는 세부 사항이다. 성전에서 유대인들은 십일조와 봉헌물로 그들 자신의 "예루살렘에 계신 하나님"(스 1:3)을 섬길 수 있었다. 따라서 그들은 또한 그 지역을 통치하면서 제국의 황실에 조공을 바친 제사장 귀족정치(priestly aristocracy)를 경제적으로 지원했다. 그들 이전의 헬레니즘 제국들처럼, 로마인들과 그들에게 예속된 왕인 헤롯은 **성전 국가를 제국의 통치 수단으로서** 유지했다. 헤롯은 성전 구역(Temple-complex)을 웅장한 헬레니즘-로마 스타일로 거대하게 확장하고 재건축하는 야심에 찬 대규모 프로젝트에 착수했다. 헤롯 성전은 로마제국 세계의 위대한 경이들 중 하나가 되었다. 제사장들의 주된 기능이었던 이스라엘의 하나님에게 드리는 희생제사와 함께, 그들은 로마와 로마 황제를 위해서도 제물을 바쳤다. 헤롯은 성전 문 위에 커다란 로마제국의 독수리를 세웠다.

헤롯이 죽은 후, 로마인들이 로마의 총독에 의한 직접 통치를 표면상 강요했을 때, 헤롯이 임명한 네 개의 대제사장 가문이 유대 사회를 관리하는 자리에 앉혀졌다. 현직의 대제사장은 이 네 가문 중에서 로마 총독에 의해 임명되었는데, 사실상 총독의 손아귀에 놀아났다. 대제사장 귀족들은 일반적으로 질서를 유지하고 로마에 바칠 조공을 수집할 책임이 있었다. 그들은 또한 자신의 특권을 채우려고 그들의 힘 있는 지위를 이용했다. 그들이 분명히 기원후 1세기 동안 성전 바로 서쪽에 있는 예루살렘의 이 지역에 더욱더 사치스런 대저택들을 지었다는 것을 고고학자들은 발견했다. 헤롯의 왕권과 로마 총독들과 수비대만큼 혹은 그 이상으로, 성전 국가는 유대에서 로마제국 통치의 얼굴이었다.

헤롯과 대제사장의 통치와 나란히, 로마의 정복과 조공의 영향은 농민들, 즉 사회의 90퍼센트 이상을 차지하면서 경제적 기초를 형성한 농민들에게 가혹했을 것이다. 위에서 주목했듯이, 로마의 정복과 재정복의 잔인성은 집단적 트라우마라는 자국을 남겼다. 로마에 바치는 조공의 요구와 십일조와 봉헌물에 덧붙여 성전과 제사장들에게 바치는 세금은 농민 생산자들의 경제적 압력을 극적으로 차츰 증가시켰는데, 그들의 생계는 기껏해야 계속해서 밑바닥을 맴돌았다. 다양한 층의 통치자들의 복합적인 요구들이 수십 년 쌓이자, 마을의 많은 가정들은 점점 더 빚을 지게 되었고, 자기네 가족이 유산으로 물려받은 땅을 잃었다. 가정들의 빈곤화는 그러한 농경 사회의 기본적인 사회적 형태인 촌락 공동체의 붕괴를 초래했다. 바로 이것들이 예수가 복음서들에서 언급하는 악화되는 상황들이다: 빈곤화, 굶주림, 채무가 그것이다.

저항과 보복

예수의 사명과 그가 촉진한 운동(들)에 유대와 갈릴리 사람들은 폭넓은 반응을 보이는데, 이것은 로마제국의 통치에 영향을 주었다.[2] 예수와 그의 추종자들의 생애는 역사적으로 로마인들과

---

2) 더 자세한 내용을 알려면 *Jesus and Empire* 제2장을 참조하라. 이것은 Richard A. Horsley with John S. Hanson, *Bandits, Prophets, and*

그들에게 예속된 통치자들 모두에 대한 광범위한 대중 봉기에 의해 형성되었다. 헤롯이 기원전 4년 죽었을 때, 대중적 봉기들이 갈릴리, 유대, 트랜스요르단 같은 그의 통치 영역의 모든 주요 지역에서 분출했다. 사람들은 최소한도 일시적으로 어떻게 해서든 로마와 예루살렘의 지배로부터의 독립을 주장했는데, 유대의 일부 지역에서는 3년 동안이나 반란을 이어갔다(요세푸스, *War* 2.55-65; *Ant.* 17.271-285).[3] 로마의 재정복은 잔인했는데, 1세대 전에 막달라 주변에서 그랬던 것처럼 집단적 트라우마의 자국을 남겼다. 로마 군대는 마을들을 불태웠고, 아마도 예수의 고향 마을이었을 나사렛(마태 2:23; 누가 2:39, 51)과 부활한 예수가 출현한 장소들 중 하나인 엠마오(누가 24:13-35) 지역의 많은 사람들을 죽이거나 노예로 삼았다. 사람들을 더욱 공포의 도가니로 몰아넣어 굴복시키려고, 그들은 약 2천 명의 반란 지도자들을 십자가에 처형했다(*War* 2.66-75; *Ant.* 17.286-95).

다시금 예수의 선교 후 30년 정도 지난 후, 둔감하거나 거만한 로마 총독들에 의한 다수의 도발과 대제사장 가문들의 약탈적인 관행들 후에, 광범위한 반란이 분출했다. 예루살렘 사람들은 로마인들을 그 도시로부터 성공적으로 몰아냈다. 시골에서 갈릴리와

Messiahs: Popular Movements in the Time of Jesus (Minneapolis: Winston, 1985); Harrisburg, PA: Trinity Press International, 1998); 그리고 Richard A. Horsley, *Jesus and the Spiral of Violence: Popular Jewish Resistance in Roman Palestine* (San Francisco: Harper and Row, 1987; Minneapolis: Fortress, 1993), 3, 4장의 더 풍부한 설명에 의존한다.

3) Josephus, *The Jewish War* (Josephus in 9 vols.; vol. 2, trans. H. St. J. Thackeray; LCL; Cambridge, MA: Harvard University Press, 1927); 이하에서는 *War*로 표기; Josephus, *Jewish Antiquities* (Josephus in 8 vols.; vol. 8. trans. Ralph Marcus and Allen Wikgren; LCL; Cambridge, MA: Harvard University Press, 1963), 이하에서는 *Ant.*로 표기.

유대 마을 사람들은 다시 독립을 강력히 주장했다(*War* 2.405–654). 큰 반란에 대한 로마의 반응은 훨씬 더 체계적이고 파괴적이었다(*War* 3; 5–6). 그들은 갈릴리와 유대 북서쪽에서 많은 마을을 파괴하고 수만 명을 대량 학살하거나 노예로 삼았다. 많은 사람들이 예루살렘으로 도망쳐 그 성벽들과 요새화된 성전 구역에서 로마 군대의 힘에 더 잘 저항할 수 있었다. 그 도시에 대한 장기적인 포위 공격 동안, 로마인들은 내부 반란자들을 겁주려고 수백 명의 저항자들을 정기적으로 십자가에 처형했다(*War* 5:449–51). 로마인들이 마침내 성벽을 돌파했을 때, 그들은 도시와 성전을 똑같이 파괴했다. 그들이 로마로 압송한 많은 죄수들 중에 대중적 메시아이며 반란 지도자인 시몬 바 기오라(Simon bar Giora)가 있었는데, 그들은 그를 유대인들과 갈릴리 사람들의 반란에 대한 로마의 위대한 승리를 경축하는 의기양양한 행진에서 예식적으로("유대인들의 왕"으로서) 처형했다(*War* 7.132–55).

기원전 4년과 기원후 66–70년의 폭동들 사이에서, 농민들과 예루살렘 주민뿐만 아니라 서기관 집단들도 통치자들에게 되풀이해 항의했는데, 농민들은 몇몇 저항운동과 갱신운동을 전개했다. 이 항의들 중 많은 것이 직접적으로 하나님의 왕권 아래 있는 계약적인(covenantal) 삶의 원리들을 포함한 이스라엘의 독립 전통에 깊이 뿌리박고 있었다. 특히 두드러진 것은 로마인들이 이스라엘의 계약 원리들을 범하고 행한 도발들에 대한 항의였다. 본디오 빌라도가 신성한 상(像)들로 장식된 군대 깃발을 휘날리는 로마 군대를 예루살렘 안으로 보냈을 때, 한 무리의 유대인들이 가이사랴의 한 스타디움에서 빌라도와 맞섰는데, 만일 그 깃발들을 철수시키지 않으려면 자신들을 차라리 순교자로 만들라고 감히 도전했다(요세푸스, *Ant.* 17.55-59). 성전 안에 그 자신의 흉상을 설치하라는 칼리굴라 황제의 명령에 응수하여, 한 무리의 잘 훈련된 갈릴리 농민들은 곡식 심기를 거부하면서(따라서, 아무런 곡물도 생산하지 않겠다고 버티면서; *Ant.* 18.261-99), 농민 대중의 대규모 "동맹파업"(strike)을 벌였다.

로마제국의 지배와 계속 대결한 가장 생생한 실례는 예루살렘 성전에서 유월절 축제 때 파라오 아래의 속박으로부터의 탈출을 매년 경축하는 것이었다. 해방에 대한 사람들의 열정이 고조될 것을 예상하면서, 로마 총독들은 로마 군인들을 성전 안마당을 둘러싸고 있는 성벽 꼭대기에 배치했는데, 이것은 그들의 지속적인 정복을 도발적으로 상기시키는 것이었다. 1세기 중엽으로 향하던 어느 해에 유월절 군중들의 항의가 분출했는데, 로마 총독은 군대를 성전 안마당에 모여 있는 순례자들 위에 배치했다(요세푸스, *War* 2.223-27; *Ant.* 20.106-12).

예수와 그의 운동과 비교하기 위해 가장 중요한 것은 많은 대중 운동들, 즉 두 가지 독특하게 이스라엘다운 사회적 형태를 띤 대중 운동들이었다. 이 운동들은 사람들 사이에 출현한 지도력과 조직이 어떻게 이스라엘의 사회적 기억 속에 아직도 생생하게 살아 있는 민족 형성의 사건들과 인물들을 본떴는지를 보여준다. 헤롯이 죽었을 때 분출한 폭동들에서, 농민들은 자신들 중의 하나를 "왕"으로 선포했는데, 그는 그들을 이끌어 헤롯의 요새들과 로마 보급 창고들을 급습했다고 유대인 역사가인 요세푸스는 말한다(*War* 2.55-65; *Ant.* 17.271-85). 이 운동들과 지도자들은 이스라엘인들이 젊은 다윗을 블레셋 사람들로부터의 해방에서 그들을 이끌 왕으로 "삼았던" 기억을 본떴음이 분명하다. 제1차 유대 반란에서 시몬 바 기오라가 이끌었던 운동과 바 코크바 반란(Bar Kokhba Revolt)은 동일한 형태를 취했는데, 그것들은 대중적 메시아 운동이었다. 더욱이 1세기 중엽, 몇몇 농민 운동은 드다(Theudas)나 "이집트 출신의 한 유대인" 같은 예언자들을 중심으로 연합했는데, 그들은 모세가 지도한 출애굽이나 여호수아가 이끈 땅 점령을 본뜬 새로운 해방 행동들을 기대하는 추종자들을 이끌었다(요세푸스, *War* 2.259-62; *Ant.* 20.97, 169-71; 행 5:36). 이 모든 운동들은 또 다시 로마군대에 의해 무지막지하게 진압되었다.

경제적으로 대제사장의 귀족정치에 의존했음에도 불구하고, 현자들과 교사들의 집단들도 로마의 통치 혹은 로마 통치를 위한 대제사장의 협력에 항의했다. 헤롯이 드러누워 죽어가고 있었을 때, 예루살렘의 두 저명한 교사는 제자들을 고무시켜 성전 문에 장식된 로마의 황금(golden) 독수리를 넘어뜨리게 했다. 함축적으로 더 심각한 것은, 10년 뒤 로마인들이 한 로마 총독의 직접 지배를 강요했을 때, 교사인 감라의 유다(Judas of Gamla)와 바리새파 사람인 사독이 조공을 바치기를 거부하는 운동을 조직했는데, 로마인들은 이 운동을 반란과 똑같다고 여겼다(요세푸스, *Ant.* 18.4-10, 23-25). 더욱 불길하게는 50년 뒤, 이 반체제 지식인들의 후계자들이 테러리스트 집단인 시카리(Sicarii)를 조직하는 지경에까지 이르렀다. 이 "단도로 무장한 사람들"(dagger men)은 로마의 통치에 긴밀히 협력하는 대제사장들을 암살했다(*War* 2.254-57).

예수와 그의 선교: 이스라엘의 갱신 대 이스라엘의 통치자들

예수, 그의 선교, 그리고 그의 운동(들)은 로마의 지배와 갈릴리 및 유대 사람들 사이의 끊임없는 갈등이라는 맥락에서 이해되어야 한다. 예수는 이스라엘의 갱신이라는 그의 사명을 완수하는데 필수적인 로마의 통치에 대한 반대에도 종사했다. 로마제국의 통치에 대한 반대와 로마제국에 의한 반대는 그의 죽음뿐만 아니라 출생에서도, 그의 하나님 나라 선포뿐만 아니라 악령 추방에서도, 예루살렘의 통치자들과의 대결뿐 아니라 갈릴리에서의 그의 선교에서도 명백했다. 앞에서 우리는 로마제국의 질서에 반대한 것에 대한 처형으로서 그의 십자가 처형으로 시작했는데, 이제 어떻게 예수가 그의 삶과 목회의 대부분의 중요한 측면들에서 로마의 지배에 반대했는지를 고찰할 수 있다.[4)]

40년 전에, 로마의 통치에 대한 예수의 반대라는 질문은 극단적으로 단순화한 용어로 표현되었다. 즉 만일 예수가 로마에 대한 강력한 반항을 이끌거나 옹호하지 않았다면, 그는 정치적으로 침묵을 지켰음이 틀림없다는 생각이었다. 이제 우리는 저항이 폭동이 아닌 다른 형태들, 즉 예언자적 규탄, 공동체 조직, 대중 시위, 비폭력 직접 행동, 농작물 몰수, 산업적인 사보타주처럼 보다 치밀하고 위장된 형태들을 취할 수 있음을 인식하게 되었다. 전통적인 농경사회에서 농민 폭동은 드물다. 폭력을 사용하는 것은 자신들의 군사력을 가지고 있는 통치자들이다.

유아 설화들을 제외하고는, 예수의 가르침과 행동에 대한 다음의 논의는 학자들이 가장 이른 복음서 자료들이라고 일치된 의견을 보이는 마가복음과 말씀 자료(마태복음, 누가복음에서 병행

---

4) 뒤따르는 논의는 Richard A. Horsley, *The Liberation of Christmas: The Infancy Narratives in Social Context* (New York: Continuum, 1989; Eugene, OR: Wipf and Stock, 2006); 그리고 *Jesus and Empire*, 4-5장에 나오는 이전의 보다 광범위한 설명에 많이 의존한다.

하는 예수의 말씀 자료들)에 주로 초점을 맞출 것이다. 후자는 보통은 "Q"(독일어로 자료를 뜻하는 Quelle의 축약형)라고 부르는데, 그것은 일반적으로 누가복음에서 그 자료가 어디에 나오는지에 따라 참고 사항으로 인용된다. 이전에는 예수의 개별적 말씀들로 받아들여졌던 Q 자료는 계약 갱신, 전도, 기도와 같은 관심사들에 관해 예수가 그의 추종자들에게 한 연설들로 형성되었다고 북미 학자들 사이에서 점차 의견이 일치하고 있다(Q/누가 6:20- 49; 10:1-16; 11:2-4, 9-11).

출생/유아 설화들

예수의 추종자들과 그들이 형성한 운동(들)이 예수가 로마제국 질서에 도전하고 있었음을 이해했다는 것은 그의 출생과 유아기를 둘러싸고 출현한 전설들에서 분명하다. 예수는 모든 사람들이 조공을 바쳐야 하는 아우구스투스 황제의 포고령이 내린 때에 출생했다(누가 2:1-20). 로마 황제에게 그의 수확물 중의 일부를 바치기 위해서, 요셉은 임신한 아내와 함께 그의 고향인 베들레헴으로 돌아가야만 했는데, 그 혹은 그의 부모는 그곳에서는 더 이상 생계를 유지할 수 없어 포기했었다. 이 이야기는 로마 황제가 몸부림치는 사람들에게 강요하고 있었던 터무니없이 비생산적이고 역효과를 내는 역경들을 예증한다. 그의 출생 때에, 예수는 압제적인 제국에 맞서 이스라엘을 이끌 메시아로 선포된다. 그는 또한 "구세주"로 선포된다. 그러나 "구세주"(Savior)는 세상에 "평화와 안정"을 가져왔다는 로마 황제를 위한 칭호였다. 따라서 예수는 로마 황제에 반대하여 **대안적인 구세주**(alternative savior), 즉 백성들의 구세주로서 탄생하는데, 로마 황제의 "안정"은 사람들에게 압제적이었다. 로마인들이 "유대인들의 왕"으로 임명한 포악한 헤롯이 동방박사들로부터 한 아이가 "유대인들의 왕"으로 태어났다는 이야기를 들었을 때, 그는 예루살렘 주변의 두 살 미만의 모든 어린아이를 죽이려고 그의 치안 부대를 파견했다(마태 2:1-18). 예수의 도래에 응답하여, 어머니 마리아는 스가랴와 시므온처럼 하나님이 "힘 있는 자들을 그들의 권좌로부터 끌어내리시고 천한 사람들을 높이셨다"는 호전적인 승리의 노래를 불렀다(누가 1:46-55; 아울러 누가 1:67-69; 2:29-32 참조).

악령 추방

예수에 관한 복음서의 보도들과 현대의 "과학적인" 세계관을 화해시키려는 노력 속에, 기독교인들은 악령 추방과 치유 이야기들에 관한 방어적인 태세를 갖추게 되었다. 과학적 이성의 일반 원리들과 조화되지 않는 측면을 담고 있었기 때문에, 그런 이야기들과 그 이야기들이 자세히 말하는 사건들은 기적이나 마술로서 분류되고 종종 간단히 처리되었다. 그러나 최근에 의료 인류학자들은 서구의 과학적인 의학에서 질병과 치료(cure) 개념을 포함하여, 악령 추방을 그렇게 기적이나 마술로 분류하는 것은 지나친 단순화라는 것을 깨닫게 되었다. 모든 사회에서 질병은 항상 사회적 차원과 관련되며, 질병, 진단, 치유(healing)는 모두 문화적으로 정의된다. 보다 최근에 비판적인 의료 인류학자들은 질병이 권력, 지배, 박탈의 특정한 관계들과 흔히 관련된다는 것을 지적했다. 예를 들어, 이 비판적 분석은 동아프리카 민족들 사이에서의 귀신들림에 대한 민족지학(ethnography, 민족학 연구를 위한 자료를 수집하고 기록하는 학문) 연구들과 겹친다. 악령 추방 의식에서, 귀신들 중 일부의 이름은 "크로머 백작"(Lord Cromer, 수단 남부 전역에 대한 군사 원정을 이끌었던 영국 장군) 같은 침략적인 외국 세력들이었다. 비교문화 의학에서 매우 소중한 것으로 판명되는 의료 인류학의 이런 통찰력들은 예수의 선교의 세부 상황과 특히 그의 악령 추방에도 적용될 수 있다.

1947년에 발견된 사해 두루마리들(Dead Sea Scrolls) 중 일부는 예수가 마주쳤던 귀신들림과 그가 그것에 응답하여 실천한 악령 추방의 정치적 함축들에 대한 단서를 우리에게 주었어야 마땅했다. 그들의 공동체 규칙(Community Rule)과 전쟁 두루마리(War Scroll)에서 표현되었듯이, 쿰란에 있었던 서기관-사제의 공동체는 삶을 빛의 영(Spirit of Light)과 어둠의 왕자(Prince)나 악마(Belial) 사이의 투쟁에 사로잡힌 것으로 이해했다. 그러나 이것은 단순히 일련의 신념이 아니라 오히려 어떻게 역사가 이스라엘의 하나님의 통제로부터 그리도 완전히 벗어나 있는 것처럼 보일 수 있는지를 이해하는 방식이었다. 그들은 로마가 유대를 지배하는 것이 어둠/악마의 영에 의해 결정된 것으로 이해했다. 더욱이, 하나님이 역사를 성취하심의 무엇보다 중요한 신비 속에서, 빛의 세력이 마침내 전투에서 어둠의 세력을 패배시킬 때, 쿰란인들 자신이 로마인들(그들 성서의 암호명으로는 키팀[*Kittim*])에 맞서 싸워 그들 또한 마침내 절멸시킬 것이다.

이와 비슷하게 예수의 악령 추방도 마가복음에서 제시되듯이, 특정한 사람들을 점령했던 외국 군대의 추방뿐만 아니라, 사람들의 삶을 점령한 로마인들을 통해 작동하는 보다 일반적인 악마적 힘들의 패배로서 이해된다. 이것은 맨 처음 세 개의 일련의 악령 추방에서 볼 수 있다. 첫째 에피소드(마가 2:21-28)에서, 핵심어인 '에피티만'(*epitiman*)은 마가복음과 그 밖의 헬레니즘적 악령 추방 이야기들에서 "귀신을 내쫓다"(exorcise)를 가리키는 일반적 용어가 아니다. 후기의 시편들, 예언자 신탁, 그리고 일부 사해 두루마리에서, 그 단어의 히브리어 동의어(*ga'ar*)가 어떻게 하나님이 이스라엘의 외국인 원수들을 패배시키고 진압했는지 말하려고 사용되었음을 우리는 알고 있는데, "사탄"이 그들 중의 한 경우이다. 따라서 예수는 단지 귀신들을 "꾸짖는"(rebuke) 것 그 이상의 일을 행한다. 오히려 예수는 이런저런 귀신들을 패배시키고 있는데, 왜냐하면 더러운 악령은 "당신은 우리를 멸망시키려고 오셨습니까?"라고 선언하기 때문이다(마가 1:24).

Q에 있는 일련의 연설(Q/누가 11:14-20)에 비슷한 구절이 나오는 둘째 에피소드(마가 3:22-27)에서, 예루살렘에서 온 율법학자들은 예수가 귀신들의 우두머리인 바알세불의 힘을 빌어 귀신을 내쫓는다고 고발한다. 이 고발을 반박하면서, 예수는 특정한 사람들로부터 귀신을 추방하는 것이 일반적으로 사탄의 세력을 정복하는 명백한 표현이라고 선언한다. 그런 다음, 세 번째 에피소드(마가 5:1-20)에서 그러한 세력의 정체가 폭로된다. 한 사람이 귀신들려 남들과 자기 자신에게 매우 극단적 폭력을 행사하는 지경에 이르게 되었고, 그래서 마을 사람들은 그를 쇠사슬로 묶어 공동묘지에 감금해야 했다. 예수는 귀신을 내쫓은 뒤 그의 정체를 물었다. 귀신은 "내 이름은 레기온(Legion)입니다"라고 대답했는데, 자기를 이 지방에서 내쫓지 말고 가까이 있는 돼지들 속으로 들어가게 해달라고 예수에게 간청했다. 그런 다음, 출애굽 때에 홍해에

서 파라오 군대의 멸망에 대한 언급들과 결합된 일련의 군사적 이미지 속에서, 돼지 "떼"는 "바다로 향한" 가파른 둑으로 "내리달려" "바다에 빠져 죽었다." 귀신의 정체는 "로마 군대"일 뿐만 아니라, 그 군대는 자신들이 그곳으로부터 온 바다(지중해)로 향하는 둑을 내리달림으로써 자멸한다. 상징적으로, 최소한 예수의 악령 추방에서 로마 군대는 정복되고 있었다.

하나님 나라

바알세불 논쟁에 대한 Q 병행구(Q/누가 11:14-20)에서 예수의 악령 추방을 다루는 것은, 악령 추방이 로마제국의 지배에 반대하는 보다 광범위한 프로그램의 일부임을 더 분명히 드러낸다. 담화 속의 클라이맥스의 말씀에서, 예수는 "만일 내가 하나님의 손가락의 능력으로 귀신들을 쫓아낸다면, 하나님 나라가 너희에게 임한 것이다."라고 선언한다. 로마 군대의 지배를 포함하는 귀신들림을 패배시키고 대체하는 힘은 "하나님 나라"이다(마가복음의 바알세불 담화에 나오는 사탄도 다른 용어로 동일한 것을 말한다).

"하나님 나라"가 예수의 사명에서 지배적인 주제라는 것은 해석자들 사이에서 오랫동안 일치된 견해였다. 그러나 해석자들은 이스라엘의 전통(히브리 성서)에서 매우 중요한 **이 가장 정치적인 개념들을 끊임없이 비정치화해왔다**.[5] 예를 들어, 예수가 "묵시종말론적" 예언자(apocalyptic prophet)였는가, 아니면 "지혜"의 교사

5) 역자주: 최근에 신약성서 학자들 가운데 "하나님 나라"를 그 본래 뜻처럼 "하나님의 제국(*basileia tou theou*)"으로 번역해야 한다고 주장하는 이유는 예수 당시에 유일한 '바실레이아'였던 로마제국의 통치방식에 맞서는 하나님의 통치 방식을 뜻하기 때문이다.

(Wisdom teacher)였는가를 둘러싼 논쟁의 양편에 의해 이것은 예증된다. 1세기 전에, 앨버트 슈바이처는 최근 발견된 단편적인 "묵시종말론적" 본문들로부터 구성된 종합적인 학문적 "묵시종말론" 개념을 대중화했다. 19세기 후반의 학자들은 심판 때의 하나님의 출현에 관한 정교한 과장법과 은유적 표현을 마치 형이상학적 세계관인 양 다소 문자 그대로 해석해왔다. 따라서 예수는 세상의 종말을 설교하고 있다고 슈바이처는 주장했다. 그런 다음, 20세기의 가장 영향력 있는 신약성서 학자 루돌프 불트만은 예수의 하나님 나라 선포를 임박한 "우주적 격변"에 대한 언급으로 해석했다. 지난 수십 년 동안, 비판적인 자유주의 해석자들은 예수를 현혹된 광신자(a deluded fanatic)처럼 보이지 않도록 하기 위해, 문학적 맥락과는 동떨어진 예수의 말씀들 속의 이미지와 구절들에 기초해 예수가 하나님 나라를 내면적이고 개인주의적인 인격적 실재로 가르쳤다고 주장했다. 그러나 논쟁의 양편 모두는 하나님 나라가 이스라엘의 전통에 얼마나 깊이 뿌리박고 있는지를, 그리고 예수의 "하나님 나라" 선포의 정치적 맥락과 함축들을 무시했다.

군주제 이전의 초기 이스라엘에서, 야훼는 글자 그대로 이스라엘의 왕으로 이해되었다. 모세 계약의 형태는 이 점을 분명히 했다. 하나님은 이스라엘의 유일한 하나님일 뿐 아니라 유일한 왕이었다. 이것은 사람들의 생산물을 징발하고 강제노동을 강요한 이집트의 파라오 같은 외국 왕들에게 종속되었던 경험과 밀접히 관련되었다. 야훼는 이스라엘의 유일한 왕이었으므로, 왕이 되어 달라는 요구에 기드온이 동의하는 것은 불가능했다(삿 8:22-23). 비슷하게, 이스라엘인들이 사무엘에게 다른 민족들처럼 그들에게 왕을 세워 달라고 요청했을 때, 야훼는 사무엘에게 "그들이 나를

버려 내가 그들의 왕이 되지 못하게 하려는 것"이라고 말씀하셨다(삼상 8:7). 결과적인 타협 속에, 정확히 무거운 과세와 강제노동에 대한 억제책으로서, 인간의 왕권은 야훼의 지속적인 신적인 왕권 아래 제한되고 조건 지어졌다(삼상 8장; 10:17-27).

마침내 야훼는 역사를 통제하는 우주적 하나님으로서 이해되었으며, 그러면서도 여전히 이스라엘의 하나님이요 초월적인 왕이었다. 이런 야훼 이해가 제국의 왕들에게 종속되어 있는 사람들의 삶에 대해 함축하는 점들은 다니엘서 7장과 같은 환상적 본문들에서 분명히 표현되는데, 이 본문들에서 연속적인 제국들은 "많은 살을 게걸스럽게 먹는"(devour much flesh) 사악하고 파괴적인 짐승들로 표현된다. 그 주된 메시지는 하나님이 압제적 제국의 지배자들을 곧 심판할 것이며, ("사람의 아들처럼 생긴 분"으로 상징된) "지극히 높으신 분의 거룩한 백성들의 사람들"을 아마도 그들의 하나님의 직접 통치 아래 있는 독립국으로 회복시키시리라는 것이다. "묵시종말론적" 본문은 아니지만, 서기관들이 쓴 『솔로몬의 시편들』은 똑같은 의제를 마음속에 그렸다. "하나님 나라는 영원히 민족들을 심판하신다."고 주장하면서, 시편 17편은 "땅을 황폐하게 하고 젊은이와 늙은이를 학살한" 로마제국의 지배를 마침내 끝장내고, 그래서 사람들이 정의가 다스리는 땅에서 다시 살 수 있기를 하나님께 간청했다. 따라서 "주님 자신이 영원히 우리의 왕이 되실 것이다." 후기 헬레니즘과 초기 로마 시대로부터의 이 유대 서기관들의 본문들은, 특히 헬레니즘이나 로마제국의 지배를 종결지어 사람들을 독립과 정의로운 사회-경제적 관계 속에 자신들의 땅에서 살도록 회복시키기 위해, 하나님이 역사에 대한 그분의 왕권을 주장하실 것을 기대했다.

하나님은 이스라엘의 배타적인 왕이므로, 사람들은 (외국의 통치가 아니라) **하나님의 직접 통치 아래 살아야만 한다**는 신념이 너무 강했고, 그래서 그것은 **조직화된 저항 활동으로 귀결**되었다. 위에서 언급했듯이, 로마가 총독들을 통한 자신들의 직접 통치를 강요했을 때, 교사인 가말라의 유다와 바리새파 사람인 사독이 이끈 "제4의 철학"(the Fourth Philosophy)은 로마의 조공에 대한 저항을 조직했다(요세푸스, *Ant.* 18:3-9, 23-25). 자유(*eleutheria*, 이것은 정치적 용어이다)에 대한 그들의 열정을 제외하고는, 그들은 바리새파 사람들의 기본적인 견해들을 공유했다고 요세푸스는 말한다. 그들은 로마의 조공이 노예 상태에 버금간다고 말했으며, "하나님만이 홀로 그들의 지도자요 스승"이므로 자신들의 자유를 주장할 것을 "사람들"에게 촉구했다. 예수 시대의 유대와 갈릴리 사회에서, **하나님 나라에 대한 이스라엘의 믿음은 바로 로마제국 통치에 맞서는 데서 표면화되었다.**

가장 초기의 복음서 자료들에서, 예수의 하나님 나라 선포는 이스라엘의 갱신뿐 아니라 지배자들에게 반대하는 이스라엘의 갱신도 의미한다. 해석자들이 단지 고립된 개별적인 말씀들에만 초점을 맞출 때, 그들은 이 두 측면 모두를 놓친다. 그러나 우리가 "복음서를 전체적으로 해석할"(take the Gospel whole), 즉 Q에 있는 모든 일련의 연설과 마가복음의 전체적인 이야기를 읽을 때, 두 측면 모두 강력히 부각된다. 하나님 나라는 가장 초기의 복음서 자료들 둘 모두에서 아주 지배적이므로, 예수의 메시지의 다소 다른 반영물들이 있다고 해도, 그것들은 유사하다고 우리는 합리적으로 추정할 수 있다.

Q에서, 하나님 나라라는 주제는 대부분의 연설에서 핵심 요점

에 등장한다. 예를 들어, 최초의 가장 긴 연설(Q 6:20-49)에서, 가난한 사람들에 대한 하나님 나라의 약속은 전체적인 일련의 연설 속에서 사람들을 위한 하나님의 행동 기조를 정한다. 주의 기도는 하나님 나라를 위한 기도인데, 그것은 세금, 조공, 십일조의 요구들 때문에 끊임없이 농민들의 삶을 위협하는 두 가지 주된 위험, 즉 **충분한 음식과 상호간의 채무 말소**라는 사람들의 경제적 필요(11:2-4)에 초점이 맞추어져 있다. 장래의 하나님 나라 잔치는 뻔뻔스러운 귀족 계급, 즉 (세례자 요한과 예수처럼) 하나님이 보내시는 예언자들을 죽이는 예루살렘 통치자들을 배제할 것이다(13:28-29, 34-35). 짤막한 마지막 연설에서, 하나님 나라의 최후 성취에서, 이스라엘의 열두 대표자들은 열두 왕좌에 앉아 이스라엘의 열두 지파를 위해 정의를 가져올 것이다(22:28-30; "심판"[judging]은 후대 기독교의 오해이다).

마가복음에서 예수는 하나님 나라가 가까이 있다고 선언한 직후, 사람들을 외국의 영들에 의한 사로잡힘에서 해방시키고 신체가 마비된 자들이 다시 걸을 수 있게 하는 일련의 악령 추방과 치유에서 그것을 구체적으로 표현한다. 상호 관련된 에피소드들에서(5:21-43), 피가 말라 거의 빈사 상태에 이른 이스라엘의 열두 지파를 상징적으로 대표하는 두 여자가 치유된다. 마가복음의 예수는 평등주의의 경제적 관계들에 대한 자신의 주장을 강조하기 위해, 모세 계약과 일치되게 부자들이 하나님 나라에 들어가기는 불가능하다고 선언한다(10:17-25). 다른 에피소드들에서는 하나님 나라가 로마나 예속 통치자들에 의한 지배와 더 분명히 반대된다. 예수는 예수와 그의 사명에 대한 헌신 때문에 체포되고 처형될지도 모르는 사람들에게 "하나님 나라가 권능을 가지고 오고 있다"

고 안심시키는데, 이것은 현재 권력을 장악하고 있는 자들에 대한 심판을 암시하는 것이 분명하다(마가 8:38-9:1). 그 자신의 임박한 체포와 처형에 직면하여, 그를 곧 죽이려 하는 통치자들에게 더 이상 종속되지 않는 하나님 나라에서 다시 먹을 것을 예기하면서, 예수는 열두 제자, 즉 갱신을 경험하고 있는 이스라엘의 대표자들과 (해방을 경축하는) 유월절 식사를 함께 한다.

카이사르에게 바치는 조공

하나님 나라는 로마의 통치에 직접적으로 반대한다는 마가복음 이야기 속에서 가장 생생한 진술은 그를 함정에 빠뜨리려고 짜여진 바리새파 사람들과 헤롯 당원들의 질문, 즉 카이사르에게 조공을 바치는 것이 합법적인가 아닌가 하는 질문에 대한 예수의 답변이다. 이 구절은 오랫동안 교회와 국가, 종교와 정치의 분리라는 관점에서 해석되었다. 로마제국 안에서나 이스라엘의 전통에서는 그런 분리가 없었다. 종교와 정치의 분리를 단순히 가정하는 우리 현대인들은 이 쟁점에 얼마나 "숨은 저의가 있는지" 이해하기 어렵다. 피지배 민족들에 대한 로마의 지배는 조공에 집중되었다. 로마인들은 "카이사르에게 바치는 것"의 불이행이 반란과 같다고 간주했고, 그래서 가혹한 군사 행동으로 자신들의 요구를 실행할 준비를 갖추었다. 그러나 이스라엘의 전통에서, 조공을 바치는 것은 계약법에 직접적으로 반하는 것이었다. 하나님에 대한 이스라엘의 관계의 바로 그 기초는 사람들의 배타적인 충성이었다("너희는 나 이외에 다른 신들을 갖지 못할 것이다"). 더구나 모세 계약에 따르면, 하나님은 또한 글자 그대로 명실공히 이스라엘의 왕이었다. 그래서 배타적인 왕권과 배타적인 충성은, 제4의 철학이 20여 년 앞서 주장했듯이 이스라엘은 조공을 요구하는 인간 왕을 가질 수 없음을 의미했다. 또한 율법들의 해석에서 인정받는 전문가였던 바리새파 사람들은 이러한 사실을 아주 잘 알고 있었다. 이것이 그들이 예수에게 함정을 놓는 기초이다: "선생님, 우리는 선생님께서 진실한 분이시며 아무에게도 얽매이지 않으신다고 알고 있습니다. 선생님께서는 아무도 부당하게 대하지 않으시고 하나님의 길을 진리로 가르치십니다. 카이사르에게 세금을 내는 것이 옳습니까? 내지 않는 것이 옳습니까?"(마가 12:14). 따라서 이런 아첨으로 포장된 채로 예수는 사실상 조공에 관해 진실을 말하도록 강제된다. 그 진실은 "아니다, 그것은 합법적이지 않다."는 것이다. 결국 로마제국의 지배에 대한 반란을 선동한 죄목으로 스스로 체포와 처형에 빠져들도록 만드는 함정이다.

그러나 예수는 조공이 법으로 금지되어 있다고 명시적으로 말하지 않음으로써 그 함정에서 빠져나간다. 그러나 그 자리에 있었던 모든 사람은 그가 무엇을 의미하는지를 알았다. 바리새파 사람들, 대제사장들, 그리고 숨막히는 대결에 귀 기울인 군중들이 알고 있었던 이스라엘의 전통에서 이해된 대로, 열쇠는 하나님과 카이사르 각각에게 "속한 것"이었다. 생산물의 출처인 땅은 하나님에게 속했는데, 그분은 그들 각자의 가족 유산으로 사람들에게 땅을 나눠주셨다(예를 들어, 레위기 25장 참조). 따라서 "하나님께 속한 것"은 모든 것, 모든 생산물이었는데, 그것은 하나님의 백성을 유지하기 위한 것이었다. 짐작하여 알 수 있도록 완곡하게 표현된 예수의 영리한 답변은 로마제국의 지배로부터의 백성들의 독립에 대한 단호한 선언이었는데, 왜냐하면 백성들은 직접적으로 하나님의 통치/나라 아래 속해 있기 때문이다.

예루살렘 통치자들에 대한 고발

갈릴리와 유대에 대한 로마제국의 지배는 주로 예속된 통치자들을 통해 이루어졌다. 헤롯 안티파스가 갈릴리에서 로마를 위해 질서를 유지했던 것처럼, 대제사장 귀족들은 유대에서 로마 총독들의 감시 아래 질서를 유지하고 조공을 거두었다. 진실로, 아마도 로마 총독과 그의 군대가 로마의 지배를 눈에 띄게 상기시키는 유월절 때를 제외하고는, 유대에서 로마제국의 지배의 주된 얼굴은 헤롯이 육중하게 재건축한 "세계적 경이"(wonder of the world)인 성전, 즉 그 문 위에 로마의 독수리가 장식되고 로마 총독이 임명한 대제사장들이 있는 성전이었다. 또한 앞서 주목했듯이, 서기관들의 항의와 대중운동과 폭동들은 로마의 지배자들뿐 아니라 그들에게 예속된 예루살렘의 통치자들에 대해서도 반대했다. 예수도 전혀 예외가 아니었다. 예루살렘에서 유월절 축제 때 절정을 이룬 대결에서, 예수는 성전과 제사장 귀족들에 대한 하나님의 비난을 선언하고 심지어 행동으로 보여주었다.

예수가 성전과 예루살렘을 지배하는 가문에 대한 하나님의 비난을 선언했음은 마가복음과 Q(마태복음과 누가복음에는 나오지만 마가복음에는 없는, 일련의 비슷한 연설 자료들) 둘 모두에서 입증된다. Q/누가 13:34-35a에서, 예수는 예언자가 하나님의 대변자로 등장하는 전통적인 형태의 예언자 한탄을 개작한다. 임박한 심판을 예상하는 가운데 하나님은 그 도시의 멸망을 애도한다.

오 예루살렘아, 예루살렘아!
너는 예언자들을 죽이고
너에게 보낸 사람들을 돌로 쳤다.
암탉이 날개 아래 병아리를 품듯이,
내가 네 자녀들을 모으려고 여러 번 노력하지 않았더냐?
그런데 너희는 거절했다.
보아라. 너희의 집은 버림받았다!

이 예언에서, 예수는 지배적인 가문이 사람들을 착취하는 것에 항의하다가 죽임을 당한 이스라엘 예언자들의 오랜 전통 위에 서 있다. 로마 총독들과 그들에게 예속된 팔레스타인의 통치자들은 그들 자신의 시대에 예언자들을 죽이고 있었기 때문에, 이 전통은 사람들의 기억에서 가장 최전선에 있었을 것이다. 예수의 추종자들의 기억에서 가장 생생한 것은 헤롯 안티파스가 세례 요한을 계약의 정의를 강력히 주장했다는 이유로 체포하여 참수형에 처한 일이었다(요세푸스, *Ant.* 18.116-19; 마가 6:17-29 참조).

마가복음의 세 개의 에피소드와 그 밖의 몇몇 자료 모두는 성전에 맞선 예수의 예언을 인용하거나 언급한다(마가 13:1-2; 14:58; 15:29; 요한 2장; 행전 6:13-14; 도마복음 71장). 예수는 성전의 멸망과 재건축을 예언했다는 것이 전통 속에 깊이 각인되어 있었고, 그래서 요한복음은 그 예언을 억제하기보다는 예수가 성전이 아니라 자신의 몸을 언급하고 있었다고 조심스럽게 설명했다. 마가복음의 두 개의 에피소드와 요한복음에서 그 예언은 손으로 만든 성전의 멸망과 손으로 만들어지지 않은 성전의 건축에 관한 이중적 말씀의 형태를 띤다.

도마복음에서 "성전"(temple) 대신 "집"(house)이 등장하는 것은 예수가 예언한 것의 골자에 대한 단서를 제공한다. "(하나님의) 집"은 제2 성전 시대의 유대교 본문들에서 성전과 지배 가문뿐만 아니라 사람들, 그리고 종종 회복된 이스라엘 백성에 대해서도 사용되었다. 사해 두루마리의 발견은 자신을 "성전"으로 이해했던, 예수운동과 동시대의 한 유대인 공동체의 증거를 제공했다(*Rule of the Community* 5:5-7; 8:4-10; 9:3-6; 4QFlor 1:1-13).[6] "집", "성전", "몸", "집회"(assembly) 같은 용어들은 모두 보통은 한 사회 집단과 관련된 동의어 기능을 할 수 있다. 따라서 성전의 멸망과 재건축이라는 예수의 예언은 "성전"이나 (보다 그럴듯하게는 도마복음에서처럼) "집"이라는 용어의 이중적 의미에 대한 말장난으로 이해될 수 있다. 그의 예언은 하나님이 예루살렘에서 "손으로 만들어진 하나님의 집/성전"을 멸망시키고 그 대신 "손으로 짓지 않은 하나님의 집/성전," 즉 이스라엘 백성을 재건축하고 계심을 선언했다. 마가복음뿐만 아니라 Q에서도 나타나듯이, 이것은 이스라엘 통치자들에게 맞서 이스라엘의 갱신을 앞장서서 이끄는 예수의 사명의 의제와 잘 들어맞을 것이다. 갱신된 백성 자체가 재건축된 "성전"이나 하나님의 "집"으로 이해된다면, 제국의 통제수단으로서 사람들 사이에 널리 분노를 불러일으켰던 성전 국가의 필요성은 물론 없을 것이다.

성전에 대한 하나님의 심판을 선언한 것 말고도, 예수는 직접적으로 성전 안마당에서 하나님의 고발에 대한 상징적인 예언자

---

6) 공동체 규칙(Community Rule)과 쿰란의 그 밖의 사해 두루마리 번역들은 Geza Vermes, ed., *The Complete Dead Sea Scrolls in English* (New York: Allen Lane/Penguin, 1997)에서 가져왔다.

시위를 실연(實演)했다. 또 다시 예수는 종종 기이한 행동으로 하나님의 임박한 심판을 상징하는 오랜 예언자 전통을 끌어들였다(왕상 11:29-12:20; 사 20장; 렘 28-29장). 카이사르에게 바치는 조공에 관한 예수의 선언처럼, 성전에서의 그의 시위는 현대 서구인들에게 종교와 정치의 분리를 강요함으로써 불쾌감을 주지 않는 것으로 해석되어왔다. 그러나 이 에피소드 속의 아무것도 예수의 행동이 단순히 "성전 정화"라는 것을 암시하지 않는다. 마가가 예수의 이 격렬한 행동을 열매를 맺지 못하는 무화과나무에 대한 예수의 저주와 짜 맞춘 것은 그것이 분명히 하나님의 비난의 한 상징적 실행으로서 이해되었음을 나타낸다.

어느 편인가 하면, 우리는 복음서들이 예수의 행동의 격렬한 어조를 오히려 완화시켰다고 예상할 수 있다. 그렇다면 그 파괴적인 행동은 마가복음과 요한복음 둘 모두에서 제시되었듯이 최소한도 강력한 것이었음에 틀림없다: 예수는 성전에 들어가서 "끈으로 채찍을 만들어"(요한 2:15), "성전에서 팔고 사는 사람들을 내쫓았다. 그리고 환전상들의 책상과 비둘기를 파는 사람들의 자리를 뒤엎었다"(마가 11:15-16). 더욱이, 예수가 공격한 것은 "부패한 행위들"이 아니라, 희생제사를 가능하게 하기 위해 필요한 성전에서의 일간인 경제적 거래들이었다. 따라서 **예수는 유대의 정치-경제의 신성한 핵심 제도를 모독하고 그 성스러움을 더럽히는 궁극적인 행동을 했는데, 그 제도는 또한 제사장 귀족정치의 권력 기반이기도 했다.** 그러나 성전은 유대에서 로마의 지배의 한 수단이기도 했으므로, 그의 행동은 로마제국의 질서에 대한 노골적인 도전이었다. 마가복음 설화의 일련의 에피소드가 암시하듯이, 예루살렘에서의 다른 대결들과 나란히 성전에 대한 하나님의 비난을 실연(實演)한 예수의 시위는 로마 총독인 빌라도가 그를 십자가에 처형하도록 이끌었다.

계약의 갱신

갈릴리에서의 선교가 예수를 십자가에 처형되게 했을 것 같지는 않지만, 그것은 또한 로마제국의 질서에 반대하는 프로그램이었다. 그리고 이 연관 속에서, 이전에는 로마인들에 대한 무저항(nonresistance)의 진술로서 인용되었던 말씀들이 예수의 계약 공동체 갱신, 그리고 간접적으로는 로마의 지배의 결과들에 대한 저항의 구성요소로 판명되고 있다.

모든 농경사회에서처럼, 갈릴리-유대 사회의 기본적인 사회 형태는 많은 가부장적 다세대 가족들로 구성된 마을들이었는데, 이 각각의 가족들은 자기네 가문이 물려받은 땅에 의존하여 최저 생계를 겨우 유지했다. 지역의 집회(assembly, 그리스어로 *synagoge*)는 이러한 마을 공동체들의 자치 형태였다. 마을을 구성하는 가족들 사이의 사회-경제적 관계들은 아마도 희년의 채무 말소와 채무 노예들의 석방 조항을 포함하는 모세 계약의 원리들과 전통적인 가르침에 따라 이루어졌을 것이다. 이 계약 원리와 장치들의 목적은 마을 공동체를 구성하는 각각의 가족이 경제적으로 생존 가능하도록 유지하는 것이었다. 로마제국의 정복과 예속된 통치자들의 강요는 수확기부터 그 다음 수확기까지 겨우 생존할 가정들의 능력에 새로운 압력을 가져다주었다. 다양한 층의 통치자들이 존재했는데, 이들 각각은 농작물의 일부, 로마에 바칠 조공, 그리고 십일조와 제물에 더하여 헤롯의 세금을 요구했다. 더군다나 헤롯 안티파스가 갈릴리에 새롭게 건설한 도시들은 세금 징수를 훨씬 더 효율적으로 만들었다.

이처럼 차츰 증가되는 경제적 압력 아래, 가정들과 마을 공동체들은 붕괴되기 시작했다. 예수는 가난하게 되고 굶주린 사람들에게 말을 걸고 있었다는 것이 오랫동안 인식되어왔다. "가난한 사람들은 복이 있다… 굶주린 사람들은 복이 있다." 하나님 나라의 도래를 위한 기도는 "매일의 빵"과 채무(debts) 말소에 대한 간청이었다.[7] 덜 주목되는 것은, 예수가 붕괴되고 있는 마을 공동체들에게 말을 걸고 있었다는 사실이다. 만일 우리가 이 말씀들의 내용 속에 암시된 상황을 찾는다면, 이전에는 외국 원수들에 대한 무저항의 충고로 받아들여진 말씀들 속에서 우리가 발견하는 것이 바로 이것이다. "네 원수들을 사랑하라"와 비슷하고 또 예증하는 그 말씀들은 네 뺨을 치고(모욕), 네 외투를 가져가고(상징적으로 저당물의 유질 처분), 너에게 구걸(간청)하고, 네 물건을 가져가는 사람들을 언급한다. 이 모든 사람들은 로마인들 같은 외부인들과의 관계가 아니라 동료 마을 사람들과의 관계에 치중한다. 계약의 가르침들에서 명한 대로, 궁핍한 가정들은 서로 빌리고 빌려주지만, 또한 말다툼, 상환 요구, 모욕을 주고받는 상황에 빠져든다.

---

7) 역자주: 주기도문에서 원래 "빚들"(debts)이 "죄들"(sins)로 바뀐 것에 관해서는 존 도미닉 크로산, 『가장 위대한 기도』(김준우 역, 한국기독교연구소, 2011), 7장을 보라. 개역한글과 개역개정은 마태복음 6:12 관주에서 "헬, 빚진 자를 탕감하여 준 것 같이 우리의 빚도 탕감하여 주옵시고"라고 설명함으로써 그리스어 원문에는 "죄"가 아니라 "빚"으로 되어 있음을 분명히 밝힌다. 그러나 새번역과 표준새번역 개정판에는 각주에서 그리스어 원문에 대한 언급이 없이 "또는 '빚진 사람의 빚을 없애준 것 같이'"라고 설명하고 있다. 공동번역에는 "잘못"으로 번역되어 있다.

이런 상황에 정면으로 직면하여, 예수는 계약 공동체의 갱신을 선언한다. 이것이 간과되는 이유는 일잔인 기독교 신학에서 예수는 율법을 대체하기 위해 복음을 가져왔다고 생각되기 때문에, 그리고 개별적인 말씀들에 초점을 맞추는 일반적인 절차 때문이다. 그 대신, 일관된 복음서 이야기들과 전체적인 연설들, 그리고 보다 폭넓은 문화적 패턴들을 고려한다면, 우리는 마을 공동체들에서의 이스라엘의 갱신이라는 예수의 프로그램을 식별할 수 있다. 마가의 이야기와 병행하는 마가복음과 Q의 "선교 담화들"(mission discourses) 모두 예수, 그리고 그가 갈릴리와 그 너머 마을들이나 마을 집회(회당)들에서 설교와 치유를 행하도록 파송하는 제자들을 보여준다(마가 6:7-13; Q 10:2-16). 더욱이 예수의 사절(使節)들은 한 지역의 가족들과 함께 머물고 그들이 제공할 수 있는 뭐든지 먹으면서 얼마 동안 일정한 마을에서 일해야 한다. 그렇다면 마을 공동체는 예수의 계약 갱신의 초점이기도 했다. Q에서 가장 최초의 가장 긴 연설(6:20-49)에서 가장 분명히 드러나는 이것은, 이전에 계약 연설(covenantal speech)로서 인식되어온 마태복음의 산상설교 배후에도 있다.

이 연설에서 모세 계약의 구성 요소들을 식별하면, 이 연설 또한 계약 구조를 가지고 있음을 식별할 수 있다. 전통적인 계약은 세 가지 구성 요소를 가졌다: 해방의 선언, 배타적인 충성과 사회-경제적 관계의 원리들, 그리고 동기 부여가 그것이다. 예수의 연설에서, 일련의 "네 원수를 사랑하라"는 말씀(6:27-36)은 전통적인 계약 가르침들과 많은 관계가 있는데, 계약 원리에 해당한다. 반석 위의 집과 모래 위의 집이라는 이중적 비유는 예수의 가르침을 "실천하는" 동기를 부여한다(6:46-49). 그러나 전통적으로 동기 부여의 단계에서 기능을 했던 축복과 재앙은 해방의 새로운 선언으로 변형되어왔다(6:20-26). 확실히 그 목적은 자신들의 가난과 굶주림이 계약 원리들을 범한 것에 대한 저주라고 믿었을 가능성이 있는 사람들에게 말을 걸려는 것이었다. 부자들이 아니라 그들이 이제 하나님의 축복을 받고 있다고 선언하는 것은, 그들의 삶에 새로운 의미와 활기를 불어넣었다. 하나님의 임박한 새로운 해방에 기초하여, 예수는 마을 공동체 안에서 전통적인 계약 요구들과 서로 나누며 협력하고 연대하는 원리들을 새롭게 할 수 있었다.

지역 공동체들 안에서 이처럼 새롭게 협력하고 연대하는 갱신 운동은 붕괴의 과정을 저지하고 전통적인 생활방식을 유지하는 가족들과 마을들의 능력을 강화시켰을 것이다. 즉 가족들을 채무, 토지 상실, 그리고 부자들에게 완전히 의존하는 저임금 노동자로 내몰고 있었던 로마제국의 지배의 결과들에 대한 저항을 통해서 지역 공동체들은 협력하고 연대했던 것이다.

결론

예수의 선교가 로마제국의 지배에 직접 반대하는 위치에 서 있었다는 점은 십자가형에 의한 그의 죽음과 출생의 상황, 아우구스투스의 포고령, 그리고 헤롯의 학살에서 극적으로 드러난다. 어떻게 이것이 기독교인의 의식에서 사라질 수 있었는지는 이해하기 어렵다. 왜냐하면 주의 기도뿐만 아니라 크리스마스 계절과 부활절은 이 사건들을 기념하기 때문이다. 참으로, 이스라엘의 갱신에 초점이 맞추어진 그의 전체적인 사명은 로마제국의 통치와 그 결과에도 반대했다. 이것은 그의 악령 추방과 하나님 나라 선포에서 명시적이며, 그의 계약 공동체 갱신에서 더욱 암묵적이다. 마을 공동체들 안에서 일어난 이런 활동들은 예수가 반란자로서 체포되어 십자가형으로 귀결되지 않았을지도 모른다. 그러나 그는 대담하게도 몹시 분위기가 고조된 유월절 때에 예루살렘으로 올라가고, 하나님의 성전 고발을 상징하는 강력한 시위를 실행하고, 카이사르에게 조공을 바치는 것은 합법적이지 않다고 아주 교묘하게 말했다. 그것들은 로마 총독과 예루살렘의 예속된 통치자들이 묵인할 수 없는 반란의 행동들이었다.

예수의 선교가 주로 로마제국의 통치에 반대했다는 것을 인식하는 것은, 예수를 "유대교"에 반대한 사람으로 보는 일반적이며 더 낡은 해석에 도전한다. 완전히 비역사적인 이러한 일반적이며 낡은 해석은 초기 기독교인들이 수치스럽게도 자신들을 기원후 66-70년 로마인들에게 맞서 반란을 일으켰다가 패배한 "유대인들"과 거리를 두고 비난하려는 수치스러운 태도에서 시작되었다. 그런 다음, 그것은 공식적인 기독교 교리가 되었다. 그러나 예수 당시에는 "유대교"와 "기독교"가 아직 서로 다른 종교들이 아니었다. 사실 로마제국의 통치에 대한 예수의 반대는 농민들뿐 아니라 서기관 집단과 예루살렘 주민에 의한 항의, 스트라이크, 운동, 광범위한 폭동의 형태를 취한 보다 일반적인 유대와 갈릴리의 반대에 속했다. 그러한 항의와 운동들처럼, 예수는 외국 제국의 지배에 대한 반대라는 이스라엘의 오랜 전통에 깊이 뿌리박고 또 의지했다. 그리고 대중적인 예언운동들, 유월절에 성전 벽에 배치된 군인들에 대한 대중적 항의들, 성전 문에 장식된 로마의 독수리에 대한 교사들의 공격, 그리고 조공을 바치는 것에 대한 급진적인 바리새파 사람들과 그 밖의 교사들의 거부처럼, 예수는 자신들의 권력을 유지한 로마인들만이 아니라 예루살렘 통치자들에게도 반대했다.

제국에 대한 저항이라는 이스라엘의 전통에 뿌리박고 있는 예수와 가장 초기의 예수운동들처럼, 미국은 최소한 그 출발에서는 이스라엘의 유산에 굳건히 뿌리박고 있었다. 새로운 로마(New Rome)가 되기 전에, 미국은 하나님의 새로운 이스라엘(New Israel)이라고 자랑스럽게 주장했다. 유럽으로부터의 출발과 독립전쟁(1775-83)은 포악한 통치로부터의 탈출(exodus)로서 행해졌다. 플리머스, 보스턴, 그리고 수십 개의 다른 도시들에서의 최초의 정착공동체들과 미국 헌법은 새로운 계약들이었다. 예수와 공명하는, 그리고 예수가 로마 통치에 반대하는 기초였던 이스라엘의 유산과 공명하는 미국인들은 자신들의 나라가 "새로운 로마"로서 최근의 권력 행사에 반대하여 미국의 계약적 유산의 정치-경제 원리들을 재발견해야 한다고 주장하기 위한 영감과 지도 원리들 모두를 예수의 선교로부터 끌어낼 수 있다.

제6장

사도 바울과 제국

닐 엘리오트

제국의 시대 속에서 바울 읽기

1990년대 이래로, 해석자들은 사도 바울을 로마제국의 문화라는 상황 속에서 이해하려고 점점 더 애써왔다. 이런 관심이 고조되는 것은 일반적으로 성서 연구에서 제국의 역할에 대해 새롭게 인식하는 것의 일부인데, 이 책의 논의도 그 한 가지 표현이다. 그러나 제국의 역학에 더욱 주목하게 된 것은 단지 최근의 학문적 유행에 불과한 게 아니다. 1960년대와 1970년대에 전 세계적으로 우리는 탈식민지화 운동의 물결을 목격해왔다. 1980년대에 소비에트 연방이 붕괴된 데 뒤이어 미국은 무적(無敵)의 초강대국이 되었으며 오늘날까지 전 세계적으로 가장 막강한 군사적-경제적-정치적 힘을 발휘하게 된 것이다. 나날의 기업 뉴스들은 세계화된 자본주의 경제의 강화를 상술한다. 제국은 우리의 세계와 그것을 형성한 역사를 이해하기 위해 자명하게 중요한 주제이다. 이전에 식민지화된 민족들의 비판적인 관점을 서구의 역사-문화-문학 연구들에 적용하는 "탈식민지"(postcolonial) 해석은 이제 성서 연구 속으로도 들어오고 있다.

우리 시대에 제국주의의 영향에 대해 주목하게 됨으로써 바울이 편지를 써서 보낸 도시들에서 로마제국의 엄청난 영향에 대해 더욱 크게 깨닫게 했다. 예를 들어, 로마는 기원전 146년 자신이 그리스로 진격하는 것에 저항한다고 고린도의 고전적인 도시를 파괴했다. 1세기 후, 율리우스 카이사르는 그 도시에 로마의 퇴역 군인들과 잉여 인구를 이주시켜 로마의 식민지로 재건했다. 기원전 42년과 (악티움 해전 후인) 30년 두 차례에 걸쳐, 위대한 로마 장군들인 안토니우스와 옥타비아누스(아우구스투스)는 빌립보에 로마 퇴역 군인들의 공동체들을 세웠다. 바울 시대에 이르러, 이 도시들과 그리스와 소아시아 전역에 걸친 그 밖의 도시들은 굴종을 배웠다. 그들의 경제는 로마 질서 속으로 잘 통합되었다. 로마 관리들은 속주(屬州)들의 부와 (그 부의 대부분을 생산하는) 노예들의 노동에 대한 조직적인 착취를 솔직히 자랑삼아 말했다. 속주 도시들의 상류 계급은 로마제국의 의식(儀式), 즉 로마의 지배권의 축복을 경축하는 주요 의식 수단의 열성적인 투사들이 되었다.

바울을 제국의 맥락에서 읽는 것은 두 가지를 의미한다. 첫째, 로마의 통치 아래 살고 있었던 사람들은 바울의 편지를 어떻게 들었을까 질문하는 것이다. 둘째, 우리가 오늘날 제국주의 문화의 이데올로기적인 제약에 따라 바울을 해석하거나 잘못 해석하는 방식들을 재평가하는 것이다.[1)]

---

1) 역자주: 바울을 전통적으로 유대교의 율법 대 그리스도의 복음, 가톨릭의 공적주의 대 개신교의 은총주의 관점에서 해석한 것에 대한 비판적 재해석은 『첫 번째 바울의 복음』(존 도미닉 크로산 & 마커스 보그)을 보라.

정치적 현실들을 위한 경청

바울의 편지들은 기독교 신학의 가장 이른 문서들로서 엄밀히 종교적 관점에서 오랫동안 읽혀졌음에도 불구하고, 최초의 수신자들에게 강력한 정치적 함축을 띠었을 언어로 쓰여졌다.

예를 들어, 그리스어 단어 디카이오쉬네(*dikaiosyne*)는 6세기에 올바름(righteousness)이라는 영어 단어로 재치 있게 번역되었을지 몰라도, 오늘날 그 단어는 의미상 정의(justice)에 더 가깝다. 시편부터 로마 시대의 묵시록들에 이르기까지 유대인의 저작들이 "하나님의 정의"에 관해 말했을 때, 그것은 하나님 앞에 한 개인이 올바로 서는 영적인 문제보다는 불공평한 사회 질서의 종말, 그리고 자신의 적들에 맞서 죄 없는 자들이 희망하는 해원(vindication)과 주로 관련되었다. 이와 대조적으로, 로마의 엘리트가 "정의"에 관해 말했을 때, 그들은 제국의 질서 속에 그것이 이미 실현되는 것에 관해 말했다.

복음(gospel)을 "기쁜 소식"(good news)으로 의역하면, 복음을 뜻하는 그리스어 단어 유앙겔리온(*euangelion*)에 담긴 정치적 여운이 제거된다. 이 그리스어 단어는 가장 유명하게는 아우구스투스를 찬양하는 (기원전 9년이라는 날짜가 적힌) 한 비문에서 황제의 등극을 선언하거나 경축하려고 사용되었던 단어이다.

바울은 자신을 그분의 임박한 재림을 기대하는 "주님"(*kyrios*)의 임명된 사자(*apostolos*)로 묘사하고, 또 각 도시 교회들에게 그분의 재림 때에 이 주를 만날 준비를 하라고 경고함으로써, 속국(屬國) 도시들이 도래하는 통치체제 변화에 채비를 갖추게 하면서 다가오는 한 정복자의 이름으로 말하는 외교 전령처럼 보였을 것이다. (로마 황제 또한 주[*kyrios*]로서 정기적으로 환영을 받았다.)

보통은 "교회"(church)로 번역되는 단어 에클레시아(*ekklesia*)는 기원후 1세기에는 그리스 도시의 민회를 가리켰다. 놀랍게도 바울과 그 동료들은 "민족들"로부터 모인 교회들을 가리키기 위해, 사적인 종교적 연합에 사용할 수 있는 많은 단어들 중 어느 것도 사용하지 않고 대신 이처럼 명백히 **정치적인** 단어에 의존했다.

바울은 복수형을 사용하여 자신을 "**민족들**에게" 보냄을 받은 사도라고 불렀다. 그는 "**민족**에게"라는 단수형 단어를 결코 사용하지 않았다. "이방인"(Gentile)이라는 번역은 오도하는 것인데, 왜냐하면 그것은 개인들이 가진 응집력 있는 민족적(ethnic) 정체성을 의미하기 때문이다. 그러나 바울의 세계의 어느 누구도 자신을 "이방인"이라고 생각하지 않았다. 민족 국가들은 현대의 발전이므로, "민족" 또한 부적합하다. 바울이 민족들의 순종을 확고히 하는 것에 관해 말했을 때(예를 들어, 롬 1:5), 그는 로마 황제가 아니라 그의 주님(lord)이 지상의 민족들의 합법적인 통치자라고 선언하는 것으로 들렸을 것이다. 그는 유대인들(그리스어 단어 *Ioudaioi*는 종교-문화적 제휴뿐만 아니라 지리적-민족적 정체성을 함축한다)과 "그 밖의 민족들"이 이스라엘의 하나님께 대한 예배와 그 하나님이 기름 부으신 왕인 예수 그리스도(=메시아; 롬 15:6-13)에 대한 순종에서 마침내 결합될 것을 기대했다. 그것은 유대인 개인들과 비유대인 개인들이 한 새로운 종교적 연합에서 결합되리라는 것보다 훨씬 더 많은 것을 의미했다.

우리는 바울의 풍경 속에 있는 그 밖의 다른 순회 철학자들이나 도덕가들이 그처럼 정치적으로 도발적인 언어를 사용하는 것을 볼 수 없다. 이러한 관찰 앞에 우리는 멈추어서야 한다. 우리는 바울을 사회 변화의 옹호자나 행위자로 생각하는 것에 익숙하지 않다. 이와 정반대로, 바울의 정치학에 대한 우리의 견해를 로마서 13:1-7로부터 끌어왔는데("누구든지 국가의 권세를 잡은 사람들에게 복종하십시오…"), 이것은 바울의 편지 속에서의 이 구절의 비교적인 중요성/비중요성에 비추어 전혀 균형이 맞지 않는다. 우리는 바울의 "사회적 보수주의"(social conservatism)와 "사랑 가부장제"(love patriarchalism)에 관한 일반화의 기초를 고린도전서 7장의 지금은 고리타분한 번역에 두어왔는데, 그곳에서 바울은 신자들에게 "주님이 의도하신 삶을 살아가라"고, "각 사람은 하나님께서 그를 부르셨을 때의 상태 그대로 살아가라"고 요청한다(고전 7:17, 20, 24). 그러나 이 두 구절 모두 오늘날 해석자들 사이에서 논쟁의 주제다. 참으로, 어떻게 우리는 바울을 로마제국의 상황 속에서 이해해야 하는가는 탐구와 뜨거운 논쟁의 문제다. 우리는 여기에서 그 논쟁의 주된 쟁점들에 초점을 맞추겠다.

오해의 유산

지난 1세기 반 동안, 해석자들은 바울의 저작으로 돌려지는 편지들 사이의 상당히 중요한 차이를 인식해왔다. 그들은 바울 자신이 쓴 것이 확실한 편지(로마서, 고린도전후서, 갈리디아서, 데살로니가전서, 빌레몬서)를 아마도 바울의 권위를 주장한 사람들이 나중에 썼을 편지(에베소서, 골로새서, 디모데전후서, 디도서)와 구별해왔다. 전자는 남성에 대한 여성의 종속, 주인에 대한 종의 예속, 통치 당국에 대한 백성의 종속을 옹호하는 "바울"을 제시하는데, 이것은 로마 사회의 지배적인 관례들을 반영한다(엡 5:21-

6:9; 골 3:18-4:1; 딤전 2:1-2, 9-15; 6:1-2; 딛 2:1-2의 "가족 규범들"). 나중에 바울의 "제자들"은 "바울의" 가르침을 지배적인 로마제국 질서에 효과적으로 적응시켰다. 그러나 표면상 바울이 저자인 이 편지들이 권위 있는 성서가 되자마자, 그것들은 바울을 사회적 보수주의자로서 읽고 해석하는 틀을 결정적으로 형성했다. 예를 들어, 이 후대의 편지들의 영향 아래 고린도전서 7:21은, 노예들에게 자유를 얻을 기회가 주어진다고 해도 "당신들의 현재의 조건을 이제 전보다 더 많이 활용해야" 한다고 촉구하는 것으로서 종종 해석된다. 그런 다음, 이 "번역"은 바울의 진정한 편지들 속의 다른 구절들을 보수적인 방향에서 해석하는 기초로 사용된다. 그러나 그것은 그리스어 본문의 바람직한 번역이 아니다(오히려 RSV를 보라: 자유를 얻기 위한 "기회를 활용하라"). 따라서 현대의 해석자들은 바울 자신의 견해를 후대의 바울의 "제자들"의 노력과 비교하는 끊임없는 도전에 직면하는데, 이 제자들은 사도의 견해를 지배적인 제국의 질서에 적응시켰다.

바울에 대한 전통적인 묘사는 사도행전에 의해 거의 결정되었다. 사도행전은 예수운동을 정치적으로 무해한 것으로 묘사했으며, 사도들과 관련된 시민들의 소란을 적대적인 유대인들에게 전가했다. 사도행전에서, 바울은 로마의 치안 판사들 앞에서 자신의 신념을 웅변적으로 변호하는데, 그들은 바울의 선교에서 로마 질서를 위협하는 것을 하나도 발견하지 못한다. 사실, 사도행전에 따르면 바울은 모범적인 로마 시민이다. 최소한도 카이사르 앞에 출두하기 위해 로마로 압송되었을 때, 그는 "방해 없이" 2년 이상 동안 자신의 설교를 계속한다. 그러나 바울은 자신의 편지들 속에서 자신이 로마 시민이라는 것을 결코 언급하지 않는다. 오히려 그는 자신이 얼마나 빈번히 시의 치안 판사들과 로마 관리들 앞에 끌려갔고, 로마의 감옥들에 투옥되었고, 공공질서에 대한 위협으로서 처벌받았는지를 그의 사도적 정통성으로 자랑한다. 그를 "승리의 행진으로" 이끌었던 것은 바로 그리스도라고 선언했을 때, 그는 로마의 승리 의식들을 비꼬아 패러디한다. 이 은유를 사용하여, 그는 그리스도의 도래하는 승리를 식별하지 못하는 사람들에게 자신을 "죽음에서 죽음에 이르게 하는" 향기를 발하는 전쟁 죄수에 비유한다(고후 2:14-16). 그는 로마의 질서를 "멸망할 운명인 이 시대의 통치자들"이 다스리는 "현재의 악한 시대"라고 말했다(갈 1:4; 고전 2:6-8). 그는 하나님에게 적대적인 "모든 통치자와 모든 권위와 권력"의 굴복과 파멸을 가져올 임박한 "주님의 날"을 학수고대하는데(고전 15:24-25), 우리는 이제 이 언급들이 분명히 정치적인 발언들이라는 사실을 인식한다. 사도행전의 묘사에는 빠져 있는 이 주제들은, 어떻게 바울이 네로의 권위 아래 마침내 유죄 판결을 받고 참수형에 처해졌는지를 우리가 이해할 수 있게 하는데, 이것은 [사도행전 저자인] 누가가 이야기하기를 거부한 [바울 생애의] 대단원이다(행전 8장 참조).

바울에 대한 우리의 이해를 복잡하게 하는 또 다른 요인은 수세기에 걸친 기독교적 해석의 유산인데, 그 유산들 중 일부를 우리는 이제 정당하게 의문시한다. 우리에게 그의 편지들에 대한 상식적인 해석처럼 보이는 것은 종종 강력하지만 검증되지 않은 가정들로 틀이 지어진다. 우리에게 가장 익숙한 번역들은, 바울이 가난하고 억눌린 사람들을 위한 정의보다는 하나님 앞에서의 개인적인 구원과 "의인"(義認, justification)에 더 관심이 있었다는 무의식적인 가정을 반영할지도 모른다(예를 들어, 시편과 구약성서를 통틀어 "억눌린 사람들"로 번역된 그리스어 단어 타페이노이 *tapeinoi*는 로마서 12:16에 대한 현대의 번역에서 "비천한 사람들"이나 "천한 사람들"이 된다). 기독교적 해석은 핵심적으로 바울의 신학이 (1970년대 이래의 일반적인 학문적 소개의 말들에서) "유대인들과 그들의 구원 이해"에 반대했다는 가정을 오랫동안 영속시켜왔다. 그러나 한때 개신교 논쟁에서 몹시 중요했던, "유대교의 공적으로 말미암은 의로움"(Jewish works-righteousness)이라는 더 오래된 성격화는 역사적으로 근거 없고 경멸적인 고정관념을 낳는다는 사실을 우리는 이제 분명히 깨닫게 되었다. 보다 최근의 자유주의적 바울 이해, 즉 율법으로부터 자유로운 교회의 옹호자이며 "유대인과 이방인" 모두를 위한 보편주의의 투사로 이해하는 것조차도 그것이 유대교의 "특수주의"와 "민족 중심주의"와 "배타주의"라는 전형적 묘사와 반대되는 한, 여전히 논쟁을 일으킨다. 이처럼 바울을 주로 **유대인들의** 거만함에 반대했던 것으로 해석하는 것은 우리로 하여금 반제국적인 바울 해석, 즉 **로마가** 민족적 우월성을 주장하고 타민족에게 **로마의 평화**를 강요할 신적으로 주어진 명백한 운명에 대한 **로마의** 주장에 대해 주의를 집중하지 못하게 한다. 그러나 일단 우리가 바울은 주로 "유대교"에 반대했다는 보증되지 않고 시대착오적인 가정을 포기하면, 그는 로마제국 세계라는 상황 속에서 선교를 수행했을 뿐 아니라, 예수 그리스도의 복음을 설교함에 있어서도 주로 "평화와 안정"이라는 **로마제국의 복음에도 반대했다는 사실**을 식별할 수 있다.[2)]

---

2) 역자주: 존 도미닉 크로산과 마커스 보그가 함께 쓴 『첫 번째 바울의 복음』은 로마제국의 복음에 대해서만이 아니라 인류 문명이 정상으로 간주하는 것에 대한 바울의 반대와 대안적 비전을 강조한다.

바울의 위치 재조정

로마에 종속된 유대인들과 그 밖의 민족들

바울은 자신이 이스라엘 민족의 일원임을 자랑스럽게 여겼다. 그러나 유대인들에 대한 긍정적인 태도는 그의 동시대인들 사이에서는 거의 보편적이지 않았다. 네로 황제의 고문이었던 세네카는 유대인들을 "피정복자들"로 간단히 처리했고, 이로써 키케로부터 타키투스까지 뻗어 있는, "예속을 위해 태어난"(borne for servitude) 한 민족에 대한 엘리트 로마인들의 반감이라는 오랜 전통에 참여했다. 확실히, 이 도시 저 도시에서 유대인들은 조상의 관습에 대한 충성과 소수민족으로서 자신들이 몸담아 살던 도시들의 법과 관습에 적응하는 것 사이에서 미묘한 균형을 이루려고 끊임없이 몸부림쳤음을 일부 문헌들은 보여준다. 유대인들은 자신의 법을 준수함으로써, 자신들이 살고 있는 도시들의 최선의 이익을 또한 도모했다고 변증가들은 주장했다.

악명 높은 에피소드들에서, 그들의 이웃들은 의견이 달랐다. 참으로, 율리우스 카이사르는 유대인들에게 일부 특권을 보장했고 아우구스투스는 이 특권들을 재확인했는데, (둘 모두 정치적 라이벌에 대한 그들의 군사 행동을 유대인들이 지지한 것에 대한 보답으로 그렇게 했다.) 그러나 반(反)유대적 편견은 고질적인 것이어서 로마의 정책 입안자들은 이 편견으로 거듭해서 되돌아갔다. 유대 지역 자체 내에서, 유순한 지배 계층을 만들려는 로마의 노력은 이스라엘의 전통에 대한 대중적인 충성을 무시했다. 특히 기원전 4년 헤롯이 죽은 뒤의 산발적인 반란들은 진압되었지만,

결국은 잔인한 본디오 빌라도(기원후 26-36년) 같은 행정장관들 아래 로마의 직접적인 군사 통치를 낳았다. 로마 군인들의 난폭한 행위가 도화선이 되어 66년 공공연한 폭동이 일어날 때까지, 긴장이 계속해 쌓였다.

기원후 38년 알렉산드리아에서, 실정(失政)으로 인해 반유대적 폭도들이 거리에서 떠들며 돌아다니게 되었을 때, 필로는 가이우스(칼리굴라) 황제에게 간청하러 로마로 가는 사절단을 이끌었다. 그들은 알렉산드리아의 적수들의 적대적인 중상모략과 황제 자신으로부터의 경멸적인 조롱에 직면했다. 가이우스가 암살된 후, 41년 클라우디우스는 일체의 장래의 불안정을 전 세계적으로 유대인들이 골칫거리인 증거로 간주할 것이라고 위협하면서 소란을 진압했다! 49년 로마에서, 클라우디우스는 그곳 시민들의 소동에 대한 반응으로 최소한도 유대인 주민들 중 일부를 그 도시에서 추방했는데, 이때 그는 사건의 진상을 조사하는 데는 아무런 관심도 보이지 않았다. 필로보다 반세기 뒤, 요세푸스는 변증론적 저작인 『아피온 반박문』(*Against Apion*)을 로마에서 쓰면서, 필로가 직면했던 것과 동일한 유대인들에 대한 비방과 여전히 싸워야만 했다.

이처럼 장기적인 긴장상태는 시민들의 무질서를 무자비하게 탄압하려는 제국의 경향으로부터, 종교 문제에 있어서 일반적인 로마의 보수주의로부터, 그리고 로마의 귀족들 사이에서의 유대인들과 같은 "외국인들"(foreigners)에 대한 명백한 혐오로부터 생겨났다. 이 긴장상태를 이해하는 것은 바울이 일찍이 예수를 주님으로 환영한 유대인 집회들을 박해하다가 그 동일한 주님의 사도로 극적인 전환을 한 것을 이해하도록 돕는다.

바울의 "회심"의 정치학

기독교의 해석 전통은 오랫동안 바울을 그의 조상의 종교인 유대교로부터 기독교로의 개종자로 묘사해왔다. 이 생생한 묘사는 사도행전에 나오는 이야기뿐 아니라, "히브리인들 중의 히브리인으로 태어난" 그의 유산에 의해서도 알려지는데, 그는 자신의 이 유산을 "나의 주님 그리스도 예수를 아는 놀랄 만한 가치"와 비교하여 "쓰레기"로 여기게 되었다고 말했다(갈 1:13-2:21; 빌 3:4-11). 그러나 다른 구절들에서 명백히 드러나듯이, 바울은 그의 유산과 확실히 인연을 끊은 것은 아니었다. 그는 자신이 유대교 율법의 토대를 손상시키지 않았다고 주장했는데(롬 3:31), 율법은 여전히 거룩했다(7:12). 그는 동료 유대인들을 위해서라면 기꺼이 "나 자신이 저주를 받아 그리스도로부터 끊어져도 좋다"고 선언했는데, 그들은 하나님과의 취소할 수 없는 계약을 누렸고 궁극적으로 구원받을 것이다(롬 9:1-5; 11:25-26). 바울은 그의 편지들의 어디에서도 성전에 반대하여 말하지 않았고, 혹은 자신이 율법을 포기했다거나 모든 다른 유대인들도 그래야만 한다고 말하지 않았다. "율법 아래의 의로움"이라는 관점에서는 자신이 "흠잡을 데가 없었다"(빌 3:6)는 선언은, 마르틴 루터가 나중에 **기독교** 율법주의로서 경험하게 될 율법 준수와 관련된 종류의 위기를 바울이 경험한 적이 없음을 보여준다. 오늘날 많은 해석자들은 로마서 7:7-24의 율법에 관한 고뇌의 표현을 그의 자서전이 아니라 수사학적 기교 문제로 해석한다. 비슷하게, 한 사람의 바리새인으로서의 이전의 흠 없음과 열성은 "쓰레기"였다는 그의 선언은 수사학적 효과를 위한 비교로 생각되는데, 그것은 "율법의 **마침**(end)"(즉,

율법의 목적: 롬 10:4)인 이스라엘의 메시아의 날에 살고 있다는 위대한 가치를 부각시킨다.

바울이 박해자에서 사도로 바뀐 것은 로마 통치 아래 유대인들의 정치적 경험에 비추어 이해되어야 한다. 바울은 갈라디아 1:13, 23과 빌립보 3:6에서 이 전환을 논의했지만, 그 어디에서도 박해자로서의 자신의 행실에 대해 설명하지 않는다. 바울이 예수를 믿는 유대인 신자들을 반대했던 것은, 그들이 율법을 포기했거나(그들이 그렇게 했다는 증거는 전혀 없다) 혹은 비유대인들과 공동식사를 시작했기(공동식사는 디아스포라 유대인들 사이에 아주 흔했다) 때문이 아니었을 것이다. 바울을 놀라게 한 것은, 로마가 십자가에 처형한 한 남자가 사실은 하나님이 택하신 왕인데, 그분은 민족들을 통치하기 위해 곧 돌아올 거라고 일부 유대인들이 공공연히 선언하기 시작했다는 것이다. 그것은 로마의 귀에는 어쩔 수 없이 전복적으로(subversive) 들렸을 것이다. 그리고 그러한 메시지는 제국을 통틀어 취약한 유대인 공동체들에게 반향을 불러일으킬 거라고 바울은 합리적으로 예상할 수 있었다. (십자가형은 죄인들을 처형하는 단지 하나의 수단이 아니었음을 상기하라. 그것은 정치적으로 성가시다고 간주한 개인들을 로마가 공개적으로 고문하여 죽음에 이르게 함으로써 피지배 민족들을 공포의 도가니로 몰아넣으려는 도구였다.) 십자가에 처형된 사람들 편에 서는 것은 되돌릴 수 없는 반항 행위였다. 바울은 보다 폭넓은 유대인 공동체를 폭발적인 상황에서 안전하게 지키려고 소수의 유대인을 박해했다.

바울의 방향에 변화를 일으킨 것은 하나님이 십자가에 처형된 예수를 높이셨다는 깨달음이었다(갈 1:11, 15-16). 바울은 그것을

“계시”(revelation, 그리스어로 *apokalypsis*)라고 부르는데, 이 계시는 바로 유대인들의 묵시종말론 관점에서 그 뜻이 통했다. 만일 하나님이 사실 예수를 “민족들을 통치하기 위해 오를”(롬 15:12; 사 11:10) 분으로 해원(解冤)시켰다면, 그렇다면 신을 두려워하지 않는 제국에 맞서 하나님이 이스라엘을 구원하고 해원하는 일이 곧 불가피하게 뒤따를 것이다. 또한 바울과 예루살렘의 사도들은 또 다른 결과를 이끌어냈다. 민족들이 메시아에게 복종하고 이스라엘과 함께 하나님을 예배할 것이라는 이사야의 예언이 **유대인과 비유대인이 뒤섞인 바울의 교회들에서** 성취되고 있었다. 바울이 비유대인들에게 몇 가지 율법 준수를 단념시킨 것은 유대교나 율법에 무슨 잘못이 있기 때문이 아니었다. 그것은 이사야의 예언이 그처럼 성취되고 있다는 그의 환상, 그가 동료 유대인들을 설득하여 함께 나누기를 소망했던 환상이 요청했던 것은 (율법적인 개종자들이 아니라 도덕적 회심자들로서) 의로운 비유대인들이 민족들의 대표로서 가시적으로 드러나는 것이었다. 비유대인들의 거룩한 공동체들을 유지하려는 그의 노력은 동료 유대인들의 긍정적 반응을 불러일으키도록 한 것이라고 그는 로마의 교회들에게 말했다(롬 9:1-4; 11:13-27). “하나님의 자녀들의 영광스러운 해방”과 “모든 이스라엘”의 해방은 똑같이 여전히 그의 선교의 중심에 있었다(롬 8:21; 11:25-7).

바울의 선포의 정치적 상황들

이 도시 저 도시에서, 시대의 변화, 한 해방자의 도래, 그리고 이 세상의 통치자들에 대한 그의 임박한 승리라는 유대인의 묵시종말론적(apocalyptic) 환상은 바울의 교회들에서 비유대인들 사이에 긴장을 촉발시켰다. 이들 중 일부가 한 새로운 주님(*Kyrios*), 즉 천상의 그리스도에 대한 충성은 시민과 가족으로서의 충성과 어울릴 수 있다고 생각한 것은 당연한 일이었다. 바울은 의견이 달랐는데, 이 긴장이 바울로 하여금 편지들을 쓰도록 촉구했다.

"민족들"에게 요구되는 순종

"우상들을 버리고 하나님께로 돌아선"(살전 1:9) 데살로니가인들은 종교적 신념들의 변화 그 이상을 수반했다. 그것은 시민들이 황제들과 로마의 신들에게 정기적으로 경의를 표하는 행위를 그만둘 것을 요구했다. 아마 우리가 가지고 있는 바울의 최초의 편지인 데살로니가전서는 바울이 조용하고 거룩한 삶(4:1-8), 마케도니아 교회들 내부와 사이에서의 경제적인 상호 의존(4:9-12)을 장려했음을 우리에게 보여준다. 그는 또한 그의 교회들에게 주의 임박한 도래, 즉 그의 재림을 기대하라고 가르쳤다(4:13-18). 오늘날 비신자들에게 적개심을 드러내는 대중적 종말의 환상들과는 대조적으로, 바울은 외부인들에 대한 염려 있고 존경하는 행동을 장려했다(4:12). "평화와 안정이 있다"(5:2-3)고 선포하는 자들에게 임할 것이라고 그가 예언한 "갑작스런 멸망"은 뚜렷한 표적(target)을 가지고 있었다: 우리는 오늘날에는 이 구절을 클라우디우스 황제의 정치적 선전에 대한 분명한 암시로서 인식한다.

바울은 빌립보인들에게 "그리스도의 날"에 "순결하고 흠 없이" 되기를(1:10; 2:16), 그리고 "비뚤어지고 악한 성향을 가진 사람들"이 많이 살고 있는 세상 한복판에서 "하늘의 시민권"을 실천할 것을 촉구했다(2:15; 3:20). 다른 곳에서처럼, 여기에서 바울의 수사학은 복잡하고 애매하다. 종의 운명을 견디려고 자신을 겸손히 낮춘 그리스도의 마음으로 살면서 서로의 이익을 돌보라고 바울은 빌립보 교인들에게 촉구했다(2:3-11). 그러나 바울은 또한 그 자신을 그들이 복종하고(2:12) 닮아야(3:17) 할 자로 내세웠으며, 그들의 지도자들, 특히 유오디아와 순두게가 그와 의견이 일치하기를 권고했다(4:2). 그가 그리스도를 위해 겪은 손실(3:4-11)이 역설적으로 빌립보 교인들이 인정해야만 하는 권위를 자신에게 가져다주었다고 그는 주장했다(3:15-16).

이와 비슷하게, 빌레몬서에서 형제간의 사랑과 우애의 부드러운 수사학은 사도적 권위의 냉혹함을 전혀 숨기지 않는 외면상의 부드러움이다. 바울은 자신이 한 종의 주인에게 그의 "의무"를 행하라고 "명령할"(command) 수도 있지만, 그렇게 하기보다는 "사랑에 기초해서 당신에게 호소하는 편이 낫다"고 선언했다(몬 1:8-9). 빌레몬서의 배후 상황을 재구성하기는 몹시 어렵지만, 바울이 변호했던 종은 자신의 주인과 바울 사도 **모두가** 바울의 선언이 암묵적으로 요구했던 "의무"를 완수하도록 강제할 길을 찾아 바울에게 찾아왔을 것이다.[3)]

갈라디아

바울은 이상하게도 갈라디아인들에게 보낸 편지를 놀람과 꾸

---

3) 역자주: 『첫 번째 바울의 복음』은 바울의 진정한 편지들을 쓴 급진적 바울, 논쟁적 편지들(에베소서, 골로새서, 데살로니가후서)을 쓴 보수적 바울, 그리고 목회서신(디모데전후서, 디도서)을 쓴 반동적 바울을 구별한다.

짖음으로 시작했다. 비유대인들은 특정한 유대인의 관행들을 따르도록 서로를 격려하고 있었다. 그들의 동기는 아마도 유대교에 대한 매력에 끌린 것은 **아니었을** 것이다. 그들은 (갈 5:3에서 명백히 하듯이) 모든 율법을 준수하는 것이 아니라, 이방인 이웃들로부터의 괴롭힘을 피하려고 했다(6:12-13). 로마의 통치가 아주 최근에야 굳건해진 한 지역에서, 정복된 민족들에 대한 로마의 지배권을 나타내는 것들이 도처에 널려 있었다. 바울이 그의 비유대인 개종자들에게 요청한 변화들 가운데 특히 황제를 포함하여 로마 신들에게 경의를 표하는 데 참여하기를 거부한 것만큼 반감을 초래한 것은 없었을 것이다. 갈라디아인들은 시민 제의들(civic cults)에 참여하지 않는 것에 대한 다른 시민들의 괴롭힘을 피하기 위한 일종의 위장 수단으로서 제국이 묵인하는 고대 민족 종교에 대한 자신들의 새로운 관심으로 둘러대고, 유대인들의 특정한 풍습을 받아들이려 했을 것이다(5:11; 6:11).

바울 자신이 갈라디아인들의 변절과 배반으로 파악한 것에 의해 성난 것만큼이나, 갈라디아 3-4장에 나오는 뒤얽힌 주장들은 해석자들을 계속해서 괴롭힌다(1:6-9; 3:1-5). 여기와 로마서 4장에서, 아브라함 혈통에 관한 바울의 주장은 그가 "약속의 자녀들"로서 통합시키기를 바랐던 비유대인들을 겨냥했다. 상당수 기독교인 학자들이 이 편지를 유대인 적대자들에게 반대하는 것으로 해석해왔지만, **유대인들**이나 **유대교**에 대한 바울의 평가를 나타내는 것은 전혀 없다. 오히려 바울의 주장은 비유대인들에게서 종교적 위장 수단을 벗겨냈다. 그는 그들이 불안 때문에 율법에 참여하는 것을 그들이 이전에 이교도들로서의 불안한 꼼꼼함에 비유했다. 그것은 종살이로 돌아가는 것과 같았다(4:8-11; 5:1). 결국 그들은 유대인들이 아니었지만, 그럼에도 불구하고 "현재의 악한 시대"(1:4) 한복판에서 새롭고 구별되는 삶을 살도록 부름을 받았다. 바울은 그들에게 아브라함의 입양된 자녀로서의 새로운 정체성을 부여했고, "그리스도 안에서의"(in Christ) 새로운 정체성 속에서, 성(性), 민족성, 종이나 자유인으로서의 지위 구별은 더 이상 효력이 없었다(3:28). 그들은 아브라함에게 약속된 "민족들에 대한 축복"의 상속자들이었다(2:8, 14, 18; 창 12:1-3; 17:4-6 참조). 축복이 세상 민족들에게 온 것은 바로 고대의 아이네이스(Aeneas)와 아우구스투스의 은유적인 부성(父性)을 통해서였다는 로마의 주장과 나란히 놓였을 때, 바울의 언어는 훨씬 더 예리한 어조를 띤다.

고린도

고린도 전서와 후서는 몇몇 편지로부터의 단편들을 포함하고 있을 것이다. 바울은 이 로마 식민지에서의 가정 교회들(house gatherings)과 더 많은 편지 왕래를 했음을 우리는 알고 있다. 이 두 편지는 바울의 교회들 속의 사회적 현실들에 관한 정보를 위한 가장 풍부한 자료이다. 그러나 최근에, 학자들은 고린도의 매우 특정한 상황이었을지도 모르는 것으로부터 다른 교회들에 대한 일반론을 추론하는 것에 관하여 이전 세대보다 더 신중하다. 그리고 우리는 고린도의 상황에 대한 우리의 재구성의 기초를 대화의 한쪽 편, 즉 바울 편에만 두는 것에 관하여 더 신중하다.

바울의 관점은 철저히 유대교의 묵시종말론(apocalypticism)으로 특징지어졌기 때문에, 그는 우리가 목회(pastoral affairs)라고 부르는 것에 거의 무관심했던 것처럼 보인다. 그는 "이 세상의 현재 모습이 지나가고 있다"(고전 7:31)고, "밤이 거의 다 지나 낮이 가까웠다"(롬 13:12)고 믿었다. 그의 첫째 관심사는 어떤 희생을 치르더라도 "그의 교회들"을 영적인 비밀 집회소들, 즉 도덕적으로 황폐해진 세상으로부터의 피난처로 보존하려는 것이 아니었다. 십자가에 처형되고 부활하고 다시 돌아오는 주님을 일상생활에 맞게 변화시키려고 조바심을 치면서도 그렇게 할 수 없었던 것은 고린도 교회와 그의 골치 아픈 관계를 부채질했다. "약속된 시간이 얼마 남지 않았기" 때문에, 고린도인들은 세상의 판에 박힌 일들에 종사하고 있지 "않은 것처럼"(as though not) 살아야 한다고 그는 주장했다(고전 7:29-31).

이것은 정적주의(quietism)가 아니었고, 사회적으로 보수적인 "중간 윤리"(interim ethic)도 아니었으며, 사회적 불평등이 계속되는 것을 허락했지만 그것을 애정 어린 수사학의 따뜻한 빛으로 감싼 "사랑 가부장제"(love patriarchalism)도 아니었다. 그와 정반대로, 바울은 그리스도에게 "부르심을 받았을 때 노예"였던 사람들 모두에게, 어떻게 해서든 자유를 얻을 "기회를 활용해야" 한다고 말했다(고전 7:21 RSV). 바울의 원칙이 **아니었던** 것은 "주님이 지정하신 삶을 사는 것," "당신이 부르심을 받았을 때의 상태에 머무르는 것," "당신이 어떤 상태에서 부르심을 받았든지 간에… 그곳에 하나님과 함께 머물러 있는 것"이다(고전 7:17, 20, 24). 이것들은 터무니없지만 끈질기게 계속되는 오역들이다. 신자들이 변함없이 충실해야 하는 "부르심"은 특정한 사회적 환경이 아니라 **그리스도에게로의** 부르심이었다. 바울은 이교도 배우자와 결혼한 **에클레시아** 구성원들에게(아마 이것은 고린도전서 7장을 통틀어 그의 특정 관심사였을 것이다), 가정의 거룩함을 걱정할 필요가 없다고 확신시켰다. 만일 믿지 않는 한쪽 배우자가 한 신자와 별거하거나 이혼하려고 한다면 괴로워할 필요 없이 그렇게 하라고 바울은 허락한다(7:12-16). 그는 미혼의 교우들이 독신으로 남아 있기를 바랐지만, 모두가 그래야만 하는 것은 아니라고(8-9절), 결혼한 사람들은 헤어지면 안 되지만, 만일 헤어졌다면 재혼하지 말라고(10-11절), 그리고 이교도 배우자와 결혼한 사람들은 별거하려고 해서는 안 되지만, 만일 그런 일이 생기면 받아들이라고(12-16절) 말했다. 만일 하나의 원칙이 이 모든 "규칙의 예외들"을 특징짓는다면, 그것은 하나님은 우리를 "평화"(7:15)와 자유(7:21)에로 부르셨다는 사실이다. 그 요점은 독실한 체하면서 포기하고 현재 상황을 받아들이는 것이 아니라 오히려 하나의 엄격한 규범으로 그 조건들을 강요하려고 애씀이 없이, 동트는 메시아적 미래의 평화와 정의 속으로 가능한 한 완전하게 들어가는 삶을 사는 것이었다.

고린도의 일부 사람들을 이렇게 안심시키는 것과 나란히, 바울은 통렬하게 빈정대며 꾸짖는다: "이미 여러분은 여러분이 원하는 모든 것을 가지고 있다! 이미 여러분은 부자다! 우리 없이도 여러분은 왕이 되었다!"(고전 4:8). 바울이 꾸짖는 대상이 누구라고 보느냐에 따라 해석은 달라진다. 한 해석에서는 고린도인들 중 일부 더 부유하고 특권적인 구성원들이 그 대상이었는데, 그들은 바울이 떠난 후 교회에 이끌렸으며(고전 1:11-17, 26-28; 3:5-9), 그를 무시하게 된 사람들이다(고전 2:1-5; 고후 10-13장). 이 개인들은 그리스도에 대한 그들의 새로운 믿음을 로마 식민지의 일상 리듬 속에서 시민의 책임, 경건, 위신과 균형 잡힌 생활방식 속에 통합시키려 애썼다. 바울과 이 특권적 개인들 사이의 차이에서 관건이 된 것은 시대의 전환에 대한 바울의 묵시종말론적 인식이며, 그 개인들은 그리스도의 십자가형과 부활의 선포를 이미 자신들이 아주 만족하고 있는 세상 속으로 기꺼이 동화시키려 했다. 일부 고린도인들이 강력히 주장했던 "지식"(knowledge)은 그리스도의 교회로부터 다른 신들의 식탁으로 쉽게 옮겨가는 실용적인 이론적 근거를 정당화했을지도 모르는데, 이 다른 신들의 식탁에서만 야심에 찬 사람들이 활기 넘치는 사회적 관계를 가질 수 있었다(고전 8:1-13; 10:23-30). 이 "지식"은 그들이 다른 구성원들을 명예나 재산 때문에 고소하는 것을 허용했지만(6:1-8), 그들이 (아마도 그 자신의 명성/위신 때문에: 5:1-13) 엄청나게 부도덕한 구성원을 묵인하는 것을 방해하지 않았다.

또 다른 해석에서는, 페미니스트 비평가들이 고린도 교회에 그처럼 상류 계급 구성원들이 포함되었다는 것을 의심한다. 그 대신, 그들은 고린도에서 예언의 은사를 계발하고 그리스도를 해방적이고 권능을 부여하는 존재로 경험한 "영의 여인들"(women of spirit)의 존재에 초점을 맞춘다(고전 11:5 참조). 교회에서 타고난 은사를 받은 여인들로서의 새로운 지위에 대한 이 여인들의 경험은 그리스도를 위해 자신의 모든 것을 포기하고 상실한 바울의 경험과 정반대였다. 십자가에 대한 바울의 초점은 그의 사회적 지위 상실과 연관되는데, 이 경험은 그가 그리스도의 교회들에 참가함으로써 지위 상실을 겪은 다른 사람들과 공유했을 경험이다. 쟁점은, 우리가 고린도전서의 주된 표적을 자신들의 높은 영적 지위를 탐내서 지위 상실을 겪기를 꺼리는 남자들이라고 생각해야 하는가, 혹은 바울의 상실의 메시지가 무의미하거나 심지어 징벌적인 것으로 들렸을 하층 계급 여성들로 생각해야 하는가이다.

로마

그리스도는 죽은 자들로부터 일어났다는 바울의 믿음은, 그가 완강한 도전 속에 이 시대를 속박하고 있는 죽음의 세력이 곧 정복될 것을 확신하면서 그 세력에 정면으로 맞설 수 있게 했다. 예수를 죽은 자들로부터 일으킨 힘은 또한 세속적 관점에서 **아무것도 아닌** 사람들로부터 생명력 넘치는 공동체를 만들었다(고전 1:27-31). 만일 고린도 교회들의 일부 구성원이 부활에 대한 상이한 견해, 즉 일체의 종말론적 함축을 간단히 처리해 버리는(고전 15:12-20) 견해를 가졌다면, 그것은 자신들이 그 안에서 이미 번영을 누리는 세상 질서를 단지 일시적인 것으로 간주하기를 꺼렸기 때문일 것이다.

비슷하게 로마서에서, 바울은 이스라엘인들을 명백히 "비틀거리다 넘어지게" 한 세상 질서의 유혹적인 힘에 대안적 현실주의(alternative realism), 즉 외관상 정복된 이스라엘을 "죽은 자들로부터의 생명처럼" 회복시킬 권능의 현실주의를 가지고 맞섰다(롬 11:15). 바울의 선교의 종말론적 전망을 무시하거나 최소화하여 그의 신학을 개인적 구원으로, 그의 윤리를 민족들의 조화에 대한 간청으로 축소시킬 때, 우리는 바울을 오해한다. 그의 선교의 핵심은 한 새로운 사회의 비전이었다: 이스라엘의 예언자들이 오래 전에 예언했던 것, 그리고 **로마의 평화**와 정반대의 것이다.

제국의 수도에 있는 그리스도의 교회들에 보낸 편지에서, 바울의 근본적인 이스라엘적 비전과 제국의 신학의 환상 사이의 갈등이 훨씬 더 많이 선언되었다. 기원후 54년 네로가 등극하자마자, 클라우디우스 황제가 그 도시로부터 추방했던 유대인들이 자신들의 공동체 생활의 기초 구조가 이제 갈가리 찢긴 도시로 돌아왔다. 그들은 이웃들에게 "약한"(weak) 것처럼 보였는데, 이것은 로마 사회에서 낮은 지위를 나타내는 경멸적 용어이다(롬 14:1; 15:1). 바울은 비유대인들이 우세했고 이스라엘 백성이 "걸림돌에 걸려 넘어짐"이 사실로 여겨졌던 교회들에게 편지를 썼다(9:32; 11:11). 그러나 이 "걸려 넘어짐"이 로마에서 그리스도의 복음에 대한 대규모 유대인의 거절이었다고 가정할 이유는 전혀 없다. 그 도시의 유독한 분위기 속에서, 제국의 칙령에 의해 추방되었던 유대인들이 이제 가장 비참한 환경에 있는 거리들에 등장했다는 사실은 희생자들(*victi*), 즉 신들에게 버림받아 "노예 상태로 태어난" 사람들로서의 그들의 지위를 충분히 증명하는 것처럼 보였다. 바울이 비유대인들에게 경고했던 그들의 끔찍한 자랑, 즉 그들을 하나님으로부터 떼어놓을 자랑(11:11-32!)이 생겨난 것은 교회들에서 유대인들이 더 적었기 때문만이 아니라(11:1-5와 16장의 인사말 참조), 제국이 이 피정복 민족들을 경멸하도록 부추겼던 태도를 받아들였기 때문이다.

그들이 제국의 가치들에 의해 더 이상 식민지화되지 않도록, 바울은 그들에게 세상에 대한 순응을 내던지고 "마음을 새롭게 하여 변화하라"고 요청했다(12:2). 교회의 각각의 구성원은 "여러분 자신에 대하여 마땅히 생각해야 할 것 외에 다른 것을 생각하지 말고"(12:3), 억압받는 사람들에게 더 이상 무관심하지 않고(12:16) 환대와 궁핍함을 덜어주는 기본적 규범들을 실천하는(12:9-13) 것을 배워야만 했다. 이것은 "힘 있는 자들"이 그들 가운데 있는 "연약한" 사람들을 수용할 것을 요구했다.

제국에 대한 바울의 태도 평가

뒤따르는 말(롬 13:1-7)은 바울의 편지들에서 가장 악명 높은 것들 중의 일부이다. "누구든지 국가의 권세 잡은 사람들에게 복종하라"(롬 13:1)는 그의 간곡한 권고와 나쁜 행위를 피하는 사람들은 권력자들을 두려워할 게 전혀 없다는 그의 명백한 낙관주의(롬 13:3)는 바울이 다른 곳에서 말하는 것과 뚜렷이 대조된다. 예를 들어 고린도전서에서, 그는 예수를 십자가에 처형한 "이 시대의 통치자들"은 "멸망해 버릴 운명"이라고(2:6), 그리스도께서 다시 오시면 "모든 통치자들과 권력"을 멸하고 하나님 아버지의 나라로 넘겨줄 거라고(고전 15:24-28) 선언한다. 로마서의 다른 곳에서, 공적(works)에 따른 심판과 분노를 쏟으심은 오직 하나님의 손안에 속한다고 그는 말한다(2:3-11). 사실, 로마서 13장의 이 일곱 개의 절은 거의 결합되지 않는다. 선한 행실에게는 통치자들이 "두려움이 아니고", 따라서 선을 행하는 사람은 두려워 할 이유가 전혀 없다고(13:3-4) 바울은 말한다. 그러나 그는 또한 "통치자는 공연히 칼을 차고 있는 것이 아니다"(13:4)라고 경고하면서, 청중에게 "두려워해야 마땅한 사람을 두려워하라"고 요청한다(13:7; NRSV에서는 명백한 모순을 피하려고 "존경하라"[respect]로 번역되어 있다).

어떤 해석자들은 바울이 정치적으로 폭발 직전의 상황에서 심지어 시민들의 불온한 겉모습까지도 가로막고 싶었으므로, 여기에서 전혀 바울답지 않게 말했다고 일부 해석자들은 말한다. 다른 해석자들은 어떤 구절들에서 표면에 드러나지 않은 채로 밑바닥에 흐르는 불찬성을 탐지한다: 결국, 바울은 **모든 사람**에게 복종할 것을 요청한다(13:1). 모든 권세는 하나님에 의해 **제정되거나 임명되었다**는 그의 언어는 최소한 그들에게 복종할 것을 함축한다. 그리고 통치자들의 칼에 대한 언급은 네로의 정치적 선전의 한 중심 주제를 조롱했는데, 이 정치적 선전에 따라 새로운 황제는 칼에 의지하지 않는 평화의 시대를 예고했었다. 바울이 이런 직접적인 훈계를 한 이유가 무엇이었든지 간에, 그의 말은 로마제국에 대한 요약적인 평가로서든 혹은 더 일반적으로 기독교인들의 "국가 신학"으로서든 불충분한 것이 분명하다. 초기 교회는 둘 중 어느 쪽도 받아들이지 않았음이 확실하다. 오히려 기독교 저작들에서 로마서 13:1-7에 대한 가장 이른 언급은 재판에 의한 사형 집행에 직면한 남녀들에 대한 보도들에 나오는데, 그들은 자기주장을 철회하라는 치안 판사들의 명령에 따르기를 거부했을 때에도 권력자들에게 "존경을 표하는" 자신들의 의무를 진술했다.

이 일곱 개의 절은 "바울의 정치학"을 요약하는 중압감을 견디지 못한다. 심지어 이 동일한 편지 속의 다른 곳에서, 일부 해석자들은 지상에서 "신의 아들"로서 정의를 구현한다는 네로 황제의 주장에 대한 간접적인 부인의 목소리를 듣는다(1:1-4). 오늘날 동성애를 둘러싼 논쟁에서 가장 흔히 거론되는 인간의 참담한 타락에 대한 바울의 묘사(1:18-32)에 가장 근접하는 고대 집단은 율리오-클라우디아 왕조의 일련의 구성원들이다. 그들의 거만과 우상숭배는 그들을 (우리가 "성적 지향"[sexual orientation]이라고 부르는 것과는 거의 무관한) 성적인 학대, 타인을 경멸함, 그리고 심지어 살인으로 이끌었다. 필로와 같은 동시대 관찰자들에 따르면, 그들의 거만은 또한 그들의 궁극적이고 극적인 처벌로 귀결되었다: 필로는 "[신적인] 정의의 손에 의한 죽음"(death at the hands of [divine] justice)을 경험하는 황제 가이우스에 관해 말한다(하나님의 정의와 분노를 말하는 바울의 유사한 구절과 비교하라, 1:17-18).

제국에 대한 바울의 태도를 완전히 평가하는 것은 로마서 속의 그의 가장 낯익은 언어들 중의 일부를 새롭게 듣는 것이다. 우리는 그가 크리스토스(*christos*)라는 단어를 사용한 것에 완전한 정치적 의미를 부여해야 한다. 왜냐하면 바울은 예수를 시온으로부터 올 "구원하시는 분"(Deliverer, 11:26-27), "민족들을 통치하는 위치에 오르는" 메시아(12:12)로 이해하기 때문이다. 바울이 부름을 받은 "민족들 사이에서의 신실한 복종"(롬 1:5)은 예루살렘의 "가난한 사람들"을 위한 국제적 모금을 수반할 만큼 충분히 정치적이었다(15:16, 25-26). 그가 다른 도시들에서의 교회들 사이에 장려한 경제적 상호주의는 가난한 사람들 사이의 "생존 전략"의 일부였다. 그러나 예루살렘을 위한 그 모금은 특히 마지막 날에 이스라엘의 메시아에게 공물을 가져오는 민족들에 대한 이사야의 환상으로 고무되었다(사 66:20). "민족들의 봉헌물"은 또한 로마 황제에게 가져오는 "민족들의 선물들"이라는 로마의 환상의 한 패러디였음이 분명하다(*Aeneid* 8:715-28).[4)]

이런 관찰들에 비추어, "통치 당국에 복종하라"고 바울이 로마 교회들에게 가르친 것은 처음에는 엉뚱한 말을 하는 것처럼 보인다. 그러나 그 말이 로마서 안에서 초래하는 긴장은 부분적으로 1세기 중반에 이스라엘 백성들이 저항하는 **숨겨진 대본**(hidden transcript)을 우리가 흘끗 들여다보는 것과 관련된다. 필로는 대담

---

4) Virgil, *Eclogues, Georgics, Aeneid* (2 vols; trans. H. R. Fairclough, rev. G. P. Goold; LCL; Cambridge, MA: Harvard University Press, 1999; 2000).

한 말이 유대인 공동체를 위태롭게 했을 상황에서 늘 "조심할 것"을 촉구했다(*On Dreams*, bk. 2).[5] 쿰란에서, 하박국의 예언에 대한 해석은 로마에 대한 쿰란 공동체의 반대를 키팀(*Kittim*)이라는 암호명 아래 감추었다; 마카베오 4서 저자는 보다 이른 폭군인 안티오쿠스 4세 에피파네스의 순교자들을 칭찬하는 한 철학적 찬사에서 그의 항의를 드러냈다. 바울에게서처럼, 필로에게도 로마의 질서는 매우 문제가 있었다. 두 사람 모두 아노미아(*anomia*), 즉 무법(無法)과 군중 폭력이라는 꿈을 공유했는데, 이것에 대한 로마의 엄격한 조치는 때로는 감금이었다. 그러나 그들의 수사학이 아무리 용의주도해도, 이 유대인들 중 어느 누구도 로마의 통치가 무기한 지속될 거라고 예상하지는 않았다. 바울의 편지에서, 로마에 대한 복종의 일시적인 긴박성은 "날"(day)을 깨우는 임박한 "시간"(hour)에 대한 인식으로 바뀌는데, 그의 청중은 빛의 갑옷을 입음으로써 그 날을 준비해야 한다(13:11-14).

제국의 안경을 통해 바울을 암울하게 읽기

제국을 진지하게 생각하는 것은 또한 오늘날 제국의 이데올로기가 어떻게 우리의 해석학적 과제 자체에 대한 인식을 형성하는가를 고찰할 것을 요구한다.

미국이 계획하고 미국 군사력에 의해 시행되는 세계적 자본주의의 냉혹한 논리가 교회들의 우선순위들을 어느 정도까지 결정

---

5) Philo, *On Flight and Finding; On the Change of Names; On Dreams, That They Are God-Sent* (Philo in vols., vol. 5; trans. F. H. Colson and G. H. Whitaker; LCL: Cambridge, MA: Harvard University Press, 1988).

하는지를 우리는 물어야 한다. 종교사회학자들은 소비를 위해 시장에 맞추어진 상품으로서의 "거룩함의 생산"(production of the sacred)에 주의를 불러일으킨다. 만일 우리가 오늘날 바울의 편지들이 어디에서 어떤 방식으로 **소비되는지** 묻는다면, 대답은 에어컨과 대형 스크린을 갖춘 대형 교회, 에스프레소 커피와 안락한 휴게실이 갖추어진 서점, 고요한 침묵이 흐르는 학구적인 도서관을 포함해야 한다. 우리는 더욱 그 범위가 확대되고 있는 라디오, 텔레비전, 인터넷과 또한 종교 방송이 점차 비교적 소수의 강력한 기업들의 손아귀에 합병되는 현실을 고려해야 한다.

우리는 바울이 모았던 작은 "가정 교회들"과 오늘날 크고 값비싼 건물 안에서 만나는 번영하는 신자들 사이의 엄청난 문화적 거리를 주목해야 한다. 고린도 교회의 구성원들 중에는 힘 있거나 고귀하게 태어난 사람들이 **많지 않았다**. 그들은 오히려 "세상에서 천하고 경멸받는 자들"이었다(고전 1:26-29). 바울은 "평등의 문제"로서 상호주의, 즉 자원의 균등한 나눔을 요청했는데, 이를 통해 일부의 풍족함이 남들의 필요를 채워주었다(고후 8:13-14). 그는 신자들 내부의 지위 구별, 교회에 모인 사람들 사이에 수치스러운 굶주림이 계속되는 것은 그들의 식사가 **참으로** 주의 만찬이 될 자격을 박탈한 것이라고 주장했다(고전 11:20-33). 바울이 이해했던 대로의 주의 만찬을 준수하는 것이 오늘날 가능하기나 한 것인지 물음으로써, 우리는 최초의 신자들과 오늘날 지구 북반구의 부유한 교회들 사이의 거리를 측정하는 한 척도를 얻는다.

미국에서 우리는 기독교와 열렬한 민족주의의 기묘한 잡종인 "시민종교"가 널리 미치는 영향력에 직면한다. 미국 정책 입안자들은 종교적 우파의 승인과 주류 교회들의 묵인을 얻기 바라면서,

신성한 합법성의 후광으로 자신들의 행동을 감싸려고 시민종교에 의지한다. 그들은 우리가 9/11 공격의 여파로 새롭고 전례 없는 상황 속에 살고 있다고 주장한다. 오늘날까지 미 제국주의 권력의 공격적인 사용을 옹호하는 사람들은 끝없는 "테러와의 전쟁"의 필요성을 주장할 뿐이지, 이 전쟁의 결과들을 신학적으로 반성하는 데는 별로 관심이 없다. 그들은 이 전쟁을 (미국 대통령 조지 W. 부시의 말로는) "세상에서 악을 제거하는" 미국의 신적인 소명, 즉 군사력을 통해 추구될 수 있는 소명의 일부로 간주한다. 이 제국주의적 비전에 걸맞게, 주류 교회가 바울의 편지들을 **소비하는 데**는 그 종말론적 주제들을 매우 선택적으로 들어왔다. 예를 들어, 9/11 이후 아메리카에서 가장 강력한 종교 이데올로기들 중 하나는 터무니없이 성공한 소설 시리즈인 『남겨진 사람들』(*Left Behind*)에서 대중화된 적대적인 신학인데, 이 신학은 훨씬 더 깊은 역사적 뿌리를 가지고 있다. 이 소설들은 성서 이미지들(특히 데살로니가전서 4장)에 크게 의존하고 있지만, 또한 호전적인 우파의 군사적인 일방주의와 사회적 무관심이 치명적으로 혼합된 것을 제시한다. 이 소설의 주요 등장인물들인 **성서를 믿는** 기독교인들은 개인적인 경건함과 첨단 기술의 코만도(특공대) 군사 행동에 헌신하는 반면, 그들 주변 세계의 비참함에 대해 학습을 통해 절망할 뿐이다. 바울 서신의 교회들이 실천한 낯선 이들에 대한 환대와 돌봄과의 대조가 이보다 더 뚜렷할 수는 없을 것이다(롬 12:9-13; 빌 2:1-5; 살전 4:9-12).

바울 저작들의 몇몇 구절들은 값비싼 벽걸이 융단을 꿰는 금빛 실처럼 제국의 세계 질서 구조 속으로 엮여 들어가, 그것에 한 가닥의 신성한 합법성을 제공해왔다. 예를 들어, 2003년 3월, "우리의 군대를 위한" 기도회를 광고하는 미국 교회들을 보는 것은 드문 일이 아니었다. 미국 작가 마크 트웨인의 고향 마을인 미주리 주 한니발에서 그러한 광고들이 넘쳐나는 것을 보는 것은 놀라웠는데, 그는 반제국주의 동맹(Anti-Imperial League)과 지칠 줄 모르게 연대함으로써 당대의 가장 논쟁적인 인물들 중 하나가 되었다. (그런데도 한니발 박물관에서는 이런 사실을 별로 언급하지 않는다.) 마을 중심의 모든 선물 가게에서, 사람들은 트웨인의 신랄한 저서인 『전쟁 기도』(*War Prayer*)를 구입할 수 있었다. 이 책에서 한 신비한 낯선 사람은 하나님이 한쪽 편의 승리를 위한 기도를 허락하는 것은 전쟁의 무고한 희생자들에게 끔찍한 유린과 비참함을 의미한다는 것을 지적하려고 "우리의 군대를 위한" 한 교회의 기도회를 저지한다. 아무런 풍자적 암시도 지역 교회 광고들을 괴롭히지 않았다. 정반대로, 한 목사는 "전시(戰時)에 모든 기독교인의 의무는 대통령과 군대 배후에 재집결하는 것"이라고 공개적으로 선언했다. 그가 로마서 13:1-7을 인용한 것은 한니발의 경제가 부분적으로 의존하고 있었던 문학적 유산이 뜻하는 반대의 그림자를 완전히 지워버렸다.

실현되지 않은 미래의 유산

바울의 종말론적 희망을 무엇이라고 생각해야 하는지에 관해 우리가 확신하지 못하는 것은 거의 놀랍지 않다. 주님이신 메시아의 임박한 재림에 대해, "이 세상의 현재 모습"이 "끝나고 있음"에 대해, 적대적인 권위들을 정복하는 것에 대해, 그리고 이스라엘의 하나님을 예배함에 있어서 민족들의 다가오는 통일에 대해, 그는 잘못 생각했다. 민족들을 예루살렘으로 인도하면서 자신이 그 안에서 중심 역할을 하고 있다고 생각했던 정확한 시나리오에 대해 그는 잘못 판단했다(롬 15:14-16, 25-32를 행전 21-23장과 비교해 보라). 그는 이러한 계산 착오들에 생명을 바쳤다.

그가 죽은 뒤, 그에 관한 기억을 보존한 교회들 또한 그의 유산을 변형시켰다. 즉 교회들은 그의 신학적 비전을 다시 포장하여 유대 율법을 무효화시키고 여자들과 노예들의 종속을 무효화시켜 성취되는 민족적 통일에 대한 비전으로 둔갑시켰다(엡 2:11-3:13; 5:22-24; 6:5-8). 바울 자신의 종말론적 전망, 즉 로마서 8:18-27에서 아주 강렬히 표현된 메시아 시대에 대한 동경은 이미 "[우리가] 하늘에서 [그리스도와] 함께… 앉아 있다"(엡 2:6)는 어리둥절하게 하는 언어로 변질되었다. 바울 자신의 편지들을 통틀어 부는 임박한 변화의 바람들이 이 나중의 저작들에서 잦아진다.

현대의 독자들이 바울의 종말론의 이 "개작"(adaptation)을 해석하는 방법은, 이것에 대해서만이 아니라 미래에 대한 우리의 기대들에 관해서도 똑같이 많은 것을 말해 준다. 결국, 우리는 세계적 자본주의의 승리와 함께 "역사의 종말"에 도달했다고 들어왔다. 이데올로기적으로 정의된 "자유시장"의 불가피한 전개 말고는 상상할 수 있는 미래가 없다고 우리는 듣는다. 그런데 이 자유시장은 날마다 세계의 **실제로 존재하는** 자유시장들을 더욱 더 엄격하고 자의적인 "구조조정"의 시련 속으로 동화시킨다. 심지어 해방신학자들조차도 현재는 "난폭한" 혹은 "야만적인 자본주의"(savage capitalism)가 세계의 자원과 노동의 거의 대부분을 통제하는 유일하고 명백히 승리하는 체제로서 등장했다고 인정했다. 이 신학자들에게는 세계적 자본주의의 신식민주의 제국(neo-colonial empire)을 뜻하는 제국을 제외하고는, 아무런 대안이 없다.

그렇다면, 바울에 대한 주류의 해석이 시장 이데올로기의 압력으로 설정된 한계들을 준수하는 것은 놀랍지 않다. 근본적인 사회 변화는 가능성 저 너머에 있다. 바울은 부득이 그의 노력들을 종교적 모임이라는 개인적 영역에 제한했고, (자유주의 해석자들 또한 이래야만 하는데) 이 모임에서는 간접적으로 제국의 가치들과 싸우면서 상호주의와 민족들 간의 용납이라는 비교적 평등주의 가치들이 실천되었다. 바울의 기대의 지평이 이처럼 용감하고 작은 교회들의 한계를 넘어 확장되었다는 점에서, 그 기대는 현대의 일부 해석자들에게는 고대의 환상의 한 가공품처럼 보인다. 해방신학 해석자들은 바울의 상황 속에서 참으로 해방적인 사회적 실천의 충동들을 찾아내면서, 그들은 엘리자베스 쉬슬러 피오렌자가 "여성들과 남성들의 교회"(ekklesia of wo/men)라고 불렀던 것에서 바울의 목소리와 동떨어지거나 반대되는 대안적 목소리들을 부활시키려고 풍부한 상상력을 동원하고 있다.

우리가 보았듯이, 바울 자신의 비전의 이데올로기적 한계는 아주 분명하다. 그럼에도 불구하고 우리는 그의 묵시종말론적 비전이 제국의 이데올로기적 압력에 의해 아무리 왜곡되었을지라도, 로마가 제공하는 것보다 미래에 대해 더욱 포괄적인 갈망으로서 간주할 수 있다. 제국 시대의 산물인 바울은 미래를 단일하고 전능한 주인—문자적으로 "주인 통치*kyriarchy*"—의 지배라는 관점에서만 상상할 수 있었다.[6] 그러나 그는 또한 오랫동안 예속된

6) 역자주: 엘리자베스 쉬슬러 피오렌자는 교회(church, Kirche)라는 말이 그리스어 에클레시아(*ekklesia*), 곧 "민중, 민주, 평등의 공동체"를 뜻하는 말에서 온 것이 아니라 오히려 키리아콘(*kyriakon*), 즉 "지배자/주인에게 속한다"는 말에서 유래한 권위주의적인 지배자의 용어라고 비판하면서 성

민족의 활기찬 소망과 갈망을 품고 있었고, 그래서 그가 기대한 주인은 고대 이스라엘의 예언들에 나오는 자애롭고 정의로운 메시아였다.

특히 오늘날 (항상 가장 분명한 것은 아니지만!) 명백히 불가피한 것들에 항의하면서 바울의 유산을 끌어다대는 것 중에서 가장 귀에 거슬리는 입장은 공공연히 무신론적이고 마르크스주의 철학자들도 포함하는 일부 정치철학자들의 입장으로서, 바울 안에서 아직은 눈에 보이지 않는 미래에 대한 확신 넘치는 소망의 원형을 발견하려는 입장이다. 즉 그 미래는 지금 분명한 것의 관점에서는 상상할 수도 없는 것으로 남아 있다. 이 철학자들은 우리가 과거를 단지 과거로서가 아니라, 그 안에 대안적이고 눈에 보이지 않는 미래가 아직은 실현되지 않은 잠재력을 품고 있는 것으로 이해해야 한다고 주장한다. 우리의 조상들은 그 미래를 위해 투쟁했지만 실패했다. 그리고 우리는 그들의 박살난 열망의 잔해들이 널려 있는 세상에 살고 있다. 우리는 그들이 흘끗 보여준 다른 미래를 향해 살아갈 우리 자신의 책임을 떠맡고 있다.

20세기 전에, 바울보다 나이 많은 동시대인이었던 알렉산드리아의 필로는 현재에 의해 지배되는 것에 관해 비슷한 성찰을 제공했다. 필로는 운명의 부침(浮沈)을 영원하다고 생각하는 것을 경고하고 오히려 "보이지 않는 것과 미래에 가 닿는" 지성과 이성에 의존했다. 그러나 오늘날에도, 이성은 "인간을 향한 하나님의 섭리"를 이따금 흘끗 봄으로 감지하며, 섭리가 미래를 결정하는 것으로 이해한다(*Embassy to Gaius* 1-3).[7]

평등 공동체를 촉구한다. *The Power of the Word: Scripture and the Rhetoric of Empire* (Minneapolis, MN: Fortress Press, 2007), p. 78.

바울 또한 미래는 이스라엘의 하나님에게 속한다고 믿었다. 낙담시키는 겉모습들, 즉 피정복 민족들에 대한 제국의 승리의 뽐내는 주장들에도 불구하고, 바울은 하나님이 약한 자들, 세상의 "아무것도 아닌 자들"을 선택하셨다고 확신했다(고전 1:26-39). 그는 "하나님의 선물과 부르심은 돌이킬 수 없다"는 것을 알았다(롬 11:29). 과거에 배신당하고 꺾인 구원의 희망들은 바울에게 매우 중대하게 다가왔다(롬 9:1-4). 이것들이 하나의 살아 있는 나무로부터 "잘려나간 가지들"처럼 박살난 가능성으로 보인다고 할지라도(롬 11:17-24), 바울은 하나님의 구원 목적들이 "모든 민족들"과 "온 이스라엘"을 위해 성취될 것을 확신했다(롬 11:25-26).

오늘날 역사의 아이러니에 의해 바울의 말들은 회당들이 아니라 기독교 교회들에서 가장 종종 읽히는데, 교회들에서 그의 철저히 유대적이고(Jewish) 묵시종말론적인 희망은 종종 그를 당혹스러운 손님으로 만든다. 그러나 성도들의 교제라는 기독교 교리는 과거에 하나님의 미래를 위해 투쟁한 사람들이 그 동일한 미래 속에서 "지금"(now) 우리들 너머에서 기다리고 있다고 바울이 본능적으로 이해했을 용어로 선언한다. 오늘날 바울 사도의 메시지가 제기하는 독특한 도전은 우리가 명백한 "역사의 종말"이라는 "현실주의"(realism)에 만족하느냐, 아니면 시편들이 "가난한 이들의 희망"(시 9:18)이라고 불렀고 또 바울이 "하나님의 자녀들의 영광스러운 해방"(롬 8:21)이라고 불렀던 "유토피아적" 환상을 더 좋아하느냐를 결정하라는 도전이다.

---

7) Philo, *The Embassy to Gaius* (Philo in 10 vols., vol. 10; trans. F. H. Colson; LCL: Cambridge, MA: Harvard University Press, 1971).

제7장

마태복음은 로마제국과 타협한다

워렌 카터

마태복음은 로마제국의 질서가 하나님의 유죄 선고 아래 있는 것으로 묘사한다. 마태복음의 예수는 그의 행동뿐만 아니라 산상 설교와 그 밖의 가르침에서, 그의 추종자들이 실행해야 하는 대안 사회를 위한 실천들을 개괄적으로 제시한다. 그러나 로마제국의 질서가 피지배 민족들을 아직도 통제하고 있는 한에서, 이 상상된 대안 사회 질서는 이따금 제국의 질서를 모방하며, 그리고 예수의 추종자들이 로마제국의 환경과 타협할 때 자기 방어적이 될 것을 요구한다.[1)]

마태복음은 기원후 1세기 마지막 십 년 무렵의 어느 시점에서 시리아의 안디옥에 있었던 공동체들에게 말하고 있었다고 믿을 타당한 이유들이 있다. 로마제국에서 로마와 이집트의 알렉산드

1) 아래의 자료는 Warren Carter, *Matthew and the Margins: A Sociopolitical and Religious Reading* (Maryknoll, NY: Orbis Books, 2000), 그리고 같은 저자, *Matthew and Empire: Initial Explorations* (Harrisburg, PA: Trinity Press International, 2001)에서 상세히 설명되어 있다.

리아에 뒤이어 세 번째로 큰 도시였던 안디옥은 시리아 지방의 수도였다.[2] 로마는 한 명의 총독과 그 도시에 주둔한 서너 개의 군단을 통해 통치를 유지했다. 로마의 가까운 동맹이었던, 그 도시의 부유하고 힘 있는 지배 가문들은 그들이 그 도시를 둘러싸고 있는 땅으로부터 강제로 거둬들인 소작료와 세금에 기대어 살았다. 로마 권력은 그 도시의 공공건물들, 기념비적 문들(gates), 경의를 표하는 동상들, 신전들을 과시했다. 제국의 다른 도시들처럼, 안디옥 또한 다양한 희생제사, 행진, 경기들에서 황제에게 영광을 돌렸던 것이 틀림없다. 축제는 거리의 파티들과 가난한 이들에게 음식과 돈을 나눠주는 것까지 광범위했다.

안디옥은 기원후 66-70년 유대 지역 재정복에서 두드러진 역할을 했었다. 로마 장군 베스파시아누스(69-79년의 황제)는 유대인 폭동을 진압하기 위해 서쪽으로 진군할 군단들을 그곳에 집결시켰다(요세푸스, *War* 3.8, 29). 로마가 70년 예루살렘을 파괴시킨 후, 패배한 유대인들의 모습과 함께 "유대, 마침내 정복되다"(*Judea Capta*)라는 문구가 새겨진 동전들이 그곳에서 유통되었다. 66-70년의 전쟁 동안 유대인들에 대한 적개심이 분출했는데, 유대인들은 전쟁에 대응하면서 내부에서 분열되었다. 안티오쿠스라는 이

---

2) 유대인 역사가 요세푸스는 로마제국과 그 안에서의 유대교의 역할에 관한 많은 정보를 제공한다. 안디옥에 관한 논의로는, Josephus, *The Jewish Wars*, 3.29. 7.58-59[이하에서는 *War*]와 *Antiquities*, 18.1[이하에서는 *Ant.*로 표기]. Josephus, *The Jewish War* 3.29; 7.58-59, in *Josephus: The Jewish War*. Vols. 2-4. LCL. Trans. H. St. J. Thackeray Cambridge, MA, and London: Harvard University Press/William Heinemann), 1927-28; 그리고 Josephus, *Antiquities*, 18.1, in *Josephus: Antiquities of the Jews* Vols. 5-13. LCL. Trans. H. St. J. Thackeray, Ralph Marcus, Allen Wikgren, Louis H. Feldman (Cambridge, MA, and London: Harvard University Press/William Heinemann), 1930-65 참조.

름의 탁월하고 로마의 문화에 동화된 유대인은 다른 유대인들이 그 도시를 불태울 음모를 꾸민다고 고발했다. 로마 군대의 지원을 받아, 그는 (도시나 제국의 신들에게?) 희생제물을 바치는 데 동참할 것을 일부 유대인들에게 강요했다. 그는 안식일 준수를 폐지했고, 이 요구에 응하지 않는 유대인들에 대한 폭력을 선동했다(요세푸스, *War* 7.41-62). 안디옥에 있는 예수의 추종자들이었던 대부분의 유대인들과 일부 이방인들에게 이런 반유대적 적개심은 그들의 헌신—로마 총독이 십자가에 처형한 한 유대인에 대한 그들의 헌신—과 뒤섞였다. 십자가형은 로마인들이 폭력범들과 비타협적인 노예들뿐만 아니라 속주의 반란자들에게 강제한 처형 방식이었다(요세푸스, *War* 5.449-51; Martial, *On the Spectacles* 9; 키케로, *In Verr.* 2.5.162).[3] 십자가에 처형되었다는 이유로, 예수는 로마 권력에 도전한 사람으로 식별되었다.[4]

마태복음은 예수의 행동과 가르침을 펼치는 동안, 안디옥에 있는 공동체들이 따라야 할 생활방식을 개괄할 뿐만 아니라, 적대적인 제국의 환경 속에서 로마의 지배와 타협할 방법들을 제안한다. 상존하는 억압적인 행동의 위험으로부터 공동체들이 자신을 보호할 수 있는 방법을 개괄하면서, 동시에 마태는 로마제국 질서에 반대하는 한 세계관을 강력히 주장한다.

---

3) Martial, *On the Spectacles*, 7; in *Epigrams*. Vol. 1. LCL. Trans. Walter C. Ker (Cambridge, MA, and London: Harvard University Press/William Heinemann), 1961; Cicero, *The Verrine Orations* 2.5.162. In Cicero. LCL. Trans. L. H. G. Greenwood (Cambridge, MA, and London: Harvard University Press/William Heinemann, 1967).

4) 반역적인 유대인들에 대한 로마의 승리에 뒤이어, 제국 안에서의 일반적인 적대적 분위기에 관해서는, 이 책의 제8장 "사도행전"을 더 보라.

하나님의 심판 아래 있는 로마제국

성서적으로 결정된 신학적 관점에서, 마태복음은 로마제국이 하나님의 의지에 반한다고 확실한 용어들로 선언한다.

로마의 제국주의 통치는 폭력적이다

헤롯은 마태복음 이야기에서 로마제국 통치의 첫 번째 "얼굴" (face)이다.[5] 일반적으로, 로마는 자신에게 예속된 통치자들로서 로마의 이익을 도모하면서 동시에 권력의 전리품을 공유하는 지역 지배자들과 동맹을 결성함으로써 통치했다. 로마 원로원이 헤롯을 "유대인의 왕"으로 임명한 후, 그는 기원전 37년부터 기원전 4년까지 가혹하게 통치했는데, 성전에 기초한 예루살렘 대제사장 가문을 자신의 통치 도구로 삼았다(요세푸스, *Ant.* 15.387; 16.311). 단정적으로, 헤롯은 동방박사들이 문의하는 한 새로운 "유대인의 왕"의 출생 소식에 위협을 느낀다(마태 2:1-2). 그의 혹독한 반응은 포학한 통치자들이 자신들의 권력을 위협할 가능성이 있는 일체의 것을 제거하는 방식들을 상징한다. 메시아 출생에 대한 유대인의 전승들에 관한 정보를 얻으려고 예루살렘의 제사장 엘리트들을 추궁하고(2:4-6), 또한 새로 태어난 왕의 소재를 파악하려고 사실 동방박사들을 첩자로 써먹은(2:7-9, 12) 뒤, 두 살 미만의 남자 아이들을 대량 학살하라고 명령한다(2:16). 하나님의 뜻에 정면으

5) 자세한 내용을 위해서는, Warren Carter, "Construction of Violence and Identities in Matthew's Gospel," in *Violence in the New Testament,* ed. Shelly Matthews and E. Leigh Gibson (New York: T & T. Clark, 2005), 81-108 참조.

로 맞서는 제국 권력의 지역 대표자로서, 헤롯은 자신의 통치와 제국의 질서에 대한 위협을 제거하려고 군사적 폭력을 휘두르는 반면, 라헬과 피지배 민족의 다른 어머니들은 자신들의 죽은 아이들을 위해 슬피 운다(2:16).

헤롯의 아들인 안티파스 또한 로마 권력과 간접 통치의 필수적 구성요소인 폭력을 여지없이 드러낸다. 로마제국의 궁중에서 양육되고 로마에 의해 갈릴리와 베레아의 분봉왕(기원전 4년-기원후 39년)으로 임명된 안티파스는 예언자인 세례 요한을 참수형에 처하게 했다(마태 14장). 요세푸스는 이러한 행동이 요한의 점증적인 인기가 폭동을 불붙일지도 모른다는 헤롯 안티파스의 두려움 때문이라고 본다(*Ant.* 18.117-19). 마태의 보도는 안티파스가 조카딸이며 이복형제인 빌립의 아내와 결혼한 것이 근친상간(레 18:16; 20:21)이라는 요한의 고발에 집중한다(마태 14:3). 다시금 하나님의 뜻에 정면으로 맞서, 제국의 권력의 대리인은 제국에 예속된 통치자로서의 자신의 지위를 보호하고 반대하는 목소리를 침묵시키려고 폭력에 의존한다. 물론, 마태복음에서 제국의 폭력의 가장 생생한 실례는 유대 총독인 빌라도에 의한 예수의 십자가처형이다. (더 자세한 내용은 아래를 보라.)

로마제국은 착취적이다

헤롯에 의해 표출된 공공연한 폭력은 로마제국 세계를 특징지었던 체계적인 구조적 폭력을 정착시키고 확고히 했다. 로마의 착취적인 통치는 제국의 주민들을 희생하여 소수의 지배 계급을 이롭게 했다. 지배 계급은 거대한 토지 소유와 무역에 종사함으로써 살아갔다. 한 추정에 따르면, 제국의 인구 중의 2-3퍼센트가 제국의 생산의 약 65퍼센트를 소비했다. 농민들과 장인들의 생계와 힘 있는 자들의 부 사이에는 엄청난 격차가 있었다. 세금, 조공, 소작료는 땅에서 나오는 부를 전혀 생산하지 않는 도시의 소비자들에게로 이전시키는 주요 수단이었다. 따라서 엘리트들을 위한 부의 끊임없는 공급이 있었던 반면, 인구의 나머지의 대다수는 최저생계나 그 이하의 수준에서 살아남으려고 몸부림쳤다.

예수의 공적인 목회는 "하늘 나라(혹은 제국*basileias*)이 가까이 있다"(마태 4:17)는 선언으로 시작된다. 그는 지금 사람들 사이에 활동하고 있는 하나님의 제국의 영향력을 곧바로 증명한다. 그는 추종자들을 부르고(4:18-22), 설교하고, 질병을 고치고, 귀신들을 내쫓는다(4:23-25). 예수가 고치는 질병들은 제국주의 세계의 사회-경제-정치적 불평등을 반영한다. 불충분한 음식 공급은 영양실조를 의미했다. 영양 결핍과 약화된 면역성으로 인한 전염병이 제국의 세계 속에 널리 퍼져 있었다. 하나님의 제국의 현존을 표출한 예수의 치유들(4:17-23)은 로마제국의 해로운 영향에 맞서 싸우고 또 뒤엎었다. 그것들은 예언자들이 기술한(마태 11:2-6; 사 35:5-6 참조), 하나님의 통치가 확립될 때의 온전한 세상을 실행하고 예상한다. 마찬가지로 그가 넉넉한 음식으로 군중을 먹이심은 하나님의 완전한 통치의 풍요로움을 예상한다(14:13-21; 15:32-39; 사 25:6-10; 2 Bar. 73-74).

따라서 마태복음은 로마제국 질서를 고발하는데, 그것은 예언자들과 예수의 목회에서 드러나는 하나님의 목적들과는 반대로 굶주림과 질병으로 특징지어진다. 예수의 치유와 급식은 로마제국이 입힌 손해를 보상하는 하나님의 일을 증명한다.

마태복음은 예루살렘의 예속 통치자들을 정죄한다

치유와 음식에 대한 마태복음의 관심은, 하나님의 정의롭고 생명을 주는 목적들과 반대되는 사회를 형성하기 위한 제국의 질서, 그리고 제국과 동맹을 맺은 속주의 예속 통치자들에 대한 폭로의 일부분이다. 마태복음이 모든 유대인들을 공격하는 것은 결코 아니다. 그것은 마태복음을 근본적으로 오독(誤讀)한 것으로서 마침내 폐기되었다. 그러나 마태복음은 예루살렘의 통치자들과 그들의 대리인들을 참으로 정죄한다. 우리는 흔히 대제사장들, 서기관들, 사두개파 사람들, 바리새파 사람들을 "종교 지도자들"로 간주해왔다. 그러나 이 호칭은 아주 부적합하다. 일반적으로 고대에서처럼 로마 세계에서도 종교-문화적 차원과 정치적-경제적 차원은 분리될 수 없었다. 로마는 심지어 자신의 권력과 제국의 질서가 신적으로 정해진 것이라고 주장했다. 그들과 그들의 대리인들은 로마의 명령 아래 문화와 종교 권력뿐만 아니라 정치와 경제 권력도 쥐고 있었다. 예를 들어, 대제사장들과 서기관들에 대한 마태복음의 맨 처음 언급에서, 그들은 그 자신도 로마에 예속된 통치자였던 헤롯왕에게 종속된 자들로서 정치 문제들에 개입되어 있다(2:4-6). 제사장 귀족정치의 대리인들인 바리새파 사람들은 예수를 죽일 것을 공모하며, 또 예수를 체포하려고 대제사장들과 협력한다(12:14; 21:45-46; 26:4, 47). 그리고 대제사장들, 서기관들, 장로들은 예수를 처형하려고 빌라도와 협력한다(26:57-68; 27:1-2).

유대인 역사가인 요세푸스는 로마인들이 유대 통치자들로서 임명한 대제사장들에 대한 마태복음의 묘사를 확증한다(*Ant.*

20.249-51). 요세푸스는 어떻게 "가장 뛰어난 바리새파 사람들"이 기원후 66년 전쟁으로 치닫는 움직임들에 맞서는 데서 로마와 협력한 "힘 있는 시민들"과 동맹을 맺었는지를 묘사한다(*War* 2.330-32; 2.410-18). 로마와 지역 엘리트들 사이에 종종 긴장관계가 조성되기는 했지만, 둘 모두 자신들이 그 안에서 권력과 특권을 누리는 제국의 질서를 유지하려고 협력하는 데는 기득권을 공유했다.

마태복음의 예수는 로마에 예속된 이 통치자들을 날카롭게 비판하는데, 그들에 대한 하나님의 유죄 선고를 주요 지점들에서 선언한다. 몇 번의 치유 뒤, 예수는 "사람들이 마치 목자 없는 양처럼 내팽개쳐져 고통을 당하고 있었기" 때문에, 그들을 동정하는 것으로 마태는 묘사한다(9:36). "목자"(Shepherd)는 히브리 성서 전통(예를 들어 삼하 5:2)과 그리스와 로마의 전통(필로, Leg. 44, 52; Dio Chrysostom, *Discourse* 1.13) 모두에서 왕과 황제에 대한 일반적 은유이다.[6] 호메로스를 인용하면서, 웅변가인 디오 크리소스톰은 트리야누스 황제에게 "[황제는] 양떼를 살해하고 도살하고 강탈하는 게 아니라… 보호"해야 하는 "민족들의 목자"라고 상기시킨다(*Discourse* 4.43-44). 마태가 사람들을 "목자 없는 양"으로 묘사한 것은, 예루살렘의 통치자들이 하나님의 목적들을 추구하지 않는다고 말하는 것과 똑같다.

여기에서, 마태복음의 예수는 왕들("목자들")이 하나님의 의

6) Philo, *Legatio ad Gaium*, 44, 52, in Philo: *On the Embassy to Gaius*. Vol 10. Loeb Classical Library. Translated by F. H. Colson (Cambridge, MA, and London: Harvard University Press/William Heinemann), 1962; Dio Chrysostom, *Discourse* 1.13 in *Dio Chrysostom*. Vol 1. LCL. Trans. J. W. Cohoon. (Cambridge, MA, and London: Harvard University Press/William Heinemann), 1950.

로운 통치를 대변하지 못한다고 비판하는 히브리 예언자들의 전통에 의지한다. 예를 들어, 에스겔은 "목자들"이 "폭력과 난폭함"으로 "기름진 것을 먹고 양털로 옷을 만들어 입을 뿐, 양떼들을 돌보지 않는다"고 고발한다(겔 34:2-3, 8). 그들은 "약한 사람들에게 힘을 북돋아주지 않았고, 병든 사람들을 고쳐주지 않았으며, 상처 입은 사람들을 싸매주지 않았다. 길을 잃고 헤매는 사람들을 찾아 데리고 오지 않았으며, 잃어버린 사람들을 찾아 나서지 않았다. 오히려 그들을 폭력과 난폭함으로 거칠고 잔인하게 다스렸다"(겔 34:4, 17-19). 그러한 통치자들이 백성을 파멸시키고 있다고 고발하면서, 에스겔은 하나님이 "양떼들이 더 이상 그들의 먹이가 되지 않도록 내가 나의 양떼들을 그들의 입으로부터 구출할" 거라고 약속하셨음을 말한다(겔 34:10). 하나님은 그들을 한데 모으고, 병든 것들을 고쳐주고(34:11-22), "정의로 그들을 먹일"(34:16) 거라고 약속한다. 하나님은 한 대리인, "한 목자, 즉 나의 종 다윗"을 통해 통치하실 것이다(34:23-24). 안전, 풍요로움, 그리고 하나님의 임재가 뒤따를 것이다(34:25-30). 이 전통을 일깨우면서, 마태는 하나님의 목적들과는 정반대로 행동하는 로마와 결탁한 예루살렘 통치자들을 마찬가지로 거절한다.

예수는 예루살렘의 통치자들과 그들의 대리인들과의 수많은 갈등 속에 제국의 질서와는 매우 다른 사회에 대한 비전을 실연(實演)한다. 예를 들어, 안식일에 자비로운 행동을 하는 일로(마태 12:1-14), 하나님의 임재와 목적을 분명히 나타내는 그의 권위로(1:21-23; 12:22-45), 그들이 나이든 사람들에게서 물질적 지원을 박탈하고 그것을 성전을 위해 마음대로 사용하는 데서(15:1-20) 그들과 충돌한다. 이 논쟁들은 종종 성서에 대한 해석을 수반한다. 그러나 성서 전승을 해석하는 것은 중립적인 것도, 사심 없는 것도 아니었다. 오히려 그것은 사회적 실천들을 형성하거나 통제하려는 목적을 가진 정치적 행동이었다. 예루살렘 통치자들과 그들의 대리인들이 사람들에게 요구하는 것은 성서 속에서 알려진 하나님의 목적들과 정반대라고 마태복음의 예수는 선언한다(15:3-6). 하나님은 그들을 "뿌리 뽑을"(15:13) 것인데, 이것은 고발과 심판의 이미지이다(렘 1:10; 12:17).

예수는 또한 예루살렘의 통치자들과 그들의 권력 중심인 성전에 대한 하나님의 유죄 선고를 실연(實演)한다(21:12-17). 하나님께 희생제사를 드리는 거룩한 성소로서, 성전은 또한 사회를 형성하기 위한 도구이기도 했다. 십일조, 봉헌물, 희생제사를 위한 동물과 새들을 사고팔기, 그리고 성전 의식을 위한 공급들을 통해, 성전은 종교적 지배뿐만 아니라 엘리트들의 정치-경제 지배를 확고히 했다. 로마 세계의 다른 신전들처럼, 예루살렘 성전은 하나님께 희생제사를 드리기 위한 도살장이었을 뿐만 아니라 정치적 중심이며 은행이었다(요세푸스, *War* 2.393; *Ant.* 18.60). 예수는 환전과 희생제물을 파는 것을 정죄한다(21:12-13). 그는 대제사장들이 성전을 "강도들의 소굴"(렘 7:11)로 만들었다고 고발한다. 이 구절은 성전에 대한 예레미야의 고발을 환기시킨다. 산에 있는 자신들의 성채에서 안전을 찾는 강도떼들처럼, 제사장 통치자들은 나그네와 고아와 과부들을 억누르고, 죄 없는 사람들을 죽이고, 다른 신들을 추구한 후, 그런 다음 성전 안에서의 보호를 찾는다고 예레미야는 고발했다(렘 7:5-6, 9). 그래서 하나님은 성전에 유죄 판결을 내렸는데, 이것은 기원전 587년 바빌로니아 군대의 손으로 수행된 심판이다. 비슷하게, 예수의 시위는 성전에 대한 하나님의 유죄 판결을 상징적으로 실연하는데, 복음서 이야기에서 통치자들의 파멸을 예고하는(21:41) 비유로 이어졌다(21:28-22:14). 마태는 성전에 대한 하나님의 유죄 판결이 기원후 70년 로마 군대에 의한 멸망에서 수행된 것으로 해석한다(마태 22:7).

성전 체제에 대한 마태의 유죄 선고는 성전의 대표자들인 서기관들과 바리새파 사람들에 대한 예수의 저주에서 계속된다(마태 23장). 서기관들과 바리새파 사람들의 관행들 속에 잠재된 강탈과 탐욕, 위선을 정죄하면서, 예수는 그들을 예언자들을 살해한 사람들의 혈통에 집어넣는다. 예수는 그들이 "율법의 더 중요한 문제들, 즉 정의, 자비, 믿음"을 무시한다고 저주한다(23:23). 결론적인 예언자적 한탄에서, 예수는 예루살렘의 지배 가문의 임박한 황폐함을 굽어보시는 하나님 자신의 슬픔을 표출한다(23:37-39). 하나님은 "암탉이 날개 아래 새끼들을 불러 모으듯이"(신 32:11 참조) 자기 자녀들을 불러 모아, 촌락 공동체들 속의 사람들을 보호하고 돌보기를 갈망했다. 그러나 예루살렘의 통치자들은 예언자들을 돌로 쳐서 죽이면서 하나님의 목적들을 가로막았다. 다시금, 예수의 뒤이은 연설에서(마태 24장), 마태는 기원후 70년 예루살렘의 멸망을 통치자들의 압제에 대한 하나님의 형벌로 해석한다.

예수와 예루살렘 통치자들 사이의 갈등은 로마 총독 빌라도가 등장하는 장면에서 극도로 악화된다(27:1-2, 11-26).[7] 마태가 제시하는 빌라도와 예수 사이의 언쟁은 빌라도의 역할을 최소화하고 예루살렘 통치자들의 책임을 늘리는 것으로서 종종 해석된다. 그러나 이러한 해석은 이 장면 속에 작동하고 있는 제국의 역학을

7) Warren Carter, *Pontius Pilate: Portraits of a Roman Governor* (Collegeville, MN: Liturgical Press, 2003), 1-54, 75-99.

무시한 해석이다. 빌라도는 로마 총독으로서 막강한 권력을 행사한다. 그러나 그는 예루살렘의 엘리트와 결탁하여, 예수처럼 감지되는 위협들에 맞서, 제국의 질서를 방어하는 데서 자신들의 상호 이익을 위해 통치한다. 따라서 "재판/심문"(trial) 장면을 "유대인들"과 "이방인들" 사이의 투쟁으로 간주하거나, 혹은 종교적 적수를 제거하려고 유대 "종교" 지도자들이 로마의 "정치적" 통치자의 도움을 구하는 것으로 해석하는 것은 매우 시대착오적이다. 오히려 예루살렘의 통치자들과 로마 총독은 제국의 질서에 도전하는 한 지방민을 제거하려고 협력한다. 빌라도는 자기가 예수를 십자가에 처형하기를 예루살렘 통치자들이 원한다는 것을 알고 있다. 예수를 "유대인의 왕"이라고 부를 때, 빌라도는 예수가 로마의 권위를 위협한다는 것을 암시한다. 왜냐하면 오직 로마만이 합법적인, 즉 복종하고 통제할 수 있는 왕들을 임명할 수 있기 때문이다. 그러나 빌라도는 딜레마에 직면한다. 만일 예수를 십자가에 못 박으라는 요구를 너무 쉽사리 들어준다면, 그는 속주(屬州)의 통치자들의 볼모가 된다. 그러나 그는 통치하기 위해 그들의 협력이 필요하므로 거절할 수 없다. 더군다나 만일에 그들이 예수가 초래할 위험을 걱정하고 있다면, 그들의 이익을 보호하는 것은 자신에게 달려 있음을 빌라도는 알고 있다.

제국의 권력의 역학을 감안하면, 예수가 십자가에 처형되리라는 것은 틀림없다. 내레이터는 예수의 체포 장면을 예수와 빌라도가 만나기도 전에 예수에 대한 유죄 판결로 본다(27:3 참조). 마태의 이야기는 어떻게 로마 총독과 유대인 엘리트들이 서로 타협하는지를 드러내는데, 그들은 자신들의 권력을 유지하고, 서로 점수를 더 따려고 하고, 제국의 질서를 확고히 하기 위해 협력하고,

자신들의 행동을 백성의 뜻이라고 위장한다. 빌라도는 군중에게 연설하면서, 예수와 바라바 중에 누가 더 대중의 지지를 얻고 있는지 알아보려고, 누구를 석방해야 하는지에 관한 "투표"(referendum)를 실시한다(27:15-19). 예루살렘의 통치자들은 바라바의 석방을 위해 함성을 지르도록 군중을 조작한다(27:20-21). 빌라도는 예수에 관한 그들의 충고를 받아들이는 것처럼 보이지만(27:22), 예수가 얼마나 많은 지지를 받고 있는지 알아볼 요량으로 교묘하게 시간을 끈다(27:23-24). 결국, 만일 그가 한 대중적인 왕을 십자가에 처형하려 한다면, 그는 예기치 않은 결과에 대비해야 한다. 그는 군중과 예루살렘 통치자들을 조작하여, 그들 모두("그들 모두 말했다," 27:22) 예수를 십자가에 못 박으라고 간청하게 했다. 그는 자신이 그들의 뜻을 행할 것이라고 선언하는데, 이로써 엘리트들의 소망을 감추고, 또 자신의 폭력을 백성의 뜻으로 위장한다(27:24-26). 그는 마침내 예수의 십자가형을 명령한다. 제국의 모든 세력이 예수, 즉 하나님이 임명한 대리인(아들과 그리스도)에 맞서 결탁하는 것이 적나라하게 드러난다.

속주(屬州)의 예속 통치자들에 의해 실행된 로마의 통치에 대한 최후의 거절은, 하나님이 로마제국 질서를 파멸시키고, 이스라엘을 회복하고(19:28), 하나님의 하늘과 땅을 확립하는(19:28; 24:3-5) 종말론적 시나리오를 수반한다. 24:27-31에서, 마태는 예수의 돌아옴(재림)을 모든 제국들, 특히 로마제국의 종말로서 제시한다.[8] 최후 전투에서, 군단들이 전투할 때마다 가지고 다닌 상징적

---

8) Warren Carter, "Are There Imperial Texts in the Class? Intertextual Eagles and Matthean Eschatology as 'Lights Out' Time for Imperial Rome (Matthew 24:27-31)," *JBL* 122 (2003): 467-87.

인 독수리로 대변되는 로마 군대는 그것의 권력을 인가한 우주적 신들과 마찬가지로 멸망한다(24:28-29). 하나님의 "영원히 계속되는 지배와… 결코 멸망하지 않을 왕권"을 확립하려고 예수는 사람의 아들(Son of Man)로서 돌아오는데, 이것은 다니엘 7:13-14를 암시한다.

로마의 제국주의 세계는 악마에게 속한다

로마제국에 대한 마태의 고발은 한 발 더 나아간다. 하나님과 대립되고 또 하나님에 의해 정죄받는 통치자들 아래 있는 제국의 세계는 폭력적이고 착취적일 뿐 아니라, 제국은 악마의 권력 아래 있고, 또 악마와 하나님 사이의 지속적 투쟁 속에 갇혀 있다.

세 번째 유혹에서, 악마는 예수에게 "세상의 모든 **제국들**(*basileias*)"을 보여준다. 악마는 예수에게 "만일 당신이 나에게 절하고 경배한다면, 이 모든 것을 주겠소"라고 말한다(4:8-9). 바실레이아는 보통은 바빌로니아, 알렉산드리아 대제, 로마제국과 같은 대제국들을 가리킨다(단 2:37-45; 마카베오1 1:16; 요세푸스 *War* 5.409). 예수에게 "모든 제국들"을 주겠다는 악마의 주장은 자신이 그것들을 통치한다는 것을 가정한다. 로마제국은 악마의 의지 아래 있는 것으로 암시된다. 마태복음은 나날의 제국의 삶이 "정상적인 것으로 간주하는 것"(normalcy)을 알고 있는 사람들에게 불분명한 것을 드러낸다. 따라서 악마의 통치 아래 있는 로마제국은 예수에 의해 계시된 하나님의 제국과는 정반대의 관계 속에 있다.

이 악마가 통제하는 제국의 한복판에서, 예수는 하나님의 제국을 표명한다(4:17). 특히 중요한 것은 예수가 사람들을 악마의 세력에서 해방시키는 악령 추방이다(8:16, 28-34; 9:32-34 등). 귀신들림은 정치적 억압과 식민 지배의 상황에서 일반적으로 관찰되는 현상이다.[9] 예수의 악령 추방으로 실행되는 해방은 사탄의 영역에 대한 하나님의 정복, 즉 인간의 삶에 대한 하나님의 주권 회복을 증명한다(12:24-29). 더욱이, 예수의 악령 추방은 최소한도 함축적으로 악령들로부터의 사람들의 해방뿐 아니라 제국의 구조와 제도와 관련된다. 예수가 무덤들 사이에 살고 있는 두 남자에게서 내쫓은 귀신들을 돼지 "떼"(battalion) 속으로 들여보낼 때, 돼지들은 "바다"로 향한 가파른 둑을 따라 "돌진해서" 죽는다(8:28-32). 돼지는 시리아에 주둔했던 로마 제10군단(Fretensis), 즉 기원후 70년 예루살렘과 성전 파괴에 가담했던 한 주력 부대의 마스코트였다. 분명히 두 귀신들린 사람을 사로잡았던 영은 로마 군대와 관련된다. 그리고 예수의 악령 추방에서, 그 군대는 최소한 상징적으로는 자신이 침략을 위해 출발했던 바다(지중해)에서 자멸한다.

하나님은 일시적이고 운이 다한 권력을 가진 제국을 사용하신다

마태복음은 로마제국을 인간의 생명을 위한 하나님의 목적들에 정반대되는 것으로서 고발하는 반면, 하나님이 제국에 대한 최고 주권을 가지고 있으며 그것을 어떤 목적들을 위해 사용하는 것으로 제시한다. 왕의 아들을 위한 결혼 잔치의 비유(22:1-14)는 기원후 70년 예루살렘 멸망의 사건을 이런 관점에서 해석한다.

9) Paul Hollenbach, "Jesus, Demoniacs, and Public Authorities," *JAAR* 49 (1981): 567-88.

마태는 이 비유를 예수의 선교에 대한 반응들의 한 알레고리로 제시한다. 그 왕은 아마 하나님일 것이고(5:35에서처럼), 왕의 아들은 예수이다(2:15; 3:13). 이야기의 앞부분에서, 마태는 이스라엘 백성의 회복과 갱신(8:11), 이스라엘의 예언자 전통에서 선언된 하나님의 목적들의 확립에 참여하는 것(사 25:6-10; 마태 8:11)을 경축하기 위해 큰 잔치의 이미지를 사용했다. 결혼은 하나님과 사람들 사이의 계약 관계에 대한 전통적인 상징이었다(호 1-3장). 그리고 마태는 예수와 그의 선교에서 일어나고 있는 하나님의 목적들의 확립을 위해 신랑과 결혼 잔치의 은유를 사용했다(9:14). 자신들의 재산과 일로 너무 바빠서 결혼 잔치에 참가하라는 초대에 불응하는 부유하고 힘 있는 사람들은 그들을 소환하려고 보낸 왕의 종들을 붙잡아 죽인다. 이 비유에서 부유하고 힘 있는 사람들은 21:28-22:14 (특히 21:45)에 나오는 일련의 비유의 초점인 예루살렘 통치자들을 상징하는 것이 분명하다.

이 비유에서 눈에 띄는 것은 자신의 종들을 죽인 것에 대한 왕의 반응이다. 왕은 군대를 보내고, 살인자들을 죽이고, 온 도시를 불태우고(22:7), 그런 다음 거리의 사람들이 결혼식장을 채우도록 초대하여 연기 나는 잿더미 속에 계속해서 잔치를 연다(22:8-10). 왕의 반응은 그들이 저지른 위법 행위와 전혀 균형이 맞지 않는 것처럼 보이는데, 6절과 8절 사이의 매끄러운 진행을 깨뜨린다. 바로 이 지점에서 이 비유에 대한 마태의 설명은 누가의 설명과 두드러지게 다른데, 누가의 설명은 그러한 형벌에 대한 아무런 언급이 없다(누가 14:15-24, 특히 21절).

도시들을 불태우는 것은 피정복 민족들을 겁주고 굴욕감을 느끼게 하려는 제국의 일반적인 전술이었다(마카베오1 1:19, 29-32).

기원후 70년 티투스의 군대는 예루살렘과 성전을 불태웠다(요세푸스, *War* 2.395-97; 6.249-408). 마태는 앞서 불과 심판을 연결시켰다(13:30, 40). 다른 유대인 작가들이 그랬던 것처럼, 마태는 기원후 70년의 예루살렘 함락을 다시금 하나님의 심판으로 해석한다(스 4 3.24-36; 4:22-25; 2 Bar. 1:1-5; 요세푸스, *War* 6.96-110, 409-411). 더욱 두드러지게, 마태는 이 형벌이 특히 예수를 거부하는 예루살렘 지도자들을 겨냥한 것으로 제시한다.

의미심장하게도 형벌의 대리인은 로마와 로마의 군사력이다. 로마를 하나님의 심판의 대리인으로 묘사하는 데서 마태는 예언자들로부터 한 두드러진 주제를 채택하는데, 그것에 따라 다양한 제국, 즉 아시리아(사 10:1-7), 바빌로니아(신 28-30장; 렘 25:1-11), 페르시아(사 45:1-13), 그리고 안티오쿠스 에피파네스 아래의 셀류코스 왕조(마카베오2 6:12-17)의 권력들이 예루살렘 통치자들에 대한 하나님의 형벌의 대리인으로 행동한다. 그러나 이 패러다임은 제국의 권력을 하나님의 대리인으로 보았을 뿐 아니라, 그들 또한 하나님의 형벌에 종속되어 있다고 보았다. 즉 아시리아(사 10:12-34), 바빌로니아(25:12-14), 안티오쿠스 에피파네스(마카베오2 7:32-36)는 결국 하나님의 형벌을 받았다. 마태는 1:23과 4:15-16에서 이사야 7-9장의 예언들을 인용하면서 이 패러다임을 앞서 두 차례 환기시켰다. 로마를 하나님의 형벌의 대리인으로 제시하는 데서, 마태는 또한 제국의 권력에 관한 패러다임을 환기시키는데, 이 제국에 관한 패러다임은 로마의 몰락을 예상하는 것이다. 로마는 하나님의 한 대리인일지 모르지만, 그 권력은 일시적이고 그 운명 또한 정해져 있다는 말이다.

로마 권력은 제한되어 있다

어느 모로 보나 로마 권력이 절대적인 것으로 보였던 상황에서, 로마 권력의 한계가 상세히 말해진다. 유명한 로마 군대는 이 전능의 모습을 환기시켰다. 기원후 66년 유대인들에게 "그리도 막강한 권력에게 맞서 무기를 들지 말라"고 촉구하면서, 아그립바는 어떤 민족도 하나님이 인가한 로마 권력에 저항할 수 없다고 지적했다(요세푸스, *War* 2.353, 358-94). 예수를 십자가에 못 박을 때, 로마제국은 자신의 궁극적인 힘, 즉 목숨까지도 앗아갈 자신의 능력을 증명한다.

그러나 그런 다음 마태복음은 제국의 권력의 한계를 곧바로 드러낸다. 그것은 예수의 십자가 처형으로 끝나지 않는다. 로마인들은 예수를 죽은 상태로 유지할 수 없다. 빈 무덤에서, 천사는 여인들에게 하나님이 예수를 일으키셨다고 선언하고, 그들은 부활한 예수를 만난다(28:6-9). 생명을 주는 하나님의 권능 앞에서 무기력한 채로 대제사장들과 장로들은 빌라도 총독에게 예수의 제자들이 그의 시신을 훔쳐갔다고 말하려고 군인들과 공모한다(28:1-15).

하나님께 대한 신실한 관계 속에 죽은 사람들을 하나님은 죽은 자들로부터 일으키실 것이라는 확신은 제국의 극단적인 억압의 상황 속에서 생겼다. 이런 이해의 가장 이르고 가장 분명한 선언들인 다니엘 12장과 마카베오2 7장은 기원전 2세기 안티오쿠스 에피파네스의 포악한 정치 아래 순교한 사람들과 관련된다. 즉 **부활은 제국의 전제정치가 하나님과 사람들 사이의 신실한 관계를 깨뜨릴 수 없고 또 하나님의 목적들을 방해할 수 없음을 드러냈다**. 부활은 하나님의 생명을 주시며 정의로운 목적들을 확립하는 데 참여하는 것은 확실하게 했다.

마태복음의 결말은 더욱 놀라운 선언을 한다. 예수는 "하늘과 땅의 모든 권세가 나에게 주어졌다"고 선언한다(28:18). 하나님은 부활한 예수에게 미래와 모든 피조물에 대한 생명을 주는 권세를 주셨다. 생명을 주시는 하나님의 권능이 로마의 죽음의 권능을 압도한다.

하나님의 제국은 로마제국을 흉내낸다

흥미롭게도 하나님의 제국을 압도적인 권력, 파멸한 적수들, 그리고 우주적 통치의 부과라는 관점에서 묘사할 때, 로마에 대한 하나님의 최후 판결과 파멸을 묘사하는 24:27-31의 종말론적 장면은 제국의 권력을 모방한다. 그러한 제국적 특성들의 사용과 로마 황제들의 방식을 하나님에게 전가한 것은 마태복음이 로마제국 문화에 깊숙이 뿌리박고 있고 또 그 문화에 적응함을 반영한다. 사람의 아들(Son of Man)을 하나님의 심판과 우주적 통치의 대리인으로서 묘사하는 다니엘 7장과 같은 제국적/반(反)제국적 성서 전통들을 마태복음이 사용하는 데서도 비슷한 것이 명백히 드러난다. 이러한 모방은 식민지 상황에서 자신들을 억압하는 자들을 모방하고 이따금 그들과 결탁하지만, 종종 그들을 조롱하고 위협하는 억눌린 집단들 사이에서 자주 이루어진다.[10] 마태복음에

10) H. Bhabha, "Of Mimicry and Man: The Ambivalence of Colonial Discourse," in *The Location of Culture* (London and New York: Routledge, 1994), 85-92.

따르면, 하나님의 제국은 로마제국을 힘으로 압도하고 정복할 것이다.

그 동안 예수의 추종자들은 어떻게 살아야 하는가?

하나님의 통치/제국에 대한 예수의 표명(4:17, 18-22)은 제국의 언어와 방식들을 일부 모방하는 반면, 또한 대안적 세계관과 일련의 사회적 실천으로 하나님과 예수에게 헌신하는 대항문화적(countercultural) 공동체를 창출한다. 이 공동체는 아직 로마의 통치에 종속되어 있고 또 그것의 소멸을 기다리는 동안, 제국의 질서에 대한 대안으로서 하나님의 통치를 구현해야 한다. 마태복음은 종종 자기 방어적이며 또 저항하는 전략들을 제시하는데, 이 전략들 속에서 마태 공동체의 사람들은 예수 안에서 표출된 하나님의 목적들에 대한 충성을 유지하면서도 제국의 요구들과 타협할 수 있다.

이 자기 방어적이면서도 저항적인 생활방식은 지역의 시위운동들과 제국의 질서의 관리들에 대한 공격을 금지한다(26:52; 5:38-48). 그것은 또한 제국으로부터 도망치는 것을 금한다. 예수의 추종자들은 오히려 선교에 종사해야 한다(28:18-20). 따라서 일부 제자들은 예수의 선교를 도우려고 자신들의 가정과 생계 수단을 떠나는 반면(4:18-22; 9:9; 19:16-30), 마태는 모든 가정과 사회적-경제적 유대 관계와 결별하라는 일반적인 명령을 내리지는 않는다. 그 대신, 제자들은 이스라엘의 계약의 가르침들과 그 밖의 농민 사회들에서 잘 알려진 상호 지지뿐만 아니라, 외부 압력들에 대한 다양한 형태의 비폭력적이지만 능동적 저항(5:38-48)을 실천해야 한다.[11] 예를 들어, 힘 있는 윗사람에게 뺨을 찰싹 얻어맞는 불쾌한 모욕을 당할 때, 예수의 추종자들은 보복하거나 겁먹고 더 복종적인 자세를 취할 것이 아니라, "다른 뺨도 돌려댐"(5:39)으로써 갈등을 진정시켜야 한다.[12] 예를 들어, 로마가 피지배 민족에게 요구한 노동인 앙가리아(*angaria*, 강제 부역)에 대한 반응에서, 예수는 그의 추종자들에게 군인의 짐을 요구된 거리의 두 배로 운반하라고(5:41), 이로써 그 군인을 징계될 위험에 처하게 함으로써 제국의 권위를 전복시키라고 명한다. 그리고 모든 사람들이 똑같이 가난의 상황에 직면한 때에도, 그들은 서로 돈을 꾸어주며 도와야 한다(5:2).

제국에 세금 바치기

마태복음의 두 개의 에피소드는 헤롯 왕가의 지도자들과 제사장 귀족들 같은 로마제국 통치자들과 그들에게 예속된 지역 통치자들에게 주된 세입원이었던 세금을 거론한다. 첫째 장면은 이 제국의 상황을 인식하는데, 제국의 통치자들이 "관세와 국세" 같은

---

11) James C. Scott, *Domination and the Arts of Resistance: Hidden Transcripts* (New Haven, CT: Yale University Press, 1990); 같은 저자, *Weapons of the Weak: Everyday Forms of Peasant Resistance* (New Haven, CT: Yale University Press, 1985).

12) 역자주: "다른 뺨을 돌려대는 것"이 흔히 오해되는 것처럼 약자가 저항하지 않고 비굴한 굴복을 계속하라는 것이 아니라 당시의 상황에서 약자의 존엄성을 지키는 적극적이며 비폭력적인 저항의 수단이었다는 새로운 해석에 대해서는 월터 윙크, 『사탄의 체제와 예수의 비폭력』(한성수 역, 한국기독교연구소, 2004), 278쪽 이하를 보라. 마태복음 5:38-42절에 나오는 말씀들에 대한 해석만 요약한 것이 월터 윙크의 『예수와 비폭력 저항: 제3의 길』(김준우 역, 한국기독교연구소, 2003)이다.

다양한 종류의 세금을 인습적으로 거둬들이는 것에 주목한다(17: 24-27). 관세(tolls)는 "공공구매와 판매"(요세푸스, *Ant.* 17.204)와 농업 생산물(*Ant.* 18.90)에 대한 세금, 로마에 바치는 세금(*War,* 2.118, 404), 그 밖의 세금들(*Ant.* 19.25)을 가리킨다. 국세(tribute)는 인구조사에서 평가된 개인 재산에 대한 세금을 가리킨다.[13)]

그렇지만 그 장면은 세 번째 세금, 즉 두 드라크마 세금과 특히 관계가 있다. 이 세금은 유대인 남성이 예루살렘 성전에 바치는 **성전세**로 종종 번역된다. 그러나 마태복음이 쓰여진 때인 기원후 70년 이후 시대에는 성전세가 다른 용도로 전환되었다. 기원후 70년 예루살렘의 패배와 성전 파괴 후, 로마는 거두어들인 성전세를 제멋대로 썼다(요세푸스, *War* 7.218; *Dio Cassius,* 65.7.2).[14)] 그것은 이제 그것을 납부하는 유대인들이 승리한 세력을 존중해야 하는 피정복 민족으로서 자신들을 확인시키는 일종의 징벌세(punitive tax)였다. 예전에는 예루살렘 성전에 바쳤던 세금을 승리한 로마와 플라비아누스 왕조 황제들의 수호신인 카피토리누스 언덕의 주피터 신전을 유지하는 데 사용한 로마의 행동은 유대인들의 일신론(一神論)에 대한 충성을 모욕했다.

어떤 세금이라도 바치는 것은 로마에 대한 충성과 복종이라는 상징적 가치를 지녔다. 세금 납부는 인간의 삶, 영토(육지와 바다

---

13) W. Bauer, W. F. Arndt, F.W. Gingrich, "κηνσος," in *A Greek-English Lexicon of the New Testament and Other Early Christian Literature* (Chicago and London: University of Chicago Press, 1979), 430; J. P. Louw and E. A. Nida, *Greek-English Lexicon of the New Testament.* Vol. 1 (New York: United Bible Societies, 1988), 578 참조.

14) Dio Cassius, 65.7.2. In *Dio's Roman History.* Vol. 8. LCL. Trans. Earnest Cary (Cambridge, MA, and London: Harvard University Press/William Heinemann), 1955.

모두), 그리고 자원들에 대한 로마의 주권을 인정하는 것이었다. 따라서 로마는 세금이나 조공을 바치기를 거부하는 것을 반란 행위로 간주했다. 수많은 사건에서 입증되듯이, 로마는 그러한 반란을 가혹하게 응징했다(요세푸스, *War* 2.403-4; *Ant.* 12.158-59; 타키투스, *Ann.* 3.40-41; 4.72-73; 6.41; *Hist.* 4.73-74).[15] 그렇다면 처벌을 피하기 위한 실용적 전략으로서, 마태복음의 예수가 이 장면에서 징벌세를 내는 사람일뿐만 아니라(17:25), 그의 추종자들도 그것을 내도록 옹호하는(17:27) 사람으로 등장하는 것은 놀랍지 않다.

그러나 엄청난 권력 차이가 존재하는 상황 속에 있는 사람들에 대한 연구들은, 강제된 복종이 자기 방어적인 도전 행위들에 의해 종종 제한되고 또 그런 행위들을 동반함을 보여준다. 억압적인 권력들보다는 피정복자들을 더 향하고 있는 이 계산되고 종종 감춰진 행동들은 복종의 한복판에서 존엄과 독립을 주장하는 숨겨진 대본(hidden transcript)으로 공개적인 대본(public transcript)과 겨룬다. 따라서 자기 방어적이고 실용적인 전략으로서, 예수는 "[우리가 성전세 걷는 사람들을] 자극하지 않도록" 세금 납부를 요구하면서도 세금의 중요한 의미를 새롭게 한다. 제자들은 로마의 주권이 아니라 하나님의 주권에 대한 증거로서 세금을 납부해야 한다.

세금을 하나님의 주권에 대한 증거로서 틀 짓는 핵심적 진술

---

15) Tacitus, *The Histories* 4.73-74. in *Tacitus*, Vol. 2. LCL. Trans. John Jackson. (Cambridge, MA, and London: Harvard University Press/ William Heinemann), 1956; and Tacitus, *The Annals*, 3.40-41; 4.72-73; 6.41; in *Tacitus* Vols 2-3. LCL. Trans. John Jackson (Cambridge, MA, and London: Harvard University Press/William Heinemann), 1956 참조.

은 베드로에게 바다 속에 낚싯줄을 던지라고 말하는 예수의 이상한 명령이다. 베드로는 그가 낚는 첫 번째 물고기의 입에서 세금을 납부할 동전 하나를 발견할 것이라고 예수는 말한다(17:27). 몇몇 관찰에서, 세금에 대한 예수의 재정의가 명확해진다.

첫째, 하나님의 임재(1:23)와 주권(4:17)을 표명하는 자로서의 마태복음의 예수의 역할을 감안하면, 입안에 동전이 있는 물고기를 잡는 것은 물고기와 바다에 대한 하나님의 주권뿐만 아니라 하나님의 공급을 가리킨다. 둘째, 마태복음의 청중이나 독자들이 하나님의 공급과 주권의 표현이 물고기와 관련된 마태복음의 이전 장면들을 회상할 때, 이 주장의 맥락이 분명해진다. 7:10에서, 생선을 달라는 아이의 요청에 뱀으로 응답하지 않는 부모의 시나리오는 "좋은 것들"(good things)에 대한 하나님의 더 큰 공급을 흘끗 보여준다. 하나님의 축복으로, 예수는 두 차례 몇 마리 물고기를 늘려 수천 명의 사람들을 먹인다(14:13-21; 15:32-39). 이 증식 행위들은 물고기에 대한 하나님과 예수의 주권을 보여주며, 이로써 하나님의 창조 행위를 생각나게 한다(창 1:20-23). 셋째, 물고기에 대한 하나님의 강력한 주권의 이 단언은, 황제가 땅뿐만 아니라 "바다의 통치자"로서도 불리고 묘사되는 로마 세계에서 매우 의미심장하다(Martial, "On the Spectacles", 28: Philostratus, *Apollonius,* 7.3; Juvenal, *Satire* 4.83-84).[16] 황제의 주권은 바다 속에 있는 것까

16) Martial, *On the Spectacles,* 28; in *Epigrams,* Vol. 1, LCL. Trans. Walter C. Ker (Cambridge, MA, and London: Harvard University Press/William Heinemann), 1961; Philostratus, *Life of Apollonius of Tyana,* 7.3. In *Philostratus,* Vol. 2, LCL. Trans. F. C. Conybeare (Cambridge, MA, and London: Harvard University Press/William Heinemann), 1969; Juvenal, *Satire* 4.83-84. In *Juvenal and Perseus,* LCL. Trans. G. G. Ramsay (Cambridge, MA, and London: Harvard

지 확대되었다. 그러므로 갈릴리 바다에서의 어업은 어민들에게의 계약 판매와 포획되고 가공되고 운송되는 것에 대한 세금을 통해 엄격히 규제되었다. 황제를 숭배하고 그를 주인으로 인정하기 위해, 황제의 권력이 새와 동물과 물고기에게 영향을 미친다는 이해가 일부 사람들 사이에 또한 존재했다. 마셜은 큰 원형 경기장 개관을 경축하여 쓴 "구경거리들에 관하여"(On the Spectacles)에 나오는 시들에서 살아 있는 피조물들에 대한 이 권력을 찬양하며, 『풍자시들』(*Epigrams*)에서는 도미티아누스 황제의 손을 핥고 싶어 하는 물고기를 언급한다(4.30.4-5; 또한 Juvenal, *Satire* 4.51-55).[17]

입안에 동전이 있는 물고기를 잡으라고 예수가 베드로에게 지시한 것은 세금을 재정의한다. 이 장면에서, 세금은 땅과 바다에 대한 로마의 주권을 인정하라는 로마의 요구뿐만 아니라 바다와 물고기를 포함하는 모든 피조물에 대한 하나님의 공급과 주권과도 관련된다. 세금이 납부될 때, 로마는 단지 고분고분한 납부만을 본다. 하지만 예수의 추종자들은 이제 로마의 통치 한복판에서 하늘과 땅에 대한 하나님의 목적들이 완전히 확립될 것이란 기대 속에, 예수에 의해 부분적으로 표출된 하나님의 탁월한 목적들에 대한 한 증언을 본다. 따라서 세금 납부는 "한 숨겨진 대본" 혹은 로마의 주장들에 대한 자기 방어적 도전과 함께 공적인 추종의 얼굴을 가지며, 이로써 반역적으로 하나님의 주권을 표현하고 민

University Press/William Heinemann), 1979.

17) Martial, *Epigrams,* 4.30.4-5. LCL. Trans. Walter C. Ker (Cambridge, MA, and London: Harvard University Press/William Heinemann), 1961; Juvenal, *Satire* 4.51-55. In *Juvenal and Perseus,* LCL. Trans. G. G. Ramsay (Cambridge, MA, and London: Harvard University Press/William Heinemann), 1979.

족들에 대한 하나님의 정의로운 제국의 확립을 예상한다.

바리새파 사람들과 헤롯 당원들이 "카이사르에게 바치는 세금"에 관해 예수에게 질문할 때, 세금 문제가 다시 등장한다(22:15-22).[18] 이 구절은 보통은 교회와 국가의 분리라는 관점에서 이해된다. 그러나 우리가 앞서 보았듯이, 신적으로 재가된 로마제국 속에서는 정치와 종교의 그런 분리가 없었다. 세금 납부는 기원후 1세기 후반의 예수 추종자들로 하여금 로마에 대한 충성과 복종을 표현하는 행동에 참여하도록 만드는 힘겨운 상황에 처하게 했다. 그러나 그것은 또한, 제국이 십자가에 처형했지만 하나님에 의해 부활했고 제국을 멸망시키고 하나님의 목적들을 확립하려고 곧 다시 올 예수에 대한 그들의 충성을 위태롭게 하는 것처럼 보였다. 그들은 이 곤혹스러운 상황을 어떻게 뚫고 나가야 했을까?

이 장면에서, 예수의 적수들은 카이사르에게 세금을 바치는 것이 옳은지 옳지 않은지 묻는다(22:17). 예수는 주도권을 쥐고서 세금 바치는 데 사용되는 동전을 보여 달라고 요구한다. 이것은 그가 황제의 모습이 담긴 동전을 가지고 다니지 않음을 가리키는 동시에, 바리새파 사람들과 헤롯 당원들은 가지고 다닌다는 것을 암시한다(22:19). 그런 다음, 그는 요컨대 "이 사람은 누구인가?"라고 동전에 그려진 모습에 관한 놀라운 질문을 한다. 동전들은 손바닥 크기의 광고 게시판이었다. 그것들은 정기적으로 제국의 인물들의 모습을 보여주었다. 이 동전은 신들의 대리인으로서의

18) W. Herzog, "OnStage and OffStage with Jesus of Nazareth: Public Transcripts, Hidden Transcripts, and Gospel texts," in *Hidden Transcripts and the Arts of Resistance*, ed. R. Horsley, *Semeia* 48 (Atlanta: Society of Biblical Literature, 2004), 41-60.

황제의 역할을 선언하며, 팍스 로마나(*Pax Romana*)의 하늘의 대응물인 평화의 여신 팍스(Pax)로서 왕위에 오른 티베리우스의 어머니 리비아(Livia)의 모습을 통해 신적으로 인가된 로마의 선물인 "평화"(peace)를 선언한다. 예수의 질문은 무례한 것인가, 아니면 단지 무식한 것인가? 그런 다음, 그는 유명한 선언을 한다: "카이사르의 것은 카이사르에게 주어라(혹은 더 낫게는, 돌려주어라). 그리고 하나님의 것은 하나님께 바쳐라"(22:21).

예수의 명령은 기껏해야 양면적이어서 그의 적수들이 놓았던 "양자택일"(either/or)의 덫을 피한다. 이 양면성은 피정복 집단들의 일반적인 이중적 자세, 즉 감추어지고 암호화된 불찬성의 표현을 가진 자기 방어적인 공개적 복종을 표현한다. 카이사르와 하나님에게 "주어라"(give) 혹은 더 낫게는 "돌려주어라"(pay back)라는 그의 명령은 두 절 사이의 관계 문제를 제기한다. 둘째 절은 첫째 절을 무효화하는가, 뒷받침하는가, 아니면 그 맥락을 밝히는가? 예수가 옹호하는 것은 대중 폭동인가, 순응인가, 아니면 위장된 비폭력적 불찬성인가? 그것은 우리가 이 구절을 어떻게 듣는가에 달려 있다. 얼핏 들으면, 예수는 똑같이 정당한 주장들을 단순히 인정한다. 하나님과 카이사르 둘 모두 공경을 받아야 한다고 주장한다.

그러나 마태복음의 맥락에서, 이 양면적 언어는 그 주장들이 동등하지 않은 게 아주 확실함을 암시한다. 앞서 예수는 하나님을 "하늘과 땅의 주인(Lord)"이라고 불렀는데(11:25), 이 구절은 "땅과 그 안에 있는 모든 것이 주님의 것입니다"(시 24:1)와 같은 주장들뿐만 아니라 창세기 1장의 이스라엘의 창조 이야기를 환기시킨다. 이 전통에서는 모든 것이 하나님에게 속하고, 로마에게 속한 것은 하나도 없다. 더군다나 동전에 담긴 제국의 이미지에 관한 예수의 질문은 하늘과 땅에 대한 주권이 자신에게 있다는 로마의 주장, 즉 자신의 신민들에게 강요한 과세를 통해 표현되고 세금 납부에서 인정되는 주장에 주목하게 한다. 마태복음의 시각에서, 하나님과 카이사르를 나란히 놓는 것은 로마가 하나님의 최고 주권의 질서를 위반하고 또 하나님의 심판 아래 있음을 암시한다 (22:20-21; 출 20:1-6; 신 8:5 참조).

예수의 추종자들은 무엇을 행해야 하는가? 아무것도 카이사르에게 속해 있지 않다면, 우리는 예수의 말을 세금 반란(tax revolt)을 부추기는 것으로 이해할 수 있다: 세금 납부를 거부하라. 그러나 그러한 행동에 대한 마태복음의 나머지의 침묵은 이 시나리오를 뒷받침하지 않는다. 오히려, 물고기 입안에 있는 동전으로 카이사르와 하나님 둘 모두에게 바치라는 그의 지시는, 세금은 내야 하지만 재구성된 중대한 의미를 가지고 그래야 함을 암시한다. 세금 납부에 공적으로 응하는 것과 감추어진 대본은 동일한 행동을 특징짓는다. 세금 납부에서, 그들은 로마의 선전이 주장하듯이 신들의 축복을 받은 로마의 영원한 질서와 주권을 상징하는 것을 "돌려주는"(give back) 것이 아니다. 그 대신, 그들은 어떤 심판이 뒤따를, 하나님의 질서에 대한 로마의 폭력적이고 악마적인 위반을 상징하는 것을 돌려준다(24:27-31). 로마에 관한 한, 그들의 행동은 공적인 승낙을 나타내는 것처럼 보인다. 그러나 "[내막을] 알고 있는" 제자들에게는, 세금 납부는 로마의 몰락을 예상하고 자신들의 대안적 충성을 표현하면서 또한 자신들의 삶을 안전하게 보호하는, 위장된 비폭력적 불찬성의 행동이다.

대안사회로서의 공동체적 삶

예수가 제자들에게 요구하는 생활방식은 서로 상부상조하는 공동체적 삶과 사회경제적 실천을 강력히 강조한다. 예컨대, 산상설교에서(마태 5-7장) 하나님의 축복과 하나님의 제국은 특별히 가난한 사람들을 기꺼이 받아들인다고 마태복음은 주장한다.[19] 세 번째 지복(至福)인 "마음이 온유한 사람은 복이 있다"(5:5)는 말씀은 시편 37편의 회복된 땅에 대한 되풀이된 약속을 암시한다. 이 시편에 묘사된 제국의 시나리오에서 힘 있는 부자들, 즉 "주님의 원수들"(20절)은 "악한 계획들을 행하고"(7절), "의로운 사람들을 모함하고"(12절), 가난하고 궁핍한 사람들을 "거꾸러뜨리고" 죽인다(14, 32절). 그러나 이 시편은 하나님이 사악한 부자들을 멸망시키실 것을 약속하며(9, 13, 20절), 또한 부자들이 마땅히 주어야 했는데도 주지 않았던 땅을 가난한 사람들이 차지하게 되리라고 말한다. 마찬가지로, 세 번째 지복은 마음이 온유한 자들이 하나님의 목적들의 종말론적 완성에서 생존의 기초인 땅을 받게 될 거라고 약속함으로써, 제국의 경제 질서를 뒤집어엎는다(마태 5:5).

예수의 추종자들의 경제적 실천들은 자비와 정의의 증거가 되어야 한다. 마태 6:1-18에서 예수는 자비의 행위들(자선, 금식)을 강력히 주장하지만, 공개적으로 드러내는 것을 경고한다. 그가 명하는 자비의 행위들은 로마제국 도시 지배층의 관행들과 뚜렷이

---

19) Warren Carter, "Power and Identities: The Contexts of Matthew's Sermon on the Mount", 그리고 "Embodying God's Empire in Communal Practices," in *Preaching the Sermon on the Mount: The World That It Imagines*, ed. David Fleer and Dave Bland (St. Louis: Chalice Press, 2007), 8-35.

대조된다. 제국의 도시들에서 지배층의 "명예욕"(love of honor, *philotimia*)과 "명성을 좋아함"(love of reputation, *philodoxa*)은, 남에게 의지하여 사는 사람들로 전락된 사회경제적으로 하층 사람들에게 이익을 분배하는 것과 관련되었다. 이와 대조적으로, 예수는 심지어 나날의 생존을 위해 몸부림치는 사람들 사이에서도 자선의 실천을 당연한 것으로 여긴다(6:2). 자선은 자비의 행위였는데, 인간의 상호작용 속에서 드러나야 하는 하나님의 제국의 한 근본적 특징이다(5:7; 마태 9:13과 12:7에서의 호세아 6:6 인용 참조). 자비의 행위들(6:2-4)은 거지들에게 주는 것, 그리고 상호성이 가능할 것 같지 않은 데서도 아낌없이 빌려주는 것을 포함했다(5:42). 예수는 또한 이사야 58:6-14에서 정의로운 삶을 사는 것과 음식 나눔에서 표현되는 자비를 포함하는 것으로 해석된 행동인 금식(6:16-18)을 옹호한다. 더 일반적으로, 마태복음의 예수는 그의 추종자들이 굶주리고 목마른 자들에게 먹을 것과 마실 것을 주고, 집 없는 사람들에게 집을 주고, 헐벗은 사람들을 입히고, 고통받는 사람들을 위로할 것을 기대한다(마태 25:31-46). 지배적인 제국의 형태들과는 판이하게 달랐던 제자들의 이러한 생활방식은 공동체 구성원들이 하나님의 정의는 충분히 안전하게 지켜줄 것이므로 물질(먹을 것, 마실 것, 옷)에 대한 걱정에서 벗어나게 하는 효과를 가졌다(6:19-34).

마태는 복음서의 모든 부분을 공동체의 사회-경제적 관계의 문제들에 집중한다(마태 18-20장). 부, 권력, 지위라는 제국의 가치들에 맞서, 마태복음의 예수는 낮은 지위의 사람들과 상처 입기 쉬운 어린아이들과 "작은 자들"(little ones) 같은 보통은 불명예스러운 사람들에게 중심을 둔 대안적 가치들과 실천들을 제시한다

(18:1-14; 19:13-15). 이러한 가르침은 몇 단계 더 나아가는데, 각각이 공동체적 삶의 중요한 측면에 몰두한다. 첫째, 마태복음의 예수는 공동체 자체 안에서의 내부적인 갈등을 다루는 절차를 제시한다(18:15-20). 이 점에서, 마태 공동체는 그들 자신의 분쟁을 해결하고 공식 법정의 불의와 착취를 피하는 대안 사회를 구현하려 애쓰는 다른 운동들과 유사했다(마태 5:25-26; 고전 5장; 그리고 쿰란의 공동체 규칙에 나오는 절차들 참조). 뒤따르는 비유는 이 대안 공동체를 위한 화해뿐 아니라 상호 용서의 중요성을 강조한다(18:21-35; 6:12의 주의 기도에서의 상호간 채무 탕감 참조).

둘째, 마태복음의 예수는 가정의 중심에 있는 결혼의 신성함을 주장한다. 고대 그리스와 로마에서, 노예를 둔 가부장제 가족은 기본적인 사회-경제적 형태였다. 아리스토텔레스는 이상적인 엘리트 가족을 가부장적이고 위계질서가 있는 것으로서 고전적으로 요약했다. 가족의 남성 우두머리는 아내와 자녀들, 노예들을 다스려야 했다. 이런 가족들이 제국의 질서의 바로 그 기초임을 알고 있었던 초대 황제 아우구스투스는 이 가부장적 "가족적 가치들"을 회복하는 운동을 펼쳤다. 마태복음의 예수는 보다 상호적 관계라는 이상적인 목표를 가지고 이 패턴에 도전한다. 남편과 아내는 "한 몸"(one flesh) 관계에 참여한다(19:3-12). 이 구조는 **황제**가 아니라 **하나님**이 아버지라는 것(23:9; 5:16, 45; 6:9), 예수는 유일한 주인이라는 것(23:10), 그리고 모든 제자들은 하나님의 자녀로서의 주변적이고 취약한 정체성을 가지고 있다는 것을 반영한다(5:9-45). 따라서 마태 공동체의 가족 안에서의 관계들은 제국의 지배층 이념과 날카롭게 대립한다.

셋째, 예수의 추종자들은 부와 지위의 착취적인 추구에 몰두해서는 안 되는데, 왜냐하면 그것은 불가피하게 남들에 대한 착취를 수반하기 때문이다(19:16-30). 한 남자가 "영생"(eternal life)에 관해 물을 때, 예수는 사회적 상호작용에 관한 계약 계명들 중의 다섯 가지를 지켰는지를 확인한 후, 네 이웃을 네 자신같이 사랑하라는 이스라엘의 전통적인 이념을 가지고 요약한다(출 20: 12-16; 레 19:18-19 참조). 이 계명들에 충실히 따랐다고 주장하고, 따라서 자신이 남들을 착취해온 방식들에 대해 깨닫지 못하고 있음을 드러내는 부자 젊은이에게 응답하여, 마태 19:22는 그가 재산이 많음을 주목하는데, 이것은 남의 물건을 몹시 탐내지도 않았고 이웃들로부터 도둑질하지도 않았다는 그의 주장을 부정한다. 예언자 전통에서 한 불변의 요소는, 부유한 사람들은 가난한 사람들을 착취했기 때문에 더 많이 가지고 있다는 것이다(사 10:1-3; 겔 22:6-31; 34:1-22; 암 5:10-12; Sir. 13:2-7, 17-19). 이 "부자"는 마태 공동체의 사람들에게 공동체의 경제 관계들의 한 부정적인 실례를 제시한다. 그는 하나님이 아니라 맘몬(mammon)을 섬긴다. 부가 그의 마음을 지배한다(6:24). 그는 하나님의 통치와 정의보다는 오히려 재물을 추구하는 "민족들"을 대표한다(6:33-34). 그의 "부에 대한 기쁨"(delight in riches, 13:22)이 "하나님의 제국(God's empire)의 말씀"을 질식시켰다(13:19).

이스라엘의 계약 전통에 기초해, 마태복음의 예수는 회개와 가난한 이들을 돌봄에 기초한 대안적 사회를 위한 경제적 관계들을 가르친다. 부자는 자신의 부를 처분하여 가난한 사람들 사이에서 분배해야 한다는 예수의 요구는 또한 보상과 정의의 한 실례이다. 희년(레 25장)처럼, 이 "해방"이나 "부채 탕감"(forgiveness)의 행동은 가난한 이들에게 속하는 것을 회복시키고 지배층의 과도한

축적에 반대할 것이다. 사회의 대부분을 차지하는 가난한 사람들을 이롭게 하는 이러한 행위들에 대한 예수의 옹호는, 지위욕(love of status, *philodoxia*)으로 동기가 부여되고 그들 자신의 이익을 추구하며 그리고 무가치한 가난한 사람들을 무시하거나 경멸하는 지배층의 관행들과 모순된다(예를 들어, 세네카, *Blessed Life* 24).[20] 예수의 대항문화 형성은 변화된 정체성, 사회적 지향, 그리고 경제 활동을 수반한다. 마태 공동체는 지배적인 제국의 질서의 관행들에 대한 대안을 구현해야 한다.

마지막으로, 예수의 추종자들은 "민족들의 통치자들"과 "그들의 위대한 사람들"이 남들의 "주인이 되고" "통치하는" 계급 구조적이고 압제적인 제국의 지배 행태와 극적으로 반대되는 권력을 구현해야 한다(20:25). 예수는 그의 추종자들이 이러한 행동과 구조를 모방하는 것을 금한다. 그 대신, 그들은 제국의 가장 낮고 천한 구성원인 종들의 주변성과 겸손을 모범으로 삼아야 한다. 그들은 예수를 본받아, 남들을 지배하는 것이 아니라 남들의 이익을 추구해야 한다(20:26-28; 23:11-12 참조).

예수는 이 대안적인 생활방식을 몇 가지 방식으로 요약한다. 하나는 이웃을 내 자신처럼 사랑하는 일(22:39; 7:12 참조), 그리고 하나님의 방식을 본받아(5:45-48) 우리의 원수를 사랑하는 일(5:44)에 집중한다. 또 다른 요약은, 정의나 올바름을 행하는 것에 중점이 있다(6:34). 로마의 불의의 한복판에서, 이 정의에 대한 헌신은 예수에 의해 해석된 대로의(5:17-48; 22:37-39) 율법의 관습들(안식

---

20) 예를 들어, Seneca, *Blessed Life*, 24. In *Seneca: Moral Essays*, Vol. 2, LCL. Trans. J. Basore (Cambridge, MA, and London: Harvard University Press/William Heinemann), 1932.

일, 정결 의식, 십일조, 맹세 등)을 준수하는 것을 뜻한다. 이 관습들은 예수가 하나님의 통치와 목적으로서 드러내는 대안적 사회질서에 기본이 되는 정의, 자비, 신실한 믿음을 실행한다.

결론

그렇다면 마태복음의 예수는 지배층이 다스리는 로마제국의 사회-정치적 질서를 뚫고 나아가는 다양한 전략을 추종자들에게 제시한다. 제국의 질서는 폭력적이고 압제적이며 심지어 악마적이다. 그것은 하나님의 심판 아래 있으므로 임박한 파멸에 직면해 있다. 한편, 제국의 질서 내부에서 하나님의 변혁적인 통치가 작동해, 추종자들을 대안적 세계관에로, 대안적 실천 속에 하나님의 통치를 구현하는 도전적인 사회-경제적 관계로 부른다. 그러나 마태는 하나님의 미래의 승리를 상상하면서 하나님이 제국의 방식들을 모방하는 것으로 묘사하는데, 노예제도 같은 현재 세계의 일부 측면들은 문제 삼지 않고 그냥 내버려둔다. 한편으로, 하나님의 제국이 로마제국을 정복할 때까지 예수의 추종자들은 폭력을 사용하면 안 되지만, 대안적인 사회적 실천들을 자기 방어적으로 추구하면서 제국의 통치에 복종하고 순응해야 한다.

제8장

사도행전

제국을 편드는 대본과 숨겨진 대본

브리짓 칼

초기 크리스천 운동과 로마의 통치 아래 비유대인들 사이에서의 그 운동의 팽창에 대한 누가의 생생한 묘사는 바울과 전체로서의 신약성서가 제국을 편드는 것으로 해석하는 기초적인 문서가 되었다. 사도행전에서 명확히 표현된 제국에 대한 순응은 사도행전 25:12에서 엿보듯이 누가로부터 3세기 후에 기독교 메시지가 마침내 카이사르의 옥좌에 도달하여 콘스탄티누스 황제가 개종함으로써 강화되었다. 오늘날까지도, 바울에 대한 지배적인 견해는 누가의 렌즈를 통해 온다. 따라서 사도행전은 신약성서, 특히 바울의 편지들에 대한 해석에서 로마제국에 보다 비판적일 사람들에게 주요 걸림돌로 남아 있다. 사도행전을 달리, 혹은 더 섬세하게 읽을 방법이 있는가? 사도행전은 뒤이은 역사에 대한 영향에서 더 복잡하고 애매한가?

누가복음의 후속편인 사도행전은 기독교의 기원의 표준적인 모습을 결정적으로 틀지었다. 사도행전은 예수의 죽음과 바울의 죽음 사이의 30년(대략 기원후 30-60년)에 걸쳐 기독교회로 발전한 그리스도 신자들의 운동이 최초로 형성된 역사를 담고 있는데, 성서의 권위를 누리게 되었다. 복음서들과 바울의 편지들은 신학적으로 더 중요시되어 왔다. 그러나 사도행전은 바울 해석을 위한 일종의 "독자 지침"(readers' guide), 그리고 지금까지 쓰여진 가장 영향력 있는 "바울의 삶"(life of Paul)이 되었다. 예수가 죽고 50년이 더 지난 후에, 또 바울의 선교보다 30년 뒤인 기원후 85-90년 사이에 기록된 사도행전은 신약성서 저작들 중에 단 한 군데에만 나오는 "크리스천"(christian)이라는 용어를 언급한 최초의 텍스트였다. 따라서 사도행전은 종종 인식되는 것보다 더 강하게 기독교의 정체성을 형성했다. 많은 규범적인 성서들 속에 포함된 지중해 세계 지도들에서 점선으로 표시된 바울의 "선교 여행들"은 사도행전의 이야기로부터 구성된 것이며 기독교인의 상상력에 지속적인 영향을 미쳤다. 사도행전은 불리한 형편에서 시작된 초기 기독교가 어떻게 자신의 "세계 선교"를 통해 로마제국을 정복했는지를 자랑하는 기초이다.

그러나 보다 비판적 관점에서, 여러 세대의 기독교인들이 충실히 행하려고 애써왔듯이 사도행전을 지침서로 삼고 "바울의 발자취를 따라 걷기"는 오히려 로마제국이 점차 초기 기독교를 정복한 발자취를 따르는 것처럼 보인다. 오랫동안 주목되어왔듯이, 누가의 두 번째 책은 변증론적(apologetic) 관심들과 정치적 순응을 보여준다. 예를 들어, 바울의 소위 "이방인 선교"에 대한 이야기는 로마제국 질서에 순응하는 바울의 모습을 제시한다. 그러나 사도행전이 시종일관 "로마를 편드는"(pro-Roman) 태도를 취하는 것은 아니다. 누가복음에서 가난한 사람들과 여자들을 강조하듯이, 오랜 세월 동안 사회정의를 지향하는 운동들을 고무시켜온 외견상 **혁명적** 진술들이 사도행전에서 돋보인다. 예컨대, 누가복음 1장의 마리아 찬가를 반영하면서, 사도행전 서두의 두 유명한 구절은 예루살렘에 있었던 예수 추종자들의 초창기 교회가 자신들의 자원을 공동기금으로 삼았다고 언급한다. 재산을 공동 소유하고 필요에 따라 물품을 분배함으로써(2:44-45; 4:32), 이 구절들은 가난을 제거하는 한 모델을 제공해왔다. 따라서 제국의 질서에 대한 누가의 태도에는 헷갈리게 하는 모호함이 존재하는 것처럼 보인다.

지난 몇 년 동안, 미국이 9/11 비극 이후에 세계 속에서 자신의 힘을 공격적으로 주장해왔기 때문에, 우리는 제국의 쟁점들에 관해 비판적으로 불편을 느끼게 되었다. 따라서 우리는 "제국을 비판하는" 렌즈를 통해 기독교의 기원에 대한 누가의 모호한 구성을 탐구할 것이다. 우리는 한편으로 누가의 역사의 실제 삶의 상황과 그의 이야기의 제약들, 다른 한편으로 순응과 저항이라는 그의 전략을 공정히 다루려 애쓸 것이다. 우리는 기원후 70년 로마에 의한 예루살렘과 성전 파괴에 뒤이은 제국 안에서의 사도행전의 역사적 맥락에서부터 시작하겠다. 그런 다음, 70년 이전의 그의 이야기의 주인공들, 즉 주로 바울의 이야기 세계(narrative world)와 조화시키려고 누가가 만들어내는 문학적 배경들 중의 일부를 간단히 살펴볼 것이다. 마지막으로, 우리는 누가의 "제국을 편드는 대본"(pro-imperial script)을 밝히는 것을 도와줄 해석 전략들을 숙고할 것이다.[1]

---

1) "숨겨진 대본"(Hidden Transcript)이라는 개념은 James C. Scott의 영향력 있는 책 *Domination and the Arts of Resistance: Hidden Transcripts*

정복된 예루살렘: 로마제국의 맥락에서의 사도행전

10년도 채 안 되는 기간 동안에, 로마는 불탔고 예루살렘은 황폐하게 되었으며, 카피톨리누스 언덕의 주피터 신전은 허물어졌고 시온산에 있는 야훼의 성전은 남김없이 무너졌다. 더욱이 두 왕조, 즉 굳건하게 확립되었던 로마 왕조와 또한 치열하게 싸웠던 유대 왕조가 역사에서 사라졌다. 이 사건들 사이의 일치는 돋보이지만, 정복자와 피정복자 사이의 결정적인 차이를 흐릿하게 한다.

율리우스 카이사르까지 거슬러 올라가며 로마를 공화국에서 제국으로 변형시킨 율리우스-클라우디우스 제국 왕조는 전쟁, 즉 갈리아(Gaul: 현재의 북부 이탈리아, 프랑스, 벨기에, 네덜란드, 스위스, 독일 등지의 고대 로마의 속령)와 유대에서의 전쟁의 소용돌이 속에 멸망했다. 네로는 로마에 대화재가 나고 4년 뒤인 기원후 68년 자살했다. 69년, 몇몇 자칭 황제들이 권력 다툼을 했다. 비텔리우스와 베스파시아누스 사이의 최후 결전에서, 주피터 신전은 모조리 불탔다. 그러나 베스파시아누스와 그의 아들 티투스는 로마에 새로운 제국 왕조를 설립하고 주피터 신전을 새로 지은 반면, 예루살렘을 멸망시키고 성전을 영원히 헐어버렸다. 기원후 115-117년과 132-135년 두 차례 더 일어난 유대인들의 반란에도 불구하고, 다윗의 새로 기름부름 받은(메시아) 아들, 그리고 유대인의 정치적 자율로의 복귀에 대한 모든 현실적인 희망은 로마 군대가 기원후 70년의 정복 후 남겨놓은 까맣게 타고 유혈이 낭자한 폐허 아래 영원히 사라졌다. 베스파시아누스, 티투스, 도미티아누스로 이어지는 플라비우스 왕조(69-96년)의 성공은 베스파시아누스와 아

(New Haven, CT: Yale University Press, 1990)에서 빌려왔다.

들 티투스가 건방진 유대인들에 대한 그들의 영광스러운 승리에서 얻은 화폐 자본과 상징 자본(symbolic capital: 사회학과 인류학에서, 명성, 위신, 인정 등에 기초하여 한 개인이 사용할 수 있는 자원)에 주로 기초했다.

당시는 주피터가 아닌 다른 신이 세계 선교에서 오이쿠메네(*oikoumene*), 즉 지구상에 사람이 살고 있는 지역들의 민족들에게로 뻗어나가기에는 불리한 때였다. 다윗 혈통의 메시아를 자칭하는 사람들이 온 세상 나라의 통치자로서 주님, 즉 하나님의 아들이라는 칭호를 놓고 카이사르와 경쟁하기에도 불리한 때였다. 특히 십자가에 처형된 메시아를 주님과 구세주로서 선포하기에는 부적절한 때였다. 십자가는 폭도들에 대한 로마의 잔인한 처형의 상징으로서 널리 인식되었다. 기원후 64년 로마 대화재 직후, 네로는 유대인들의 새롭고 사회의 상식에서 벗어난 운동의 구성원들을 방화범으로 지목했다. 그는 그들을 그의 정원들에서 십자가에 매달아 산 채로 불에 태우거나 사냥개들이 그들의 몸을 갈기갈기 찢게 했다. 이 공개적 구경거리에서 가장 세련된 잔인함으로 살해된 사람들을 군중들은 "크리스천들"(Christians)이라고 불렀는데, 타키투스에 따르면 그들은 "인류에 대한 증오심"으로 유명했다(*Ann.* 15.44).[2] 몇 년 뒤, 로마 군인들은 로마의 통치에 맞서 반란을 일으킨 유대 사람들과 갈릴리 사람들을 수백 개의 십자가에 처형했다. 그들 중에는 포위된 예루살렘 도시에서 도망쳐 나온 굶주린 도망자들도 있었다. 유대인 역사가 요세푸스에 따르면, 장기간 군사원정에 싫증난 로마 군인들은 힘없는 도망자들을 하루에 5백

2) Tacitus, *Annals* (3 vols.; Trans. John Jackson; LCL; Cambridge, MA: Harvard University Press, 1956).

명씩이나 온갖 종류의 괴상한 자세로 십자가에 매달아 처형하면서 즐겼다(*War* 5.446-51).[3)]

세상이 누구에게 속했는지에 관해 전혀 의심하지 않았기에, 기원후 70년의 로마는 그런 경우를 단호히 해결했다. 로마인들은 예루살렘을 파괴하고 수만 명을 죽인 후 생존자들을 노예로 팔았는데, 이것은 제국의 광산과 건축 프로젝트 노동, 혹은 [고대 로마의 원형극장 중앙에 있는] 투기장에서의 오락을 위해서였다. 붙잡힌 유대 사람들과 갈릴리 사람들은 남자와 여자, 아이들을 가리지 않고 제국의 노예 시장에 끌려가 팔렸다. 베스파시아누스 황제와 아들 티투스는 예루살렘 성전에서 가져온 전리품과 자칭 메시아인 시몬 바 기오라(Simon bar Giora)를 포함한 수천 명의 유대인 전쟁 포로를 로마의 거리들을 통과해 행진시키면서 자신들의 승리를 사치스럽게 경축했다(요세푸스, *War* 7.123-62). 이로부터 얼마 후, 유대인들에 대한 위대한 로마의 승리는 로마 광장 입구에 세워진 웅장한 티투스 개선문에서 기념비적인 것이 되었다. 오늘날 유명한 이 기념비는 경쟁적인 세상 권력보다는 라이벌 세계관에 대한 황제들의 승리를 선언했는데, 그 라이벌 세계관은 사람들이 하나님의 통치 아래 제국의 지배로부터 독립하여 살기 위해 자유롭게 되어야 한다는 세계관이었다.

베스파시아누스와 티투스는 반항하는 유대인들에 대한 승리의 전리품을 가지고 지금까지 알려진 가장 큰 원형 극장인 로마의

---

3) Josephus, *The Jewish War* (Josephus in 9 vols.; vol. 2; trans. H. St. J. Thackeray; LCL; Cambridge, MA: Harvard University Press, 1927); 이하에서는 *War*로 표기; Josephus, *Jewish Antiquities* (Josephus in 8 vols.; vol. 8; trans. Ralph Marcus and Allen Wikgren; LCL; Cambridge, MA: Harvard University Press, 1963).

콜로세움을 지었는데, 그곳에서는 오락을 위한 살육과 정복의 거대한 구경거리들이 연출되었다. 유대인 전쟁 포로들은 검투사, 사나운 야생 동물, 그리고 사형 선고를 받은 죄수들 사이에서 곡예사 역할을 해야 했다. 로마 시민종교의 매년의 달력에서 오랫동안 공휴일이었던 이 공개적인 경기들에서, 황제들은 제국의 "평화와 안전"을 붕괴시킨 로마 질서의 모든 원수들에게 죽음의 생방송을 특집으로 다루었다.[4)]

로마의 승리와 유대인들의 복종의 지속적인 상징적 재상영에는 유대인의 세금(*Fiscus Iudaicus*)도 들어 있었다. 70년 예루살렘 성전이 파괴되기 전, 팔레스타인뿐만 아니라 디아스포라에서도 반 세겔 혹은 두 드라크마 성전세를 유대인들에게서 징수했다. 이 세금은 카피톨리누스 언덕 위에 웅장한 주피터 신전을 재건하기 위해 다시 로마로 보내졌다. 제국 전역에 걸쳐, 유대인의 세금은 어떻게 주피터가 유대인들의 신을 정복했는지를 생생하게 보여주었다. 정복자들과 피정복자들이 모든 사람의 눈앞에 분명히 서 있었는데, 그들의 이름이 황금이나 피로 돌과 대리석에 쓰여졌거나, 아니면 역사에 대한 증거로서 고문당한 육체에 소인(消印)이 찍혔

4) 역자주: 로마의 원로원은 인간을 희생제물로 삼는 것을 범죄로 처벌하도록 하는 법을 이미 기원전 97년에 결정했지만, 고대의 전통은 쉽게 사라지지 않아서 하드리아누스 황제(기원후 76-138) 시대에도 인간 희생제물을 금지시키는 법을 통과시켰다. 그러나 타락한 코모두스 황제(기원후 161-192) 당시에도 신에게 인간을 제물로 바쳐 로마의 성스러운 질서를 지켰다. 특히 콜로세움에서는 경기가 열리는 날 오전에 야수들을 죽이고 오후에 검투사들의 경기가 벌어지는 사이 점심시간을 이용해 노예, 외국인 죄수를 십자가, 고문, 화형 등에 처했다. 기독교의 복음은 그 오랜 박해에도 불구하고 인간의 존엄성과 우주적인 가치를 통해 이처럼 잔혹한 이교 문화에 대항했다. David Bentley Hart, *Atheist Delusions* (New Haven, CT: Yale University Press, 2009), p. 120ff. 『그리스도의 평화혁명』 (2015)

다. 유대인들에 대한 로마의 위대한 승리와 예루살렘 성전 멸망은 한 새로운 시대의 시작을 특징지었다. 지금부터 계속해서, 로마의 지배는 경쟁자가 없을 것이다.

예루살렘에서 로마로, 사울에서 바울로: 누가의 문학적 배경

이 특출한 제국의 파노라마를 배경으로 하여 보면, 누가의 사도행전은 아슬아슬한 대담성의 한 기획(enterprise)이다. 사도행전에서 누가는 예수에 대한 그의 복음 이야기의 격정적인 속편을 대담하게 제시한다. 예수는 태어나면서부터 구세주, 주님, 하나님의 아들로 선언되었고(이 모든 칭호들은 카이사르가 자신에 대해 주장했던 것들이다), 그런 다음 그런 식의 이야기가 계속되는 것을 예방하려는 제국의 질서에 맞선 반역자로서 십자가에 처형되었다. 그러나 누가는 예수의 추종자들이 예수를 메시아/그리스도, 주님, 그리고 구세주로서 높이 들어 올려져 하나님 오른편에 앉아 계신다고 선언하게 했다(행전 1:3-11; 2:36; 5:31). 그들은 심지어 다윗의 자손이며 "아들"로서의 예수의 위엄 있는 자격을 대중 연설에서 공공연히 크게 선전했는데, 이것은 제국에 반대하는 진술로 받아들여졌을 것이다(행전 2:25-36; 13:22-23; 누가 1:32-33 참조). 그리고 예루살렘의 멸망이 모든 메시아적 이야기나 대항 나라(counterkingdom)의 끝이 아닌 것인 양, 누가는 십자가에 처형된 다윗 가문의 메시아/왕의 "나라/제국"(*basileia*)이 어떻게 유대인들뿐만 아니라 다른 피정복 민족들 사이에서 세계적 규모의 추종자들을 얻게 되었는지를 이야기한다(15:16-18 참조). 두 개의 커다란 동심원 속에 예루살렘에서 시작하여 계속해 예루살렘으로 돌아가는

"길"(way, *holos*)에서(행전 1-7장; 15장; 21장 참조), 그 운동은 로마제국의 동쪽 지역 너머 결국은 제국의 바로 중심까지 점진적으로 퍼져 간다. 마침내 누가는 그의 이야기의 주요 인물인 바울이 로마에 도달하게 하는데, 그곳에서 그는 "아무런 방해도 받지 않고" 하나님 나라를 설교하고 주 예수 그리스도에 관해 가르친다(28:31). 따라서 예루살렘부터 로마까지의 노정에서 그들이 딛는 발걸음과 동시에 한 집단의 사람들이라는 이중적 의미에서, 사도행전에서의 그 "길"은 "운동"(movement)으로서의 그리스도 신자들을 의미한다.

치안을 방해하는 선동적인 유대인들에 대한 로마의 승리를 기념하려고 티투스 개선문을 세운 도미티아누스 황제 아래에서, 예루살렘과 로마를 나란히 놓는 것은 바울의 선교 여행을 위한 단순한 지리적 배경을 제시하는 무죄한 것이라고는 거의 볼 수 없을 것이다. 오히려, 그것은 한 반역적인 왕의 십자가처형에서 갑자기 생겨난 운동이 그리도 극적으로 확장된 매우 격한 정치적 맥락을 환기시켰을 것이다. 기점으로서의 예루살렘과 목적지로서의 로마는, 지금은 악명 높은 패배한 폭동의 현장으로부터 의기양양한 제국의 수도까지 확대된 하나의 운동을 특징지었다.

누가는 이러한 이데올로기적 함축들을 감추려 하지 않는다. 신약성서의 책들 중에 사도행전은 로마제국의 구체적인 정치적 현실들과 관련해 단연 가장 명시적이다. 예를 들어, 로마(Rome)와 로마의(Roman)라는 용어들이 신약성서의 나머지에서는 네 번만 등장하는 것과 비교하여, 사도행전에는 16번이나 나온다. 카이사르를 가리키는 그리스어(*Kaisar*)가 누가복음/사도행전에는 17번 나오는 반면, 신약성서의 다른 본문들에서는 12번 나온다. 오직 사도행전만이 라틴어 아우구스투스에 해당하는 그리스어이며 제국의 칭호인 세바스토스(*Sebastos*, 25:21, 25), 혹은 원로원 속주(屬州)의 지방 총독을 가리키는 안수파토스(*anthupatos*) 같은 전문 용어를 언급한다(13:7; 18:12). 사도행전 11:26과 26:28에(다른 곳에서는 벧전 4:16에만) 나오는 그리스도인(Christian, *Christianos*)이라는 이름은 사실상 그리스어를 가장한 라틴어 용어이다. 가이사리인(*Caesarianus*) 혹은 헤로디아인(*Herodianus*)에서처럼, 라틴어에서 접미사 *-ianus*는 누군가에게 속하거나 들러붙는 것을 의미한다.

사도행전은 초기 기독교 운동 지도자들이 로마제국 질서의 관리들과 규칙적으로 상호 작용했음을 드러낸다. 이 만남의 대부분에서 주연을 담당하는 것은 사도행전의 주인공이라고 말할 수 있는 바울이다. 주변으로부터 중심, 즉 로마의 카이사르 궁정까지의 꾸준한 전진에서, 로마 속국의 장치인 수많은 단계와 제도들을 통과하면서 앞으로 나아가는 사도를 보여주는, 사도행전 후반부의 그의 선교 여행은 제국의 여행담과 거의 같아 보인다(행전 25:11-12). 그는 정치적으로 의미심장한 일련의 에피소드 속에서 계속 전진하는데, 이 에피소드들은 종종 이야기의 중요한 지점들에 배치되어 있다. 사도행전 13장에서 선교 계획의 처음에, 바울은 키프로스 지방 총독인 서기오 바울과 의도적으로 만난다. 사도행전 15장의 몹시 중요한 예루살렘 사도회의에 바로 뒤이어, 바울은 16장에서 로마 식민지인 빌립보에서 가진 간수와의 대화에서 죄수의 몸으로 일련의 연속된 이야기의 밑바닥까지 내려간다. 바로 뒤이어, 그는 제국에 반대하는 불법 선전 활동을 했다고 첫째로는 데살로니가에서 법정에 호출되며(17장), 그런 다음 고린도에서는 지방장관 갈리오 앞에 선다(18장). 19:31에서, 그는 에베소에서 고

위직 지방관리들과 우호적인 관계를 가진다. 그 다음 21:33에서 다시 예루살렘으로 돌아와서, 그는 로마 군대 지휘관(*chiliarchos*, 사도행전에는 17번 이상 나오지만 신약성서의 다른 곳에서는 4번만 나오는 용어)에 의해 병영 안으로 끌려 들어간다. 뒤이어, 사도행전 23-26장에서, 누가의 바울은 가이사랴에서 유대 지방의 로마 총독들인 벨릭스와 베스도를 만나며, 유대의 속국 왕인 헤롯 아그립바 2세와 그의 여동생이며 유대-로마 전쟁 동안 로마의 정복자인 티투스의 정부(情婦)가 된 베르니체와 치열한 언쟁을 벌인다.

이 모든 에피소드들은 그리스도 운동(Christ movement)의 잠재적으로 전복적인 성격을 중심으로 전개된다. 특히 바울의 선교 활동은 로마 질서와의 양립 가능성 때문에 면밀하게 조사를 받는다. 사도행전이 가능한 한 호의적인 그림을 그리려고 온갖 노력을 다하고 있다는 데는 의심이 없다. 로마 관리들은 바울이 로마의 통치에 전혀 위협이 아니라는 것을 여러 번 입증한다. 로마 당국 앞에, 특히 사도행전의 마지막 일곱 장에서 법정에 자주 선 바울 자신의 수많은 증언은 이것을 강력히 뒷받침한다. 바울은 카이사르에게 맞서는 아무런 죄도 짓지 않았다(25:8). 따라서 그는 완전한 확신을 갖고서 자신의 소송을 해결해 달라고 황제에게 간청할 수 있었다(25:11). 총독 베스도가 바울을 아우구스투스 황제(Lord Augustus, *kyrios Sebastos*, 25:25-26)에게 보낼 때, 그는 바울을 고소할 아무런 구실도 생각해낼 수 없었다. 로마제국 통치의 유대적(Jewish) 얼굴을 대표하는 아그립바 왕도 죄수인 바울과 긴 대화를 나눈 후에 죽음이나 투옥에 상당하는 아무런 고발도 발견할 수 없었다(26:31). 오히려 그는 바울이 너무 설득력 있어 자신이 막 개종하려 한다는 것을 발견한다(26:32). 결국, 카이사르의 포로로서 그의 로마 여행은 황제에 대한 자신의 간청으로 말미암은 단지 일종의 법적 절차처럼 보인다(26:32). 네로와의 만남은 최소한도 사도행전의 문학적 배경 속에서는 결코 이루어지지 않았지만, 예루살렘에서 스데반을 돌로 치는 것(7:58)부터 로마에 도착하기(28:14)까지 펼쳐지는 바울의 서사적 이야기를 뒤따르는 독자들이, 누가의 무대 커튼이 다소 갑작스럽게 28:31에서 닫힐 때 행운의 결과를 기대하는 것은 당연하다.

로마 권력에 대한 바울의 이 긍정적인 관계가 사도행전을 통틀어 바울의 여행들에 대한 묘사들을 형성한다. 로마의 빌립보에서, 보다 놀라운 에피소드들 중의 하나가 벌어진다. 여기에서 사도행전은 빌립보의 상태를 "식민지"(colony), 즉 그것의 원래 주인들로부터 몰수하여 로마 시민권의 특권을 누리는 퇴역 군인들과 이탈리아로부터의 이주자들에게 재분배한 속국의 땅의 로마의 한 거류지로서 명쾌하게 언급한다. 지리적으로 로마로부터 멀리 떨어져 있기는 하지만, 이주자들은 로마의 제도들을 자랑스럽게 모방했으며 로마의 이익을 보호했다. 바울과 실라가 이 로마의 환경에 들어설 때, 그들은 "로마에 반대하는"(anti-Roman) 활동으로 즉시 고발을 당한다(16:20-21). 로마의 법과 권위의 상징이 된, 막대기 다발 속에 도끼를 끼운 그 유명한 몽둥이(*fasces*)로 늘씬 두들겨 맞은 뒤, 그들은 체포된다. 간수는 그들을 확실히 감금하려고 온갖 종류의 조치를 취했지만, 하나님은 지진 속에서 그들을 석방한다. 그러나 그들은 도망가기는커녕, 다른 죄수들이 대량 탈출하지 못하게 한다. 예수운동이 로마의 안전 문제와 충돌하지 못하도록 대책을 강구하기 위해서는 아무런 감옥의 안전장치도 불필요하다. 이 두 "법을 지키는" 죄수들이 자신의 직장과 생명을 구했다는 간수의 안도감은 그를 개종으로 이끈다.

빌립보에서의 이 에피소드에서, 누가는 바울이 자신을 보호하기 위해 로마의 법을 주장할 권리가 있는 또 다른 이유를 끌어들인다: 그는 로마 시민이다(16:37). 나중에 예루살렘에서의 체포에 뒤이어 로마 군대의 심문을 받는 동안, 바울은 자신의 타고난 권리로서 주장하는 이 시민권 덕분에 고문을 면하고 점잖은 대우를 보장받는다(22:24-29).[5] 바로 뒤이어, 로마 군대는 심지어 죄수인 바울을 그의 동료 유대인들의 살인적인 음모로부터 보호하고 구하기 위해 적극적으로 개입한다—한밤중에 바울을 예루살렘으로부터 가이사랴까지 안전하게 데려가려고 사도행전 23:23에서는 천부장이 2백 명의 군인과 70명의 기병대와 2백 명의 창을 쓰는 군인을 무장시켜 소집한다. 극적인 난파와 뱀에게 물림으로 특징지어지는 로마로 가는 마지막 바다 여행에서, 배가 뒤집혀 죄수들이 탈출할지도 모른다고 군인들이 두려워할 때, 바울을 죽이기를 거부하는 것도 바로 또 다시 로마 군대의 한 장교이다(27:43). 누가의 바울은 그들 모두가 구조된 후에도 경비병들과 함께 충실히 머물러 있었다는 것은 지적할 필요가 거의 없다.

누가의 이야기에서 로마 관리들이 판단할 때, 제국의 질서와 바울의 양립 가능성은 그의 첫 선교에서 그의 이름이 아직 사울이었을 때의 한 중요한 만남으로 우리의 주의를 되돌려 놓는다(행전 13:1-12). 안디옥 교회로부터 권한을 위임받은 직후, 사울과 바나바는 키프러스의 총독 서기오 바울(Sergius Paulus)과 만난다. 한 경

---

5) 바울의 로마 시민권을 둘러싼 논쟁에 관해서는, John Clayton Lentz, *Luke's Portrait of Paul*, SNTSMS 77 (Cambridge: Cambridge University Press, 1993), 43-51 참조.

쟁적인 유대인 예언자이며 마술사인 바-예수(Bar-Jesus)를 일시적으로 눈멀게 하는 사울의 권능은 서기오 바울에게 깊은 인상을 준다. 그는 사울의 "주님에 관한 가르침"에 놀라서 [주님을] "믿는다"(13:12). 이 만남의 한복판에서, 무심코 스쳐 지나가는 발언으로 "또한 바울로서도 알려진 사울"(13:9)이라는 구절이 등장한다. 그리스어에서, 이 바울(*Paulos*)이라는 이름은 총독의 이름과 똑같다. 신약성서에서 가장 세련된 작가인 누가가 사울이 맨 처음으로 높은 계급의 로마인 개종자를 만드는 바로 이 순간에 이름의 변화를 언급하는 것은 우연의 일치가 아니다. 이름을 짓는 로마의 관행에 비추어 볼 때, 사도행전 13장에 묘사된 것과 같은 사회-정치 상황 속에서 이름의 변화는 로마 권력 대표자들에 대한 종속을 의미한다. 바울의 동시대인이며 반란군 장군을 자처했다가 유대인들에 대한 플라비아누스의 승리를 기록하는 역사가로 돌아선 플라비우스 요세푸스(Flavius Josephus)는 한 유명한 실례이다. 그는 플라비아누스 왕조의 이름을 그의 새로운 충성을 보증하는 표로 달고 다녔다. 소아시아에서, 로마 시민권을 부여받음으로써 로마 권력 구조에 포함된 속주의 지배층 가문들은 일반적으로 지방 총독이나 황제들의 이름을 채택했다.[6] 선교 여행들의 시작에서 사울의 이름이 바울로 바뀐다고 누가가 언급할 때, 그것은 신중한 문학적 전략으로 보인다: 로마 세계의 민족들에게로의 선교를 시작할 때, 바울은 최소한 상징적으로는 로마의 질서 속으로 **편입된다**.

---

6) 바울의 선교 여행에서 그 다음 기착지인 비시디아 안디옥(Pisidian Antioch)은 빌립보와 마찬가지로 군사 식민지였다. 우리가 비문들로부터 알고 있듯이, 서기오 바울의 가족은 넓은 지역의 땅을 소유했고 매우 영향력이 있었다. 더 자세한 내용을 알려면, Stephen Mitchell, *Anatolia,* vol. 2 (Oxford Clarendon Press, 1993), 6-8 참조.

이야기와 역사 사이에서: 과거를 "안전하게" 재발명하기

누가의 이야기에서, 카이사르와 바울의 만남은 긍정적인 결과를 얻는다. 그는 로마에서 "아무런 방해도 받지 않고"(28:31) 복음을 설교할 수 있다. 그러나 역사적 바울은 아마도 64년의 대화재에 뒤이은 네로의 기독교인 대량 학살 동안 로마에 의해 처형되었을 것이다. 가장 두드러진 것들 중의 하나이기는 하지만, 이것은 누가가 우리에게 말하는 것과 실제로 일어났음에 틀림없는 것 사이의 많은 엄밀한 불일치들 중의 하나일 뿐이다. 만일 우리가 바울의 "다마스커스"(Damascus) 체험과 예루살렘과 안디옥에서의 결과적인 사건들(행전 9-15장) 같은 일부 결정적으로 중요한 발전들에 대한 누가의 설명을 갈라디아 2장에서의 바울 자신의 보도들과 비교하면, 총체적 다수의 사실상 양립할 수 없는 모순이 드러난다. "허구"와 "사실," 즉 이야기와 역사 사이의 긴장은 사도행전에 대한 학문 연구에서 가장 지속적이고 미해결의 쟁점들 가운데 하나이다. 누가의 이야기는 어떻게 읽혀져야 하는가? 전통적으로, 사도행전은 바울의 생애를 포함하여 기원후 1세기 발전들의 역사적 재구성을 위해 중요한 자료들의 근원으로 사용되어왔다. 그러나 누가의 보도의 허구적인 문학적 특징들 역시 오랫동안 인식되어왔다. 보다 최근에는 사도행전이 아우구스투스 시대와 더불어 대규모로 시작된 로마제국의 역사와 공간(즉, 정복되고 식민지화된 영토들)의 지형 변화 틀 속에서 생산적으로 재검토되어 왔다.[7)]

---

7) 개론과 그 이상의 문헌으로는, Todd Penner and Caroline vander

우리는 이 쟁점을 다루기 위해 누가의 역사적 맥락을 다시 고찰할 필요가 있다. 역사는 보통 승리자들에 의해 기록된다. 세상을 통치하는 것은 군사적 승리 그 이상이 필요하다. 그것은 공간의 지형 변화, 그리고 피정복자들의 역사를 포함하여 또한 역사를 다시 쓰는 것을 필요로 한다. 역사의 격변하는 전환점은 기억과 공간의 변형을 필요로 한다. 도시와 거리들에 새 이름을 붙인다, 낡은 기념비들은 파괴되거나 새로운 머리(head)를 갖춘다, 형상들, 설화들, 인정을 받는 영웅들과 반대자들의 공개적인 전시가 달라진다. 사건들은 상이한 논리와 목적론으로 연결되어 새로운 빛 속에 나타난다. 과거에 관해 말하는 새로운 이야기들 속에서, 마침내 정체성과 궁극적으로는 역사 그 자체가 재발명될 때까지, 기억은 깊은 변형과 "철저한 세탁"(deep cleansing), 심지어 총체적 삭제를 경험한다. 이것이 베드로, 바울, 사도행전에 묘사된 그 밖의 등장인물들과 사건들에서 일어난 일인가? 그것은 예를 들어 누가의 바울이 "역사적 바울"과 몹시 다른 이유를, 그리고 이야기와 역사 사이의 복잡한 변증법이 누가의 두 번째 책에서 펼치는 것을 이해하기 위한 한 가지 모델을 제시할지도 모른다.

처음부터 누가는 자신이 행하고 있는 것에 관해 특이하게 명쾌하다. 누가복음과 사도행전에 걸쳐 있는 두 저작의 서문에서, 그는 다른 누군가가 지금까지 접근할 수 있었던 것보다 더 훌륭한 예수-사건들(Jesus-events)의 역사인 한 **새로운** 이야기를 만들어낼 것이라고 공손하면서도 자신 있게 말한다:

Stichele, "Script(ur)ing Gender in Acts," in *Mapping Gender in Ancient Religious Discourse*, ed. Penner and vander Stichele, Biblical Interpretation Series 84 (Leiden: E. J. Brill, 2007), 231-66 참조.

> "우리 가운데서 일어난 일들에 대하여 차례대로 이야기를 엮어내려고 손을 댄 사람이 많이 있었습니다. 그들은 이것을 처음부터 말씀의 목격자요 전파자가 된 이들이 우리에게 전하여 준 대로 엮어냈습니다. 그런데 존귀하신 데오빌로님, 나도 모든 것을 시초부터 정확하게 조사하여 보았으므로, 각하께 그것을 순서대로 써 드리는 것이 좋겠다고 생각하였습니다. 이리하여 각하께서 이미 배우신 일들이 확실한 사실(진리, the truth)임을 아시게 되기를 바라는 바입니다." (누가 1:1-4)

당시 유통되던 "많은" 다른 이야기들과는 달리, 누가는 그의 이야기가 사건들에 대한 참으로 믿을 만하고 포괄적인 설명이 되리라는 것을 강조한다. 그러나 그는 또한 자신의 역사적 개정이 하나의 결정적인 목표에 의해 인도된다는 것을 분명히 한다. 그의 의도된 독자인 "존귀하신 데오빌로 각하"의 "안전"(security)이 그것이다.

만일 우리가 누가 자신의 언어를 진지하게 생각한다면, 누가 1:3-4의 "안전"(*asfaleia*, 이것은 보통은 "진리"로 번역됨)과 "존귀하신"(most excellent, *kratiste*)이라는 두 용어는, 그가 겉으로 드러내고 싶어하는 역사적 "진리"(truth)가 역사가로서의 그의 일을 결정짓는 로마제국의 상황과 긴밀히 연결되어 있음을 분명히 암시한다는 것을 알 수 있다. 그 자신이 말하듯이, 누가는 "처음부터 모든 것"을 그의 "존귀하신" 후원자이며 독자인 데오빌로가 받아들일 수 있도록 (재)조사하고 (재)정리하고 다시 썼는데, 데오빌로는 사도행전 1:1의 서두에서 다시 등장할 것이다. 신약성서의 다른 곳에서 "존귀하신"으로 불리는 사람은 사도행전에서 바울을 심문하는 로마 총독 벨릭스와 베스도뿐이다(행전 23:26; 24:3; 26:25). 데오빌로가 누구였던지 간에, 누가는 애초부터 그의 총체적 기획을 바울을 심문한 이 고위직 로마 관리들의 서클과 연관지었다.

데오빌로는 누가가 보도하려고 하는 "사건들"과 관련해 "안전"(*asfaleia*)이 필요했다. 누가의 서문에서 클라이맥스를 이루는 용어인 '안전'(*asfaleia*)이라는 명사는 신앙의 안전을 위해서도 사용되는 반면(행전 2:36), 정치적 안전 조치들과 예수, 베드로, 바울과 관련된 안전 문제를 주로 가리킨다. 예를 들어 마가복음에서 유다는 예수가 체포된 후 그를 "안전하게"(securely) 감시하라고 대제사장들과 장로들에게 촉구한다(14:44). 마태복음에서 빌라도는 예수의 시신을 도둑맞아 그 운동이 지속되는 것을 방지하려면 예수의 무덤에 대한 군인들의 "안전한"(secure) 감시가 참으로 필요하다는 것에 대제사장들과 의견이 일치한다(27:64-66). 사도행전에서 그 용어는 거의 대부분 "안전하게 자물쇠를 채운" 감옥과 죄수들(즉 베드로와 바울, 5:23; 16:23-24), 혹은 바울의 논쟁적인 선교와 관련해 로마 관리들에 의한 "안전한"(secure) 정보 수집을 가리킨다(21:34; 22:30; 25:26). 따라서 사도행전에서 "안전"과 "존귀하신"이라는 두 용어는 정치적 안전에 대한 로마 관리들의 관심 속에 서로 교차한다. 바울이 데살로니가인들에게 "평화와 안전"이라는 구호에 유혹되지 말라고 간곡히 권고하는 데서 암시되듯이(살전 5:3), 안전은 로마제국의 선전의 중심에 있었다. 즉 누가복음 서문(1:1-4)과 간접적으로 사도행전 서문에서, 누가는 자신이 로마 권력의 틀 안에서 그리스도 이야기(역사)에 대한 "안전한 설명"을 제시할 거라고 선언하는 것이다.

제국의 배경을 설정할 때에 누가의 솔직함과 처음부터 그의 작품의 투명성에 대한 요구들은 가장 큰 도움이 된다. 그것은 그를 중립적이며 **객관적인** 역사가 같은 존재로 인식하지 말라고 우리에게 경고한다. 그러나 그는 단순히 소설가나 경건한 종교 작가도 아니다. 오히려 우리는 그가 특히 유대인의 역사와 유산에 깊이 뿌리박은 운동들과 관련해, 안전에 대한 특별한 관심이라는 기원후 70년 이후 로마제국의 상황이라는 한계 속에서, 초기 예수운동의 역사와 바울의 역사를 다시 쓰고 있는 것으로 이해해야 한다. 몇 가지 점에서 그는 동시대인이었던 플라비우스 요세푸스와 다르지 않은데, 요세푸스는 로마인들이 갈릴리와 유대 지방을 재정복하는 동안 그들에게 항복했으며, 뒤이어 자신의 관점에서 유대 민족의 역사와 로마에 대한 그들의 비극적인 반란의 역사를 다시 썼다. 그렇다면 누가는 제국을 편드는 방향으로 역사적 사실들을 뒤섞고 "조정하는"것 말고는 달리 행한 게 없는가? 그는 사실상 카이사르의 제국과 하나님의 나라 사이의 평화로운 공존이나 심지어 공모를 위해 성서의 권위를 제공했을 뿐인가? 그의 의제는 더 복잡하다.

순응과 저항 사이: 타협의 해석학과 음모의 해석학

현재 지배적인 질서의 검열 아래 과거를 다시 제시하고 다시 쓰는 과정은 승리자들과 패배자들의 관점에 따라 상이한 것처럼 보인다. 성서와 특히 누가의 "역사 기술"(historiography)이라는 우리의 주제와 관련해 가장 적절한 질문은, 어떻게 피정복자들이 자신들의 역사를 이야기할 때 위로부터의 역사 개작에 순응하고 동시에 저항했는가 하는 것이다. 패배자들에게 새로운 정치 체제는 불가피하게 그들이 자신들에 관해 말하고 또 주인들에게 "안전하게" 말하도록 제약된, 새로운 언어와 새로운 이야기 노선을 의미한다. 그러나 이 변화는 또한 자신들에게 중요한 이야기들, 심지어 예수와 바울의 이야기 같은 매우 "불안전한" 이야기들을 보존할 기회를 준다. 그 이야기들의 거친 가장자리가 매끄럽게 다듬어지고 또 위험한 핵심이 억제되고 감춰지는 것과 동시에, 그것들의 변혁적이고 반항적인 잠재력은 보호되고 보존될지도 모른다. 이것은 순응과 저항의 분명한 양자택일이 제시하는 것보다 훨씬 더 복잡한 과정이다. 누가의 다시 씌어진 역사의 복잡함을 밝히기 위해, 우리는 역사적 타협의 해석학(a hermeneutics of historical compromise)과 음모의 해석학(a hermeneutics of conspiracy), 이 둘 모두를 행할 필요가 있다.

지배자들은 안전을 추구하는 반면, 제국에 종속된 사람들은 그저 살아남으려고 애써야 한다. 기원후 70년 잔인한 로마의 재정복은 생존을 일반 유대인들에게는 예민한 쟁점으로, 예수 추종자들의 갓 깃털이 난 운동에게는 훨씬 더 소중한 쟁점으로 만들었다. **로마가 갈릴리와 유대, 예루살렘을 폐허로 만든 후, 4복음서 모두 예수의 선교 이야기의 외상 후 재상상(posttraumatic reimagination) 비슷한 것을 시도했다.** 그러나 오직 누가만이 예수 이야기를 그리스도 운동의 이야기와 가장 눈에 띄게는 바울의 이야기 속으로 확장하는 색다른 과업을 떠맡았다. 이것은 이야기를 정치적으로 모험적인 60년대와 유대전쟁의 종결, 즉 매우 위험한 시간 속으로 가져오기 때문에 더욱 어려웠다. 심각한 문제가 생기기 전에 그들의 이야기가 끝나게 함으로써, 누가는 이야기의 주인공들의 "행적들"(acts)과 아주 관계를 끊는다.

누가는 나사렛 예수의 죽음에 앞서고 또 그 이후의 사건들에 대해 제국을 편드는 대본(pro-imperial script)이라고 부를 수 있는 것을 창작했다. 그러나 누가는 십자가 처형으로 영원히 침묵 속에 묻히게 되었고 또한 로마의 승리 이후 거의 "말을 잃어버리게"(speechless) 되었던 이야기를 또한 정정했고 형태를 고쳐 다시 말했고, 따라서 영속시켰다. 이것은 **대안적인 나라의 이야기**, 즉 골고다에서 로마 총독이 그 대안적 나라의 왕을 십자가에 처형했어도 기적적으로 살아남았으며, 그 수도인 예루살렘을 로마 황제가 모두 불태웠을 때에도 멸망할 수 없었던 대안적이며 세계적인 나라의 이야기였다. 왜냐하면 그 대안적 나라는 곧 로마 세계 전역으로 퍼졌기 때문이었다. 어느 편인가 하면, 70년 이후에는 이 대안적 나라의 이야기를 말하는 것이 불가능했다. 그러나 누가는 그것을 용케도 "안전하게" 말했다. 우리는 사도행전을 목소리 훈련(voice training), 즉 저항할 수 없는 로마의 무력에 의해 그 단어들(words)이 제거된 이야기를 위한 연설 연습으로 간주할 수 있다. **이런 점에서, 누가의 저작은 일체의 명백한 저항이 자살적인 것이 되는 환경 속에서 저항적 생존**(resistant survival)**의 행동이다.**

더욱이 누가가 예수 이야기를 로마의 안전 문제에 고분고분 따르는 "안전한" 언어로 번역하려고 아무리 애썼다고 해도, 그 자료 자체는 제국의 재해석에 오히려 저항적인 것으로 판명되었다. 거듭해서 제국의 대본의 표면 아래 반쯤 감추어진 하나의 상이한 이야기 대본이 종종 "반대자들"을 통해 발설되면서 등장한다. 카이사르가 아니라 하나님이 세상을 통치한다는 것, 황제는 하나님이 아니라는 것, 그리고 십자가에 처형하는 사람보다는 오히려 십자가에 처형된 한 반역자가 "신의 아들"이라는 것, 이 모든 것은 제국에 대한 일체의 순응을 완강히 거부하는 결정적으로 중요한 점들이다. "존귀하신" 사람들의 세계에 안전을 염두에 두고 말을 거는 누가는 "밑으로부터의"(from below) 그리고 "배후"(behind)로부터의 그 자신의 이야기에 의해 영구히 반대로 읽힌다.

누가에 맞서 누가 읽기

사도행전 1장에서의 예수의 승천에 대한 누가의 드라마틱한 묘사와 사도행전 2:1-13에서의 그의 나라의 세계적인 규모를 나타내는 민족들의 목록은 이 점을 예증할 것이다. 그것들은 제국의 통치와 [정치적] 선전의 핵심 요소들을 로마제국을 몹시 당황하게 하는 방식으로 흉내내고 있기 때문에, 둘 모두 정치적으로 무해한 것이 결코 아니다. 그의 죽음 후, 한 성공적인 황제(아우구스투스 황제)는 원로원 결의에 의해 신들 사이에서 신이 되어 세계 통치를 다시 시작하기 위해 하늘로 승천했는데, 이제는 지상의 삶에서 이미 표출된 그의 신성의 온전한 힘을 가지고 있다고 선언되었다. 베스파시아누스는 임종 때에 "아, 나는 신이 되고 있다"고 외쳤다고 전해지는데, 이것은 다소 비꼬는 것인지는 몰라도 이 이데올로기의 한 생생한 표출이다(Suetonius, *Vespasian* 23.4).[8] 티투스 개선문 꼭대기의 한 벽판에는 독수리 등에 올라타고 하늘로 올라가는 티투스 황제가 표현되어 있는데, 이것은 승리를 과시하고 예루살렘에서 가져온 전리품을 한껏 치켜세우는 모습이다. 사도행전

8) Suetonius, "The Divine Vespasian," bk. 8 in *Lives of the Caesars* (trans. J. C. Rolfe; LCL; Cambridge, MA: Harvard University Press, 1914).

1:6-11에 나오는 예루살렘에서의 예수의 승천에 대한 누가의 놀라운 장면은 신약성서의 다른 곳에는 이처럼 묘사된 것이 없는데, 제국의 이미지들을 모방할 뿐만 아니라, 이스라엘 나라/제국(*basileia*)의 회복과 "땅 끝까지"(1:8) 메시아의 세계적 확장이라는 체제전복적인 문제와 명백히 연결되어 있다.

외국 영토들과 민족들에 대한 지배는 로마제국의 실천의 핵심에 있었는데, 제국의 정치적 선전에서 널리 표현되었다. 예를 들어, 정복된 장소들과 민족들의 목록이 소아시아의 아프로디시아스(Aphrodisias) 신전에서, 또한 무려 55개의 피지배 민족들의 정복을 포함하여 자신이 성취한 위대한 업적에 대한 "신적인 아우구스투스의 업적(*Res Gestae Divi Augusti*)"이라는 기념비적 비문들 속에 등장한다. 사도행전 2:1-13에서 오순절 사건의 세상을 통일시키는 말의 권능으로 통합된 15개 나라들에 관한 누가의 이야기는 최소한 부분적으로는 이런 배경을 감안해야 이해할 수 있을 것이다. 지리적 관점에서 사도행전은 제국에 대항하는 두 개의 움직임, 즉 땅으로부터 하늘로, 그리고 (로마가 아니라) 예루살렘으로부터 "땅 끝까지"로의 의도적인 과시로 시작된다. 따라서 로마를 중심으로부터 주변부로 다시 자리매김하고, 이로써 **오이쿠메네**에 대한 로마의 지배력을 철저히 전복시키면서 제국의 역학을 뒤집어엎는다.[9)]

예수가 하늘에 오르고 또 그곳으로부터 다시 올 것을 예수의

---

9) 사도행전 1-2장의 로마제국의 상황과 전체로서의 사도행전의 "저항적" 해석에 대한 강력한 지지에 관한 더 많은 배경을 위해서는, Gary Gilbert, "Roman Propaganda and Christian Identity," in *Contextualizing Acts: Lukan Narrative and Greco-Roman Discourse*, ed. Todd C. Penner and Caroline vander Stichele (Leiden: E. J. Brill, 2004), 233-56 참조.

추종자들이 알게 함으로써(행전 1:11), 누가는 그의 이야기의 처음부터 **하늘의 영역**을 실제적인 권력 중심으로서 견고히 자리잡게 만들어 그곳에서부터 그 뒤의 모든 지상의 사건들의 경로에 대한 결정적인 개입들이 이루어지는 것으로 만든다. **하늘의 음성과 환상들**이 사도행전 9장과 10장에서 비유대인 민족들의 세계적 통합을 향해 결정적으로 중요한 변화를 이끄는 것으로 보인다. 그러나 누가는 그의 하늘이 이스라엘의 하나님과 그분의 신적인 아들이 일종의 평화로운 공존 속에 주피터와 신적인 베스파시아누스와 권력을 공유하는 곳이 **아니라는 것**에 대해 전혀 의심의 그림자를 남기지 않는다. 세상과 나라들을 통치하는 신적인 권력은 섭정(攝政) 메시아인 예수와 함께 이스라엘의 하나님이다. 로마의 관점에서, 이것은 전적으로 신성 모독, 치안을 방해하는 선동, 염세이다. 그것은 민족들에 대한 통치와 "평화와 안정"의 세계 질서 유지를 로마에게 위임한 신들에 대한 명백한 반항이다. 누가가 로마 질서와 어떤 타협을 하든지 간에, 그는 제국의 종교와 공적인 선전에서 경축된 카이사르의 신적인 지위를 인정하는 데는 결코 가까이 가지 않는다.

제국의 선전에 대한 애매한 관계라는 관점에서, 바울은 선교여행의 숱한 시련의 장면들을 비교적 성공적으로 뚫고 나가지만, 그의 다양한 연설에서, 또한 그 밖의 그 "길"(way)에 대한 모든 대변인들도 로마의 평화를 결코 찬양하지 않음은 주목할 가치가 있다. 사도행전 24:2-3에서 바울의 적수인 더둘로가 입증하듯이, 속주(屬州)들과 로마 권력의 대리인들 사이의 언쟁에서 팍스 로마나는 필수적인 것으로 여겨졌을 것이다. 신적인 권력과 로마의 권력 둘 모두의 간섭 덕분에, 바울은 마침내 로마에 안전하게 도달하여 "아무런 방해도 받지 않고"(행전 28:31) 그곳에서 설교할 수 있었다는 것은 맞다. 그러나 예수 추종자들의 공동체들에게 사도행전 끝에 있는 이 표현은 누가 1:4에서 약속된 "안전"(security)의 한 어색한 성취이다. 그것은 로마 당국 편에서의 완전한 인정과 승인과는 전혀 다른 다소 불충분한 관용의 지위인데, 특히 한 군인이 바울의 문을 내내 안전하게 지키고 있다고 누가가 언급하는 점에서 그렇다. 바울은 마지막까지 로마의 죄수로 남아 있었다. 누가가 아마도 보도하고 싶었을 정도로, 이 지점에서 역사적 "사실들"은 허구적인 각색에 분명히 저항했다.

이것은 누가의 이야기(역사)가 위로부터와 아래로부터 얼마나 다르게 들렸을 것인가 하는 문제를 제기한다. 사도행전은 기독교 운동의 출현을 위한 일종의 "안전 보증서"(safety certificate) 역할을 하는 것이 분명하다. 사도행전은 그 "길"(way)을 옹호하는 공식적 관리들의 증언들과 권고의 편지들을 온갖 종류의 로마 권력자들에게 제시한다. 그러나 그 운동 자체의 구성원들, 즉 바울이 결국은 로마에서 아무런 방해를 받지 않고 일했던 것은 **아니고** 오히려 희생양들 중의 하나로 처형되었음을 매우 잘 알고 있었던 사람들은 무엇을 들었을 것인가? 네로는 그 자신이 로마에 불을 질렀다는 끈질긴 소문을 침묵시킬 필요가 있었나? 그들 내부의 관점과 실천, 논쟁은 사도행전의 전체적인 그림에서 대부분 빠져 있는데, 이 그림은 특히 그 이야기가 최초의 예루살렘 공동체의 시작 단계를 넘어 전해진 후에는 강하게 외부 지향적이다(행전 1-7장). 누가는 그들을 보호할 작정인가? 권력자들과의 갈등에 사로잡혔을 때, 교묘히 자신들의 입장을 주장하면서도 희망적으로 살아남을 수 있는 방법에 관하여 그들은 어떤 소중한 충고를 받아들이고 있는 것인가? 바울은 가장 위험한 상황에서도, 비록 자신이 결국은 그런 상황에 사로잡힌다고 할지라도, 극복할 방법을 알고 있는 한 요술쟁이 영웅의 역할 모델로서 제시되는가?

누가와 함께, 그리고 누가에 맞서 바울 읽기

바울은 누가가 예수의 십자가처형과 유대-로마 전쟁 사이의 30년의 사건들을 다시 쓸 때 직면하고 있는 "안전" 문제들의 중심에 서 있는 것처럼 보인다. 누가의 이야기 속의 그 밖의 어느 한 주제도 다양한 민족들 사이에서의 바울의 메시아적 선교가 로마의 통치라는 관점에서 "안전한" 것이었다는 누가의 지속적 단언만큼 많은 주목을 받지는 않는다. 바울 서신들의 해석의 대부분이 그러했듯이, 로마서 13:1-7을 일체의 권위에 대한 복종이라는 사도 시대를 초월한 정치적 선언으로 받아들이면서, 우리는 이것을 바울이 로마 질서에 순응하여 시종일관 말하고 행동한 증거로서 해석할지도 모른다. 그러나 바울의 선교는 참으로 체제전복적인 것이었으므로, 누가는 바울을 아무런 "안전 위험"(security risk)도 제기하지 않는 것으로 묘사하는 데 아주 많은 노력을 들여야만 하는 게 아닌가 하고 생각하지 않을 수 없다.

그러나 누가가 바울 자신의 프로그램의 어떤 측면들을 생략하고 또 첨가한 것은 유대인 반란(Judean Revolt)에 대한 로마의 승리에 뒤따르는 적대적인 로마제국의 분위기 속에서 살아남으려고 몸부림치는 기독교 운동에서 문제 있는 것으로 판명된 쟁점들이 무엇이었는지에 대한 훌륭한 암시일 것이다. 바울과 동료들이 다양한 도시와 마을에 세운 교회들과 바울이 편지를 주고받았다는 사실을 누가는 감춘다. 또한 누가는 그의 이야기에서 바울이 전도 여행을 하면서 각 도시들을 통과할 때 바울의 편지들이 다루었던, 갈라디아, 빌립보, 데살로니가, 고린도, 혹은 로마에서의 구체적 쟁점들을 언급하지도 않는다. 바울의 이력에 나오는 이 분쟁 지점들 속에는 은폐될 필요가 있는 무엇이 있었던가? 그것은 십자가에서 처형된 그리스도와 고양된(exalted) 주님, 즉 고린도전서 15:24-28에서 그 나라(the kingdom)를 하나님께 넘겨줌을 예상하면서 모든 통치자와 권위를 복종시키느라 바쁜 주님에 대한 그의 강조였던가? 빌립보서 3:19-21에서, 그 운동 자체의 대안적 "정치"나 "헌법"(constitution), 혹은 그들 자신의 구세주가 이제 막 실행하려고 하는 천국 "시민권"에 대한 그의 잠깐의 언급이었나? 데살로니가전서 5:1-11에서, "평화와 안정"이라는 겉치레의 로마 이데올로기에 대한 그의 혹평이었나? 우리가 바울의 편지들에 비추어 알고 있는 누가의 첨가물들 중에, (앞서 논의했듯이, 행전 13:9에서 암시된) 바울의 이름의 로마 혈통과 로마 시민권(16:37; 22:25)—이 둘 모두 바울 자신은 언급한 적이 없는데—은 로마제국 세계 속에서 바울이 세운 운동에 안전을 제공하는 데 도움을 주었을 것이다.

누가가 바울의 모금을 은폐한 것은 특히 중요할지 모른다. 예루살렘의 가난한 성도들을 위한 모금은 바울 자신의 의제에서 아주 높은 우선순위였다. 누가가 이 모금을 생략한 것은 부분적으로는 바울 자신이 분명히 말했던 목적, 즉 비이스라엘 민족들과 이스라엘 민족 사이의 연대성의 "물질화"(materialization)를 성취하려는 계획이 실패했기 때문일지도 모른다(롬 15:25-28 참조). 그러나 그것은 "유대인의 세금"으로 특징지어진 정치적 풍경 속에서 언급하기에는 너무 민감한 주제였을 것이 거의 확실하다. 폭동을 일

삼는 한 유대인 도시(예루살렘)의 불명예스럽고 비천하고 가난한 사람들에게 자원을 균일하게 보내는 것은 제국의 중심으로 보내는 로마의 자원 징발과 정반대였는데, 특히 비유대인들로부터 온 그 기부금은 예루살렘으로 보낸 대체 세금(alternative tax)을 닮았다는 의심을 더욱 불러일으켰을 것이다. 피정복 민족들로부터 로마로 보내진 세금과 조공은 로마의 통치와 관련된 모든 것이었다. 더군다나 예루살렘이 파괴된 후, (더 이상 시온산에 있는 유대인의 신이 아니라) 오직 카피톨리누스 언덕의 주피터만이 기금을 모을 권한이 있었다.

사도행전에서 주로 은폐된 바울 이야기의 또 다른 결정적으로 중요한 부분은 여성들의 참여이다. 오직 최근에 이르러서야, 우리는 로마제국의 권력 관계들의 밑바탕에 얼마나 많은 성차별이 있었는지 인식하게 되었다. 노예를 두고 가장(*pater familias*)이 이끄는 가부장제 가족은 제국 질서의 기본적인 초석이었다. 초대 황제 아우구스투스가 처음으로 취한 조치들 중 하나는 가부장제 "가족적 가치들"(family values)의 회복을 이제 공식적으로 확립된 제국의 질서의 기초로 삼는 것이었다. 사도행전을 그 제국의 맥락 속에서 연구하는 것은 성적으로 매우 민감한 주제이다.[10] 타민족들에 대한 로마제국의 지배는 제국의 선전 속에 생생히 표현되었듯이 남자다움, 그리고 남성에 의한 여성 종속과 본래부터 연결되어 있었다. 만일 가장 이른 교회 역사에 대한 누가의 "안전한" 설명이 여성의 동등한 참여와 지도력 같은 일체의 것을 잘 처리할 수 있다면, 그것은 놀라울 것이다. 누가복음 서두의 에피소드들이 이야기

10) 주 6, 11, 12에서 인용된 논문들 참조.

를 통해 돋보이는 역할을 하는 마리아와 엘리사벳을 주연으로 삼는 반면, 사도들의 "행적들"(acts)과 사도행전의 등장인물들은 거의 배타적으로 남성적이다. 사도행전 1장에서 재구성된 열두 사도는 모두 남자들이다. 기독교 운동 내부에서의 협상과 로마 관리들과의 결정적 협상들은 그 무슨 여성이 존재할 여지를 하나도 남겨두지 않는다. 또한 사도행전의 모든 연설은 남자들이 행한다.

사도행전 16장에 나오는 두아디라 출신의 자주색 옷감 장수 루디아는 로마의 빌립보에서 자신들의 생계를 위해 협력했을 여성들의 메시아적 공동체였을 한 가정 교회의 우두머리임이 분명한데, 그녀는 주목할 만한 예외를 대표한다.[11] 하지만 전체적으로 누가는 기독교 운동의 초기 역사부터 여성들을 기록했다. 다시금 사도행전에서의 여성들의 침묵과 부재에 반하여 누가복음 1장의 마리아 찬가를 인용하면서, 우리는 누가에 맞서는 누가(Luke against Luke)를 읽을 수 있다.[12] 우리는 또한 누가에 맞서 바울을 읽을 수도 있는데, 로마서 16:1-16이 가장 돋보인다. 바울은 사도행전 18장 2절과 8절(롬 16:3-5 참조)에서 브리스길라에 대한 쓸쓸한 언급이 암시하는 것보다도 더 많은 여성 협력자들과 (그리고 심지어 로마서 16:7의 유니아 같은) 걸출한 여성 동료 사도들을 가지고 있었음이 확실하다.[13]

---

11) 루디아, 그리고 사도행전에 대한 덜 부정적인 묘사에 관해서는, Ivoni Richter Reimer, *Women in the Acts of the Apostles: A Feminist Liberation Perspective* (Minneapolis: Fortress Press, 1995), 71-149 참조.

12) Brigitte Kahl, "Reading Luke against Luke: Non-Uniformity of Text, Hermeneutics of Conspiracy and the 'Scriptural Principle' in Luke 1, in *A Feminist Companion to Luke*, ed. Amy-Jill Levine (London: Sheffield Academic Press, 2002), 70-88 참조.

13) 역자주: 유니아가 사도였다는 점은 『첫 번째 바울의 복음』 73쪽을 보라.

민족들에게로의 바울의 선교: 사도행전 논의의 핵심

"두 바울"(two Pauls) 사이의 불일치는 바울이 민족들에게 선교한 문제에서 가장 분명히 드러난다. 갈라디아서와 로마서에서 아주 돋보이는 주제로서 그리스도에 대한 믿음을 통한 비이스라엘 민족들의 의인(義認, justification)과 율법 준수와는 무관하게 그들이 그 운동 속으로 받아들여짐에 대한 바울의 광범위한 논의는 사도행전에서는 사실상 사라졌다(예를 들어, 갈 1-2장과 행전 9-15장을 비교해 보라). 누가는 이런 논의들에 관해 심지어 알지도 못했는가, 혹은 그것들에 관심이 없었을 뿐인가? 지금까지 확립된 총체적인 증거를 감안하면, 누가는 바울의 정치적으로 가장 논쟁적인 프로젝트를 로마제국 질서에 대해 덜 전복적인 것으로 보이려고 열심히 애쓰고 있다는 것이 더 그럴듯해 보인다. 누가는 이 목표를 성취하기 위해 그것을 유대인들의 고대 전통과 율법에 의해 강력히 뒷받침되는 완전히 유대인들의 모험인 것으로 제시한다. 그러나 사도행전이 계속해 되풀이하여 말하듯이, 황제와 유대인들의 율법 둘 모두와 관련해 바울이 완전히 법을 준수하는 인물로 등장하는 것이 왜 그리도 중요한가?

이 질문은 바울과 그 자신의 의제들이 유대인의 전통과 로마제국의 관심들 양자 모두를 가로지르는 민감한 영역에서 누가가 성취해야만 하는 복잡한 과업을 가리킨다. 일반적으로 유대인들과 마찬가지로, 바울과 그리스도 운동(들)의 유대인 및 비유대인 구성원들은 카이사르를 하나님으로 숭배하기를 거부했다. 로마는 모든 피지배 민족들 중에 오직 유대인들에게만 일정한 한계 내에서 그들의 전통적, 즉 "비로마적"(un-Roman) 생활방식을 실천하는 소중한 특권을 허락했다. 오직 유대인들에게만 공적인 형태의 제국과 시민의 예배에 참여하는 것이 요구되지 않았다. 따라서 분명히 유대인으로 식별됨으로써만 예수운동은 로마제국의 종교 의식들과 요구들에 따르지 않는다는 이유로 받을 수도 있는 박해를 피할 수 있었다. 그러나 예수운동이 할례와 음식 규정(행전 10장과 15장 참조)처럼 유대인의 정체성에서 기본적으로 중요한 표지들 중의 일부를 더 이상 강력하게 주장하지 않고 로마 세계 속으로 더 많이 뻗어나갈수록, 예수운동은 덜 유대적인 것으로 보였다. 따라서 예수운동은 위험한 탈선, 즉 민족들을 로마의 왕이나 황제의 통치 아래 있지 않은 한 제국 속으로 불러 모으기 위해 사후(死後) 그의 이름이 오용된 한 처형된 폭도에 관한 체제전복적인 반대요구들(counterclaims)을 대리하는 위험한 탈선을 더욱 닮은 것처럼 보이기 시작했다.

민족들에게로의 바울의 선교는 로마 관리들에게 걸핏하면 안전을 위협하는 것으로서 보였을 것이다. 보통 "이방인들"(Gentiles)로 번역되는 그리스어(*ethne*, 라틴어 gentiles의 音譯)는 로마제국의 상황 속에서 로마에 정복된 다양한 민족들을 가리켰다. 로마인의 눈으로 볼 때, 바울이 행하는 일은 정치 현실과 무관한 무해한 "선교"(missionary) 프로젝트로서 보이지 않았을 것이다(나중에 현대의 기독교적 해석에서는 정치 현실과 무해한 선교 프로젝트로 보였다). 오히려 그것은 민족들에 대한 로마제국의 통치를 뒤엎는 운동으로 보였을 것이다.[14] 그들 자신의 주님으로서의 그리스도에

14) 로마제국 선전의 시각적 세계 안에서 이 주제에 대한 더 많은 광범위한 탐구, 그리고 특히 보통은 여성들로 대표되는 "민족들"의 성적(gender) 측면에 관해서는, Davina Lopez, "Before Your Very Eyes: Roman Imperial Ideology, Gender Constructs and Paul's Inter-nationalism," in *Mapping*

게 충실한 민족들의 교회들을 확립하려는 바울의 선교는 로마의 안전에 위험한 것이며, 따라서 예수 공동체들 자체의 생존을 위협하는 것으로 보였을 것이다. 이것은 또한 예를 들어 데살로니가에서 바울에 대해 유대인들이 발설하는 고발의 현실적인 종교-정치적 배경이기도 하다: "가는 곳마다 문제를 일으키던 사람들이 여기에도 나타났습니다… 그들은 모두 카이사르의 법을 어겨가며 예수라 하는 다른 왕이 있다고 말하면서 황제의 명령을 거스르는 행동을 합니다"(행전 17:6-7).

이것은 바울과 그리스도 운동을 완전히 유대인들(Judean)의 운동, 즉 이스라엘적이고 동시에 정치적으로 해롭지 않은 운동으로서 제시할 것을 누가에게 요구한다. 누가는 모든 혁신들을 하늘의 요구에 의해 직접 강요된 것(예를 들어, 행전 10장), 그리고 모든 분열적 혼란이나 갈등을 유대인들 자신 내부의 논쟁에서 생긴 것(예를 들어, 18:14-15), 혹은 데살로니가에서처럼 바울의 유대인 적수들에 의한 적대적인 음모로(17:6-7) 설명한다. 누가는 한 분 배타적인 하나님에게 초점이 맞춰진 첫째 계명을 제국의 우상숭배로부터 구했다. 그러나 그는 또한 진정한 "유대인다움"(Jewishness)을 구성하는 것에 관해 식별한 책임을 갈리오, 벨릭스, 베스도, 아그립바 같은 제국의 권력자들에게 맡겼다. 따라서 누가의 바울과 그의 개종자들은 우리가 바울 자신의 진술들(예를 들어, 행전 15:20과 갈 2:10; 행전 16:3과 갈 2:1-3)로부터 결론짓는 것보다도 더 율법을 준수하는 사람들("유대인들")로서 등장한다. 하지만 누가는 "유대교"를 대

Gender in Ancient Religious Discourse, ed. Todd Penner and Caroline vander Stichele, Biblical Interpretation Series 84 (Leiden: E. J. Brill 2007), 115-62 참조.

체하면서 출현하는 "기독교"(Christian supersession of Judaism)를 위한 문을 열어주었는데, 이것은 나중에 제국적 방식의 콘스탄티누스 기독교(Constantine Christianity)와 기독교의 반유대주의(anti-Judaism)의 한 핵심적인 특징이 되었다.

한편으로, 누가는 로마제국 질서에 아무런 위협도 제기하지 않는 바울을 제시한다. 바울의 선교의 모든 전환점에서 그에게 반대하는 유대인들이 바로 혼란과 분열을 야기하는 자들이다. 한 사람의 유대인이며 또 로마 시민으로서, 바울은 법을 준수하는 보수주의자이다. 사도행전 2장과 4장에서의 공동 재산과 루디아의 공동체에 대한 잠깐의 언급처럼, 누가는 가난한 이들과 여성들에 대한 관심을 나타내는 자료들을 포함하는 반면, 그의 이야기(역사)의 주된 초점은 지배자들과 힘 있는 사람들에게 맞추어져 있는데, 그들은 초기 교회의 지도적인 대표자들을 포함하여 두드러지게 남성들이다. 예루살렘으로부터 로마로 뻗어나가는 예수 추종자들의 "그 길"(the way)에 관한 누가의 "안전한" 이야기는, 모든 것을 포괄하는 제국주의의 틀을 받아들이고 재생산한 기독교의 세계 선교의 유럽 중심적 이해를 위한 기본적인 이야기가 되었다.

다른 한편으로, 사도행전 16장에 나오는 루디아의 가정 교회(house-assembly)는 후대의 독자들에게 한 실례를 제공했다. 그리고 독일 농민전쟁에서 토마스 뮌처의 추종자들과 같은 교회 역사를 통틀어 급진적인 운동들은, 예수와 바울이 선포한 하나님 나라가 가난과 사회적 불의를 몰아낸다는 자신들의 주장을 구현하려고 사도행전 2:44-45와 4:32의 "모든 물건의 공동 소유"를 인용했다. 누가는 바울을 제국의 질서에 아무런 위협도 제기하지 않는 한 로마 시민으로서 위장했는지도 모르고, 아레오바고 연설에서 헬레니즘 철학자처럼 말하게 만들었을지도 모른다. 하지만 바울이 로마에 의해 처형된 지 한참 뒤에, 누가는 최소한 바울이 이야기 속에 현존하게 했다. 누가를 변증가로서 비난하거나 혹은 혁명가로서 낭만적으로 생각하는 것을 뛰어넘어, 우리는 누가가 안전한 것에 관한 엄격한 한계들이 강요되는 변화된 역사적 상황 속에서 있어서 얼마나 멀리까지 나아갔는지를 사실적으로 평가해야 한다. 누가는 예수와 바울이 선포한 복음의 한 "공개적인 대본"(public transcript)을 만들어냈는데, 그것은 바울과 그 밖의 회중들의 "비로마적 활동들"(un-Roman activities)을 십중팔구 숨기고 보호했던 만큼 원래의 메시지를 은폐하고 흐릿하게 했다. 예를 들어, 4세기 교회 역사가인 유세비우스와 비교하여, 누가의 역사적 개정은 친제국주의(pro-imperial)가 아니라 오히려 원형 제국주의(proto-imperial)로 불려야 할 것이다. 목회서신들처럼, 사도행전은 사도 바울에 대한 "정경의 배신"(canonical betrayal)으로 불려온 것의 한 부분이다.15) 이것의 한 주요 측면은 사도와 로마제국 질서 사이의 순응이었음을 우리는 이제 이해할 수 있다. 그러나 바울의 편지들을 정경에 포함시키는 것이 "안전하게" 보이게 만든 해석 틀을 만듦으로써 누가에 맞선 바울, 심지어 누가에 맞선 누가의 해석을 가능하게 한 공로를 누가에게 돌릴 수 있을 것이다.

---

15) Neil Elliott, *Liberating Paul: The Justice of God and the Politics of the Apostle* (Maryknoll, NY: Orbis Books, 1994), 25.

제9장

반제국 대본으로서의 요한계시록

그렉 케리

요한계시록은 신약성서에서 가장 명시적인 반제국적(counter-imperial) 책이다. 그것은 로마와 로마제국에 대한 하나님의 유죄선고를 선언하며, 장차 하늘에서 내려오는 새 예루살렘에서 하나의 새로운 사회가 확립될 것을 전망한다. 그 사이에, 요한계시록은 제국의 무력에 의한 박해를 신실하게 견딜 것을 요청하는데, 그 박해는 순교로 귀결될지도 모른다는 것을 예상하고 있다.

묵시종말론 여행

요한계시록은 요한이 "주님의 날에 성령 안에" 있었을 때, 고양된(exalted) 예수 그리스도가 요한에게 준 계시(*apokalypsis*)이다(1:1-3, 10-20). 계시의 첫째 단계에서, 예수는 오늘날의 터키 서부인 아시아 지방 일곱 개 도시의 교회들에게 편지를 받아쓰게 한다. 그는 자신의 "묵시"(apocalypse) 혹은 계시가 "곧" 펼쳐질 일들을 묘사할 거라고 약속한다(1:1; 1:3, 19; 22:6, 10, 12 참조). 예수 추종자들(그들은 자신들을 "기독교인"이라고 부르지 않았다)의 특정한 교회들에게 말을 거는 편지들의 특정한 연설과 결합된 "곧" 일어날 일들에 대한 반복적인 강조는, 요한이 먼 미래의 사건들에 대한 안내서를 쓰고 있었던 것이 아니라 그 자신의 시간과 공간을 거론하고 있었음을 나타낸다.

4:1에서 시작되는 계시의 둘째 단계에서, 요한은 하늘로 불려 올라가 그곳에서 하나님의 보좌가 있는 방으로 들어간다. 극적인 장면 속에, 그는 세상의 운명이 그 위에 기록된 한 두루마리를 본다. 오직 "승리한 유다 지파의 사자"(분명히, 예수의 순교와 하나님의 해원에 대한 언급)만이 두루마리를 펼칠 자격이 있다. "죽임을 당한 듯한 흔적이 있는 어린양"(5:6)이 서 있는 것을 요한은 보았는데, 이 어린양이 봉인을 떼는 것으로 나머지 계시가 이어진다. 군사적 지도력을 암시하는 일종의 메시아 칭호인 "유다의 사자"(the Lion of Judah)가 어린양으로 바뀌는 것은 요한계시록 해석에서 결정적으로 중요하다. 그것은 하나님의 길이 군사적 충격과 두려움보다는 그의 "신실한 증인"(1:5)을 통해 통치하는 어린양의 길이라는 것을 암시한다. 요한계시록은 "어린양의 추종자들"이 어린양의 모범을 열심히 모방할 것을 요청한다(12:11).

4-20장을 포함하는 요한계시록의 주요 부분은 요한의 환상의 내용, 즉 일련의 심판과 계시를 순서대로 이야기한다. 이 심판들은 연대기적 혹은 논리적 진행을 반영하지는 않지만, "하나님이 계신 하늘로부터 내려오는 새 예루살렘"(21:2)의 계시에서 절정에 달하는데, 이 새 예루살렘에서 하나님의 백성은 풍족함과 축복 속에 거할 것이다(21:1-22:5). 줄곧, 우리는 어린양과 성스러운 도시

에 맞서 정렬된 세력들을 나타내는 몇몇 상징과 마주친다.

용, 즉 사탄(12:9)이 하나님의 백성에 맞서 전쟁을 일으킨다. 바다에서 올라오는 짐승 또한 그런데, 이 짐승은 용의 힘을 받는다(13:1-2). 로마제국의 거들먹거리는 통치의 상징인 이 짐승은 땅의 주민들을 지배한다: "이 짐승보다 힘센 자가 어디 있겠는가? 누가 감히 이 짐승과 맞서 싸울 수 있겠는가?"(13:4). 또 다른 짐승이 땅으로부터 나타나 바다에서 올라온 짐승을 숭배하도록 주민들을 이끈다(13:12). 이 다른 짐승은 소아시아 지방의 도시 지배층들이 로마 황제들에게 신적인 경의를 아낌없이 표하는 축제, 성소, 신전, 그리고 정교한 의식들을 어떻게 촉진했는가를 묘사한다. 이 모든 활동들은 로마에 대한 복종과 충성을 실연(實演)했다. 현대 번역들에서 "예배하다"(to worship)로 번역되는 그리스어 동사 프로스퀴네오(*proskyneo*)는 글자 그대로 막강한 권력 앞에 복종을 입증하려고 무릎 꿇는 것을 의미했다. 마지막으로, 요한계시록은 창녀 바빌론을 소개하는데, 이 창녀의 부유한 생활(17:1-6)은 폭력과 인간 삶의 파멸에 기초한다(18:14). 그녀는 또한 하나님의 백성을 박해한다. "바빌론"은 제국의 엘리트들을 위해 로마의 많은 속주(屬州)들로부터 자원을 긁어모으기까지 하면서 소수를 위한 엄청난 경제적 기회를 창출한 로마제국의 상업을 상징한다. 짐승들과 "바빌론" 모두 마침내 심판과 멸망을 맞이한다. 그러나 그 동안, 그들은 저항할 수 없는 권력을 휘두르고 영광을 과시한다. 풍요로움에서 바빌론을 능가하는 새 예루살렘을 보여준 뒤, 요한계시록은 되돌아가 청중에게 직접 말을 건다. 즉, 말씀에 순종하는 사람들을 축복하고 말씀을 감하는 사람들을 저주하면서, 그 책 자신의 진실성을 강력히 주장한다.

자신을 "예언"(1:3; 22:7, 10, 18, 19)이라고 부르는 요한계시록의 대부분은 환상의 형태를 띤다. 그러나 그 환상은 로마제국의 지배와 관련된 것이 분명하다. 이 점에서, 요한계시록은 유대 서기관들이 제국의 지배에 저항할 수 있게 했던 계시적 환상들이라는 유대인들의 유구한 전통 속에 서 있다. 이 전통은 최소한 다니엘서 7-12장에서 자세히 이야기되는 환상들, 그리고 2세기 반 앞서 안티오쿠스 4세 에피파네스에 의한 압제적인 제국 통치의 클라이맥스에 초점이 맞추어진 에녹1서 85-90에 나오는 환상까지 거슬러 올라갔다. 요한계시록과 동시대의 몇몇 유대인의 "묵시록들"(apocalypses), 즉 바룩 2서, 바룩 3서, 에스라 4서도 마찬가지로 로마제국의 파괴적인 결과들에 초점이 맞추어져 있다. 따라서 요한계시록의 바로 그 묵시종말론적(apocalyptic) 형태는 우리가 로마제국의 정치적 관심사들을 읽도록 이끈다.

요한계시록이 말을 거는 상황

요한계시록은 제국의 통치에 관한 유대적인(Jewish) 환상들의 전통 속에 서 있을 뿐만 아니라, 요한 자신이 유대적이다.[1] 그의 이름은 유대적이다. 일곱 교회에 보낸 편지들은 수신인들이 유대인다움을 가정한다. 요한계시록과 그것이 말을 거는 공동체들 속

1) 사실, 성서 해석에서 끈질기게 지속되는 기독교의 반유대주의의 오랜 유산 속에, 요한계시록은 "너무 유대교적"이라는 이유로 간단히 처리되어왔다. 요한계시록의 "유대교적 성격"(Jewishness)에 기초해 그것의 폭력성을 비난하는 것은 편리했다. 20세기의 위대한 학자인 루돌프 불트만은 요한계시록이 "무기력하게 기독교화된 유대교"를 구체화한다고 비판했다. Rudolf Bultmann, *Theology of the New Testament* (New York: Scribners, 1955), 2.175.

에는, 마가복음과 마태복음 그리고 그것들이 말을 거는 공동체들 속에서처럼, 예수의 추종자들과 "유대교" 사이에 아무런 "불화"도 없었다. 아시아 지방의 교회들은 유대적이 아닌 "민족적"(ethnic) 배경을 가진 사람들을 당연히 포함했을 것이다. 그러나 요한계시록은 유대적 정체성의 주요 상징들을 포기한 "이방인들"이 지배적인(Gentile-dominated) "기독교"에 대한 아무런 인식도 반영하지 않는다.

요한계시록의 유대적 정체성의 한 중요한 암시, 그리고 반제국 전략의 한 중요한 측면은 표준에 맞지 않는 그리스어 구문론이다. 요한은 제국의 언어인 그리스어로 쓰고 있지만, 그의 구문론은 "제2 외국어로서의 그리스어"를 무심코 드러낸다. 요한은 그보다 **더 잘 할 수는 없었다**고 이전에는 생각했지만, 알렌 드와이트 캘러핸은 달리 증명했다.[2] 제국의 통치 아래 살고 있는 다른 사람들처럼 요한은 잡종(hybrid) 언어를 사용한다. 저항문학은 종종 제국의 언어를 도용하면서도 구문론 규칙을 어긴다.[3] 더군다나 요한은 유대인의 성서를 자신의 묵시의 기초로 삼는다. 요한계시록은 성서를 직접 인용하지는 않지만 수십 번, 심지어 수백 번 언급하는데, 이것은 신약성서의 모든 다른 책들보다 더 자주 성서를 인용하는 셈이다.[4] 따라서 요한계시록은 유대인들의 서발턴(次位,

2) Allen Dwight Callahan, "The Language of the Apocalypse," *HTR* 88 (1995): 453-70.

3) Bill Ashcroft, Gareth Griffiths, and Helen Tiffin, *The Empire Writes Back: Theory and Practice in Post-Colonial Literature* (New York: Routledge, 1989), 38-39.

4) 한 간략한 논의로는, Steve Moyise, *The Old Testament in the New: An Introduction Continuum Biblical Studies Series* (New York: Continuum, 2001), 117-27 참조.

subaltern) 전통에 기초함으로써 자신의 반제국적 의제를 표현한다.

요한과 그의 수신인들의 유대적 정체성은 요한계시록이 말을 거는 상황과 통합적으로 관련된다. 요한은 기원후 68년에 죽은 네로 황제 아래의 끔찍한 박해의 기억에 호소한다고 거의 모든 해석자들은 동의한다. 666이라는 짐승의 악명 높은 숫자는 분명히 그를 가리킨다. 죽었다가 돌아온 짐승에 대한 언급들(13:3, 12, 14; 17:8, 11)은 아마도 네로는 사실 죽지 않았고 동쪽으로부터 돌아와 권력을 차지할 것이라는 광범위한 믿음에 기초할 것이다.[5] 요한이 네로의 글자 그대로의 돌아옴을 예상했던지 혹은 단지 상징적인 주장을 하고 있는 것이든지 간에, 네로에 대한 이런 언급들이 나타내는 것은, 요한은 자신이 편지를 쓰는 교회들이 새롭고 혹독한 박해의 시대에 곧 직면할 것을 예상하고 있었다는 점이다.

박해의 두려움은 기원후 66-70년의 유대인 반란의 여파로 유대인들에 대한 적대감으로 강렬해졌을 것이다. 로마 군대는 보복으로 예루살렘과 성전을 완전히 파멸시켰다. 예루살렘의 멸망과

---

5) Tacitus, *The Histories,* books 1-3 (trans. Clifford H. Moore; LCL: Cambridge, MA: Harvard University Press, 1925), 2.8; Suetonius, *The Life of Nero*, in *Suetonius*, II (trans. John C. Rolfe; rev. ed.; LCL: Cambridge, MA: Harvard University Press, 1914), 57; *Sibylline Oracles* 3:53-74; 4:119-24, 137; 5:93-110, 137-54, 214-31, 361-85; 8:68-72, 139-68; 12:78-94 (trans. John J. Collins, in *The Old Testament Pseudepigrapha* [ed. James H. Charlesworth; ABRL; New York Doubleday, 1983], 1.317-472); Asc. Isa. 4:2-14 ("Martyrdom and Ascension of Isaiah," trans. M. A. Knibb, in *The Old Testament Pseudepigrapha* [ed. James H. Charlesworth; ABRL; New York Doubleday, 1985]), 2.143-76. 아울러, Ian Boxall, *The Revelation of Saint John,* BNTC (Peabody, MA: Hendrickson, 2006), 197-99; 그리고 Greg Carey, *Ultimate Things: An Introduction to Jewish and Christian Apocalyptic Literature* (St. Louis: Chalice Press, 2005), 97-98, 184-85 참조.

마침내 짐승들에 대한 하나님의 심판 후에 하늘에서 내려오는 새 예루살렘에 대한 마지막 초점에 요한이 몰두하는 것은, 로마제국의 압제자들에 대한 그의 날카로운 반대의 주요 요점이다. 이방 사람들이 거룩한 도시(Holy City)를 짓밟을 마흔 두 달(11:3)에 초점이 맞추어진 요한계시록 11:1-13은 아마 로마인들에 의한 예루살렘의 황폐화를 반영할 것이다. 요한계시록이 로마와 바빌론을 동일시하는 것은 유대 문학에서 유대인 반란 후에야 출현한 로마를 가리키는 한 명칭이다. 그리고 거룩한 도시와 성전을 그들이 똑같이 파멸시킨 것이 아니라면, 무엇이 로마와 바빌론을 연결시킬 것인가?

예루살렘과 성전을 파멸시킨 후, 로마인들은 유대인들에 맞서 중요한 처벌 조치들을 취했다. 반항적인 유대인들에 대한 자신들의 영광스러운 승리를 경축하여, 황제들인 베스파시누스와 그 아들 티투스는 수천 명의 유대인을 노예로서 로마를 통과해 행진시켰으며, 로마의 유명한 콜로세움을 건축하려고 예루살렘 성전의 많은 보물을 가져갔다.[6] 더욱이, 유대인들이 이전에는 예루살렘에 있는 성전에 바쳤던 세금이 이제는 제국 전역에 알려진 굴욕인 카피톨리누스 언덕의 주피터 신전 재건축을 뒷받침하려고 특별히 유대인들에게 부과된 세금으로 바뀌었다. 이런 공식적인 굴욕들은 일반인들로 하여금 유대인들을 제국에 불충실한 자들로 보게 하는 혐의를 더욱 증가시켰을 뿐인데, 그 이유는 유대인들이 제국 사회의 신들을 거부할 뿐만 아니라 황제에게 경의를 표하는 것도 거부했기 때문이다(요세푸스, *Against Apion* 2.65-77 참조).[7]

---

6) 유대인 반란 후의 유대인들의 상황에 관해서는, Brigitte Kahl이 쓴 이 책의 제7장 참조.

예수에게 헌신하는 유대인 공동체들이 이미 확립된 유대인 공동체들의 주변부에서 출현했다. 이처럼 예수에게 충실한 자들이 새로운 모임들을 만든 것은 소아시아 같은 지역들에 있는 유대인 공동체들에 대한 압력을 더욱 강하게 만들었을 뿐이었을 것이다. 모든 사람이 알고 있듯이, 예수는 십자가처형, 즉 특히 속주(屬州)의 반역자들과 완강히 반항하는 노예들을 다스리는 로마의 형벌을 겪었다. 소아시아 도시들에 있었던 유대인 공동체들은 자신들의 종교적-민족적 전통을 법으로 어느 정도 허용 받는 혜택을 누렸고 또한 고위층 사람들과 중요한 민간인 책임을 맡은 사람들을 포함하고 있었는데,[8] 이들은 갑자기 출현한 "예수에게 충성스런 자들"(Jesus loyalists)로는 거의 간주되지 않았을 것이다.

요한계시록에서 자세히 이야기되는 요한의 환상은 이런 종류의 긴장 속에서 유래한 것이 분명하며, 바로 그 긴장을 반영하고 있다. 제국의 질서와의 그들의 취약한 순응을 보호하기를 바랐던 그 밖의 유대인 공동체들이 예수에게 충실한 자들을 비판하거나 받아들이지 않았을지도 모른다는 것은 당연하다. "자신이 유대인이라고 말하지만 그렇지 않은 사람들," 그 대신 "사탄의 무리"(2:9; 3:9)에 속한 사람들에 대한 요한의 악명 높은 공격은 이론적인 종교 논쟁이 아니다. 요한의 공격은, 그들 또한 예수에게 초점이 맞추어져 있지만 제국 질서와의 갈등을 피하려 애쓰고 있었던 다른 유대인 공동체들을 명확히 겨눈다. 참된 유대인을 예수에게

7) Josephus, *The Life; Against Apion* (trans. H. St. J. Thackeray; LCL; Cambridge, MA: Harvard University Press, 1926), 2.65-77.

8) 소아시아의 유대인 공동체들에 대한 한 중요한 평가로는, David E. Aune, *Revelation 1-5* (WBC 52A; Dallas: Word Books, 1997), 1.168-72 참조.

충실하고 제국의 질서에 날카롭게 반대하는 자들로서 배타적으로 정의하면서, 요한은 예수에게 참으로 "충실한"(faithful) 사람들의 박해와 잠재적인 순교를 위해, "자신들을 유대인이라고 부르지만 그렇지 않은 사람들"을 비난한다(2:9; 3:9).

소아시아에서의 충성

요한의 주된 관심은 예수에 대한 충성을 계속 유지하도록 일곱 도시에 있는 교회 구성원들을 납득시키는 것이다. 바울에게서처럼, 요한계시록의 피스티스(*pistis*)에 대한 일반적인 번역들은 "믿음"(faith)으로서 그 의미를 축소시켰다. 로마제국의 상황에서, 피스티스는 라틴어 해당어 피데스(*fides*)와 마찬가지로 황제와 제국에 대한 충성에서처럼 충성을 의미했다. 따라서 예수 그리스도에 대한 충성은 황제에 대한 충성과 날카롭게 경쟁했다. 이것은 요한계시록 서두의 일곱 교회에 대한 요한의 인사말에서 볼 수 있다: "신실한 증인(혹은 충실한 순교자)인 예수 그리스도께서 내려주시는 은혜와 평화가 여러분에게 있기를 빕니다." 요한은 순교자(martyr)라는 용어를 가지고 말장난을 하는데, 이 용어는 보통은 "증인"(witness)으로 번역된다. 따라서 요한은 예수를 하나님에 대한 충실이나 충성 속에 죽임을 당하거나 순교한 자로 묘사한다. 요한은 버가모 교회에 보내는 편지에서 수신인들에게 이와 비슷한 기대를 나타낸다.

> "나는 네가 어디에 거주하는지를 알고 있다. 그곳은 사탄의 왕좌가 있는 곳이다. 그렇지만 너는 내 이름을 굳게 붙잡고, 또 내 신

실한 증인인 안디바가 너희 곁 곧 사탄이 살고 있는 그곳에서 죽임을 당할 때에도, 나의 신실한 믿음(my faithfulness)을 저버리지 않았다." (요한계시록 3:13)

번역가들과 주석가들은 전형적으로 "나의 신실한 믿음"을 "나에 대한 너희의 믿음"(your faith in me)으로 마치 이 구절이 버가모 교회 교인들의 믿음인 것처럼 번역한다. 그러나 이 구절은 14:12의 똑같은 구절처럼 똑같은 방식으로 해석되어야 하는데, 거기에서 계명들이 하나님 자신의 명령인 것처럼, 믿음도 예수 자신의 신실한 믿음을 의미하는 것이 틀림없다. 요약하면, 버가모 교회에 보내는 편지는 엄청난 압력 앞에서의 그 공동체의 충실을 찬양하는데, 계시록이 청중에게 하는 무엇보다 중요한 명령은 바로 이것이다: "성도들의 인내와 믿음"(13:10).

요한의 간곡한 권고는 로마제국 질서와 카이사르(로마 황제)에 대한 충성 강요라는 맥락에서만 이해될 수 있다. 로마는 자신의 지배 아래 있는 사람들에게 많은 것을 기대했는데, 그들 사이에는 충실함이 돋보였다. 그러나 로마와 황제에 대한 충성과 헌신을 조장한 것은 지역의 지배층이었다. 계시록은 카이사르에 대한 공식적으로 지지되는 충성과는 정반대로 예수 그리스도에 대한 충성을 요구한다.

아시아의 속주(屬州)는 초대 황제인 아우구스투스에 대한 신적인 경의를 확립하는 데 적극적이었고, 뒤이은 황제들에게 경의를 표하는 훨씬 더 정교한 방식들을 만들어냈다. 기원전 9년, 계시록의 일곱 교회가 위치한 아시아 속주 협의회는 경쟁을 선언했다: 아우구스투스에 대한 최고의 존경에 대해서는 면류관이 상으로 주어질 것이다. 아우구스투스의 출생은 모든 축복의 시작으로 판명되었으므로, 로마 속주의 행정관인 막시무스(Maximus)는 황제의 탄생일을 제국의 달력에서 한 해의 시작으로 삼을 것을 제안했는데, 속주의 도시 지배층은 기꺼이 동의했다. 아우구스투스를 전쟁을 종결지은 "구세주"(Savior)로 선포하고 그의 신적인 탄생을 "복음의 시작"으로 선언하면서, 그들은 아우구스투스의 탄생일을 영원한 정월 초하루로 포고했다.[9] 기원후 1세기말에 이르러, 아시아의 속주는 황제들에게 바쳐진 세 개의 지역 사당의 본거지였다. 마찬가지로, 아시아의 도시들은 여신 로마(Roma)에게, 황제에게, 그리고 제국의 신들에게 바쳐지는 자치 도시의 축제와 사당에서 주인 노릇을 하는 큰 영광을 얻으려고 서로 경쟁했다.

이 새로운 제국적 제의들은 지역의 최고위층과 그 도시들로부터 이웃 지역과 단체들, 심지어 가족적 수준까지 확대되면서 제국 사회를 결합시켰다. 신전과 사당이 도시 중심들을 장식하고 웅장한 축제들이 연출되었다. 가장 중요한 것은, [황제에게 경의를 표하는] 이 제의들이 황제들의 후원자이며 로마에게 의존하는 도시 지배층과 제국 권력의 중심인 황제와 그의 가족 사이를 굳게 결합시킨 상호 유대였다는 것이다. 그것들은 도시들의 감사와 충성을 입증했으며, 전체 주민에게 경축을 위한 커다란 명분과 기회를 주면서 새로운 형태의 시민적 정체성(civic identity)이 되었다. 심지어 최하층에서도, 개인, 가정, 단체들은 합창대에 참여하고 자신들의 집과 모임 장소에 작은 사당을 세움으로써 제의에 참여할 수 있었

9) 관련된 주요 텍스트들에 대한 논의와 언급들로는, Steven J. Friesen, *Imperial Cults and the Apocalypse of John: Reading Revelation in the Ruins* (New York: Oxford University Press, 2001), 32-36 참조.

다. 축제와 신전과 사당을 짓는 데 엄청난 자원을 소비한 부유하고 힘 있는 가정의 우두머리들은 자신들의 이름이 공개적인 비문에서 돋보이게 전시되는 것을 볼 수 있었고, 자신들이 시민으로서 가장 높은 관직과 제국의 제사장직에 "선출되는" 모습을 볼 수 있었다. 더욱이 제국의 신전은 지역의 집회, 은행, 시장에 장소를 제공하면서 종교적, 경제적, 시민적, 사회적, 정치적 기능을 통합시켰다. 요한이 "짐승의 이름이나 그 이름을 나타내는 숫자로 표가 찍힌 사람이 아니면 아무도 팔거나 사거나 할 수 없다"(13:17)고 말할 때, 그는 바로 이것을 의미한다. 계시록의 일곱 개 도시들 각각은 제국의 신전과 제단에서 주인 노릇을 하거나 제국의 제사장들을 접대했다.[10] 따라서 제의에 참여하는 것은 시민들의 참여를 입증했고, 로마에 대한 감사를 표현했고, 도시 주민들을 서로 결합시켰다.

따라서 제국의 제의들에 참여하기를 삼가면 의심쩍은 사람으로 찍힐 것이다. 황제를 포함하여 제국의 신들에 경의를 표하지 않는 것은 그들의 은혜를 보장하는 종교경제(religious economy)를 손상시켰다. 희생제사와 예배를 드리지 않으면, 신들이 자신들의 은혜를 철회하고 보호를 끊거나, 혹은 더 나쁜 일이 생길지도 몰랐다. 일부러 제의에 참여하지 않는 사람들은 불충실한 반역자로 보여 이웃들과 동료들로부터 분리될지도 몰랐다. 그들의 모임에서 황제를 숭배하고 또 황제에게 바치는 축제에 매년 참여한, 지역 채석공들의 길드에 속한 그리스도 충성자(Christ loyalist)를 상상

10) Wes Howard-Brook and Anthony Gwyther, *Unveiling Empire: Reading Revelation Then and Now* (Maryknoll, NY: Orbis Books, 1999), 102-5; Ben Witherington III, *Revelation*, NCBC (New York: Cambridge University Press, 2003), 22-25.

해 보라. 예수 추종자가 황제에 대한 충성을 표현함이 없이 길드에 계속해서 참여할 수 있을까? 예수 충성자(Jesus loyalist)가 정상적인 사회적 관계들과 돈벌이가 되는 일자리를 어떻게 유지할 수 있을까? 해석자들은 소아시아 교회들이 조직적인 박해를 받았는지 여부를 놓고 계속해 논쟁한다. 증거는 희박하고 단편적인데, 다양한 예수운동이 자라나던 이 초기 단계에서는 제국의 어디에서도 박해는 광범위하고 조직적이지 않았던 것 같다. 그러나 한 가지는 논쟁의 여지없이 명백하다: 계시록은 박해를 예수에 대한 충성과 짐승에 대한 반대의 결과로서 묘사한다.

계시록이 기록되었을 때에 박해가 광범위했다는 증거는 없지만, 그리 멀지 않은 시간과 장소로부터의 그러한 증언이 있다. 소플리니(Pliny the Younger)는 아시아에 바로 인접한 속주인 비타니아와 폰투스를 다스렸다. 아마 기원후 113년, 계시록이 기록된 지 한 세대도 채 안 되어 플리니는 그곳 "기독교인들"(Christians)을 다루는 방법에 관한 조언을 구하면서 트라야누스 황제에게 편지했다.[11] 그 편지(*Ep.* 10.97)는 플리니의 실천들에 관한 풍부한 정보를 우리에게 제공하는데, 세 가지 세부 사항이 특히 눈에 띈다. 첫째, 피고인들이 자신들의 기독교를 부정할 때, 플리니는 그들에게 신들을 불러내고, 트라야누스의 형상에 기도와 제물을 드리고, 또 그리스도를 저주할 것을 요구함으로써 그들을 시험했다. 둘째, 기독교인들을 진압하기 전에는 신전과 그 밖의 종교의식들에 참여하는 것이 눈에 띄게 감소되었다고 플리니는 말한다. 다른 말로

11) Pliny, "Epistle 10.97," in *Letters, Books VIII–X; Panegyricus* (trans. Betty Radice; LCL; Cambridge, MA: Harvard University Press, 1969), 10.97.

하면, 제국의 제의는 그리스도에 대한 충성과 황제에 대한 충성을 구별하는 시험을 특징짓는데, 그리스도에 대한 충성은 공공이익을 훼손한다. 셋째, 자신은 "기독교인들에 대한 심문" 경험이 없다고 플리니는 말하는데, 이것은 다른 상황들에서는 박해가 있었다는 것을 그가 알고 있었음을 강력히 암시하는 주장이다. 우리는 플리니가 처했던 상황이 요한과 그의 청중에게 사정이 어떠했는지를 드러낸다고 생각할 수 없을지 모르지만, 그의 편지는 예수에 대한 충성과 로마에 대한 충성 사이의 날카로운 긴장과 대안적 충성(alternative loyalty)의 잠재적인 음침한 결과들을 암시한다.

요한계시록에서의 제국의 성격 묘사

요한계시록 12-20장은 어린양의 원수들을 주로 다룬다. 네 개의 이미지나 상징이 이 표상을 지배한다: 용, 바다에서 올라온 짐승, 땅에서 올라온 짐승, 그리고 바빌론이 그것들이다. 계시록은 이 네 개의 상징을 동일시하는 복잡한 관계망을 구축하는데, 이것은 그들의 친밀한 상호 관계를 나타낸다. 동시에 또 다른 집단인 땅의 주민들은 짐승들 및 바빌론과 손을 잡는다. 계시록은 선한 세력들을 위한 또 다른 일련의 이미지를 제시한다. 우리는 5장에서 어린양을, 12장에서 해를 옷인 양 입은 여자를, 19장에서 신부(혹은 새 예루살렘)를 만난다. 해를 옷인 양 입은 여자를 포함하는 것은 다른 것들보다 더 불분명한 상태로 남아 있지만, 계시록은 이 상징들 사이에도 복잡한 관계망을 구축한다. 땅의 주민들이 짐승과 그 동맹들을 섬기는 것처럼, 어린양의 추종자들은 11장의 두 증인이 그렇듯이 어린양과 그 동맹들을 섬긴다.

수세기에 걸쳐, 해석자들은 이 짐승들의 상징을 특정한 역사적 인물이나 제도와 일대일로 대응시키려 애써왔는데, 이 접근방법은 우리에게 별로 소용이 없었다. 그럼에도 불구하고, 거의 모든 주석가들은 두 짐승과 바빌론이 로마의 제국 권력의 측면들을 상징한다는 것에 동의한다. 요한은 용을 사탄과 명시적으로 동일시하는데(12:9), 다수의 천사들이 이 용에게 충성심을 품는다. 해를 옷인 양 입은 여자를 추적하는 데 실패하고서 용은 그녀의 자녀들, 즉 "하나님의 계명을 지키며 예수의 증언을 간직하고 있는 사람들"(12:17)과 싸우러 나간다. 바다에서 올라온 짐승은 용으로부터 자신의 힘과 권위를 부여받는다(13:1-2).

몇몇 요인이 바다에서 올라온 짐승(간단히, "짐승")과 로마제국의 권력을 연관 짓는다. 짐승의 이미지의 모형이 되는 다니엘서 7장은 바다로부터 출현하는 네 마리의 짐승을 묘사한다(7:2-3). 여기에서 다니엘서는 일련의 세계적인 제국을 의미하는데, 그것들은 모두 동물의 용어로 묘사된다: (1) 독수리 날개를 가진 사자처럼 보이는 것, (2) 곰처럼 생긴 것, (3) 날개 달린 표범처럼 생긴 것, (4) 쇠 이빨과 열 개의 뿔이 달린 "무서운" 짐승. 요한은 바다에서 올라온 짐승에게 뿔을 줌으로써 주로 네 번째 짐승과 연관짓지만, 그는 뭔가를 더 암시한다. 곰과 같은 발과 사자와 같은 입을 가진 한 마리 표범처럼, 요한의 짐승은 다니엘서의 네 마리 짐승 모두의 특성들을 합친다. 요한의 짐승은 다니엘의 짐승들보다 더 무시무시한데, 역사 속의 모든 대제국들의 특성을 구체화한다.

요한의 짐승은 세계를 지배하는 로마제국을 상징한다. 그것의 일곱 개의 머리는 이중적인 역할을 하는데, 로마의 유명한 "일곱 개의 언덕"(seven hills)과 일곱 명의 황제를 동시에 가리킨다(17:9).

요한이 염두에 둔 일곱 황제의 정체를 밝히려는 시도들은 합의를 얻지 못했지만, 특별히 네로 황제를 분명히 염두에 두고 있는 것으로 보인다. 짐승의 일곱 개의 머리 가운데 하나는 치명상을 입었지만 치유되었다(13:3, 12, 14; 17:8, 12 참조). 우리가 보았듯이, 666이라는 짐승의 악명 높은 숫자는 그의 비밀스러운 생존에 관한 새롭고 당시의 전통들에 주의를 환기시킨다.

바다에서 올라온 짐승 또한 용으로부터 자신의 힘과 권위를 끌어낸다. 그것은 온 세상의 칭송을 받는다. "누가 이 짐승과 같으랴? 누가 이 짐승과 맞서서 싸울 수 있으랴?"(13:4). 그것의 우쭐대는 권위는 하나님에 대한 모독적인 언동으로 이어진다. 이것은 "어린양처럼 뿔이 둘 있고 용처럼 말을 하는"(13:11) 땅에서 올라온 짐승이 땅의 주민들로 하여금 위대한 짐승에 대한 복종을 입증하게 하는 지점에 다다른다. 이 땅에서 올라온 짐승은 아시아의 속주(屬州)에서 매우 강력하게 발전한 제국의 제의들을 의미하는데, 이 제의들에 참가하는 것은 사실상 강제적이었다. 땅에서 올라온 짐승은 위대한 짐승의 우상을 만들며, 이 우상에 경배하기를 거부하는 자들을 모두 죽이겠다고 위협한다(13:15).

바다로부터 올라온 짐승과 땅으로부터 올라온 짐승의 결합된 이미지들은 제국주의가 야기하는 커다란 딜레마들 중의 하나를 가리킨다. 제국주의는 "바다 건너편"에서 [의무나 세금 등을] 부과하는 것만으로는 생존할 수 없고 지역 토착민들의 협력이 필요하다. 아시아 제국의 제의들에 대한 요한의 견해는 바로 그렇다. 짐승들의 협력은 요한과 그의 동료들에게 불길한 함축들을 제시하는데, 왜냐하면 그 짐승들은 용의 명령대로 행하기 때문이다. 짐승들은 성도들에 맞서 싸워 그들을 정복한다(13:7, 15-18).

두 짐승은 황제가 행사하고 제국의 제의들에서 경축되는 로마제국의 권력을 대표한다. 요한의 주된 비판은 그들의 신성 모독적인 거만함을 겨냥한다. 그러나 바빌론은 로마제국의 경제적·문화적 착취에 대한 복종 너머를 가리킨다. 그녀는 "지상의 모든 왕을 다스리는 통치권을 가진 큰 도시"이다(17:18). 하지만 환상은 그녀가 실제로 출현하기 훨씬 전에 그녀의 임박한 몰락을 선언한다(14:8). 바빌론은 짐승에 올라타는데, 이것은 제국의 힘과 착취가 협력하여 어떻게 작동하는지를 드러낸다. 자주색과 빨간색 옷을 입고 금과 보석과 진주로 장식한 그녀는 놀랍도록 두각을 나타낸다. 하지만 그녀의 손에 들린 금잔에는 훌륭한 포도주가 아니라 가증스러운 것들이 가득 담겨 있다; 그녀는 성도들의 피에 취하여 있다(17:4-6).

내가 앞서 주장하였듯이, 계시록의 상징들에 대한 일대일의 대응물을 정밀하게 작성하려는 것은 이치에 맞지 않는다. 창녀(Whore)라는 이름을 가진 바빌론이 그렇듯이, 짐승의 일곱 개의 뿔은 로마를 가리킨다. 기원전 70년 예루살렘이 로마에 함락된 후, 몇몇 다른 유대교와 기독교의 본문들은 바빌론을 로마에 대한 암호로 사용했다(벧전 5:13; *2 Bar*; *4 Ezra*; *Sib. Or.* 5.143, 159).[12] 그것들의 밀접한 관계에도 불구하고, 요한은 짐승이 바빌론을 미워해서 그녀를 벌거벗은 꼴로 만들고 그 육체를 불에 태울 거라고 경고한다(17:16). 따라서 짐승과 바빌론을 단순히 동일시하는 것은 모든 세부 사항을 설명하지는 못한다. 어떻게 계시록은 바빌론을 짐승과 동일시하고, 그런 다음에는 하나에 의한 다른 하나의 유린을

12) Aune, *Revelation*, 2.829-31의 논의 참조.

묘사하는지를 설명하기는 쉽지 않다. 그러나 제국이 자멸하는 것은 분명해 보이는데, 계시록에서 하나님은 이 심판의 궁극적인 장본인이다(17:17).

바빌론이 경제적-문화적 착취를 상징한다는 것은 네 가지 수준에서 명백하다. 첫째, 계시록은 그녀의 사치스러운 옷을 묘사할 뿐만 아니라(17:4-6), 이 묘사를 반복한다(18:16). 둘째, 그녀의 몰락을 슬퍼하는 사람들은 그녀로 말미암아 가능한 상업에서 이익을 얻는 자들이다: 왕들, 상인들, 그리고 선원들이 그들이다. 선원들은 "화를 입었다. 화를 입었다. 큰 도시야! 바다에 배를 가진 사람들은 모두 그 도시의 값진 상품으로 부자가 되었건만, 그것이 한순간에 잿더미가 되고 말았구나!"(18:19) 하고 울부짖는다. 셋째, 상인들은 그녀의 화물 때문에 비탄에 잠긴다(18:11-13). 화물 목록은 사치품들, 즉 제국에 의해 가능하게 된 종류의 물건들로 시작된다. 그런 다음, 목록은 그러한 부를 산출하는 **수단**을 보여주는 데로 나아간다: 군사적 도구들과 노예들, 인간 목숨의 희생.

> "화물은 금과 은과 보석과 진주요, 고운 모시와 자주 옷감과 비단과 붉은 옷감이요, 각종 향나무와 각종 상아 기구와, 값진 나무나 구리나 쇠나 대리석으로 만든 온갖 그릇이요, 계피와 향료와 향과 몰약과 유향이요, 포도주와 올리브 기름과 밀가루와 밀이요, 소와 양과 말과 병거와 노예와 사람의 목숨입니다." (18:12-13)

넷째, 그녀의 몰락은 고급문화의 종말을 특징짓는다. 더 이상의 음악도, 공예품도, 혼인 잔치도 없다. 성도들에 대한 그녀의 착취와 폭력 때문에, 모든 것이 사라졌다(18:21-24).

용, 두 마리 짐승, 바빌론은 모두 상상을 압도한다. 하지만 그들의 힘은 지상의 주민들의 협력에 의해서만 발휘된다. 그들은 심판에 직면하고(3:10; 8:13; 11:10), 성도들에 대한 폭력의 원인이 되고(6:10), 바다에서 올라온 짐승에게 경배하고(13:4, 8, 12), 바빌론의 난잡한 성교에 참여한다(17:2). 요한의 관점에서, 세상 사람들은 그들의 고통에 공감하지 않는다. 왜냐하면 짐승과 그 동맹들과의 그들의 공모는 요한의 청중이 살고 있는 적대적인 상황을 낳기 때문이다.

용, 바다에서 올라온 짐승, 땅에서 올라온 짐승, 바빌론, 그리고 땅의 주민들 사이의 관계망은 제국의 지배, 제국의 상업, 제국의 문화에 대한 총체적인 고발에 이른다.

제국 드러내기

요한계시록(the Apocalypse)이라는 이름은 책의 첫 번째 단어인 "[예수 그리스도의] 계시"(revelation, *apokalypsis*)에서 유래한다(1:1). 하나의 "계시"로서 그것은 요한의 환상, 즉 "그가 본 모든 것"(1:2)을 묘사하려 한다. 하지만 모든 계시들처럼, 이 책은 이차적 의미에서 "드러낸다"(reveal). 만일 요한계시록이 어린양의 적들을 지적한다면, 또한 그들의 진정한 성격을 드러낸다. 신적인 진리는 제국의 겉치레와 일반적 의견보다도 더 실제적이고 사람을 가만히 두지 않는 것이라고 주장하면서, 요한계시록은 겉모습 너머를 강조한다.

로마의 영광의 시각적인 과시는 고대 세계를 지배했다. 요한계시록은 로마의 빛나는 탁월함을 여러 면에서 인정한다. 땅에서 올라온 짐승은 매우 "큰 권세"를 갖고 있어서 온 땅이 "경탄하여" 이 짐승을 따른다(13:2-4). 바빌론은 아주 멋진 옷과 값비싼 것들로 치장하며, 그래서 요한 자신도 "내가 그 여자를 보고 크게 놀랐다"(17:6)고 경탄한다. 결국, 바빌론은 "큰 도시"이다(14:8; 16:19; 17:5, 18; 18:2, 10, 16, 18-19). 사람들은 짐승에게 놀라듯이 그녀를 보고서도 놀란다: "저렇게 큰 도시가 또 어디 있겠는가?"(18:18).

이 제국의 영광은 더 가혹한 진실을 감추고 있다고 요한계시록은 때로는 교묘하게, 때로는 교묘하지 않게 주장한다. 땅의 주민들은 짐승에 대한 자신들의 복종을 선언할지도 모르지만, 요한의 청중은 짐승의 성격을 처음부터 알고 있다. 짐승은 야만적이다. 용의 힘을 빌어 통치하는 짐승은 성도들을 파멸시킨다. 요한계시록은 짐승이 하나님에 의해 유죄 판결을 받았다는 것을 마침내 드러내는 반면, 짐승에게 저항하는 근본적인 이유들을 바로 처음부터 제시한다.

바빌론에 관한 요한계시록의 계시는 다소 상이하게 앞뒤가 들어맞는다. 바빌론에 관한 최초의 언급(14:8)은 [계시록] 17장에서의 묘사를 예상하는 언어로 그녀의 몰락을 선언한다. 계시록은 그녀에 대한 묘사를 시작하기도 전에 그녀의 몰락을 다시 선언하는데(16:19), 그 "큰 도시"가 "창녀"(the Whore)라는 것을 사전에 드러낸다(17:1). 요한 또한 약간의 거리낌을 표현하기는 하지만, 그녀를 보자마자 놀라움을 경험한다. 바빌론은 지상의 모든 왕들과 함께 성적인 방종에 빠져 있었는데, 땅의 주민들을 그녀의 죄로 취하게 한다(17:2).

짐승과 바빌론 이 둘 모두를 가지고, 요한계시록은 사물들은 눈에 보이는 대로가 아니라는 것, 즉 로마의 영광은 부패, 폭력,

우상숭배를 감추고 있다고 주장한다. 요한계시록은 그들에 대한 심판을 계시하지만, 훨씬 더 주목하지 않을 수 없는 뭔가를 행한다. 짐승과 바빌론이 제공하는 매혹들을 부정하지 않으면서도, 요한계시록은 그것들의 참된 성격을 드러낸다. 이로써 요한은 그의 청중에게 하나의 도덕적 딜레마를 제시한다.

제국의 압제를 드러내기 위한 요한계시록의 다른 중요한 전략은 짐승 집단과 어린양 집단 사이의 일련의 비교에 있다. 이 비교들이 언제나 일일이 상세히 비교되는 것은 아니지만, 그것들은 주목하지 않을 수 없는 설득력이 있다.

비교의 주된 초점은 짐승과 어린양과 관련된다. 요한은 짐승을 소개하자마자, 초점을 극적인 방식으로 어린양에게로 옮긴다.

"또 내가 보니, 어린양이 시온산에 서 있었습니다." (14:1)

짐승은 땅의 주민들로부터 경배를 받는데 그들은 짐승의 표를 가지고 있다. 반면에 어린양의 추종자들의 이마에는 어린양과 그의 아버지의 이름이 새겨져 있다(14:1; 7:3; 22:4 참조). 어린양은 비밀에 붙여진 이름을 가지고 있다(14:1). 짐승은 그 자신의 신비한 이름들을 가지고 있다(13:1; 17:3). 짐승 숭배는 땅에서 올라온 짐승에 의해 촉진되는데, 하지만 어린양은 요한계시록을 통틀어 거듭 반복하여 하늘 법정(heavenly court)에서 천상의 존재들에게 둘러싸인 채로 경배를 받는다. 짐승은 치명상을 겪은 반면, 어린양은 죽임을 당한 듯한 흔적을 가진 채로 서 있다(5:6). 짐승은 바닷가에 서 있다(13:1). 반면에, "짐승과 그 짐승 우상과 그 이름을 상징하는 숫자를 이긴" 어린양의 추종자들은 손에 거문고를 들고 유리 바다 곁에 서 있다(15:2). 짐승은 "전에는 있었지만 지금은 없으며" 막 멸망하려고 하는 반면(17:8), 어린양은 "지금도 계시고 전에도 계셨고 앞으로 오실… 알파요 오메가"이다(1:8). 요컨대, 짐승과 어린양은 많은 점에서 닮았으면서도 크나큰 차이가 있다.

아무도 반대할 수 없는 짐승과 대조적으로(13:4), 요한계시록은 예수를 "신실한 증인"(1:5)으로서 제시한다. 나는 강조점이 하나님께 대한 어린양의 비폭력적 신실함에 놓여 있다고 믿지만, 예수가 요한계시록에서 사실상 폭력을 사용하느냐 아니냐를 결정하기는 매우 어렵다.[13] 어린양은 예수에 대한 요한계시록의 주된 이미지를 구성하는데, 위에서 언급했듯이 어린양의 첫 모습은 의미심장하다. 전통적인 군사적 함축들을 가지고 있는 "유다 지파에서 난 사자"만이 봉인된 두루마리를 펼칠 자격이 있는데, 그러나 또 다른 모습은 그 사자가 죽임을 당한 어린양으로 변화되었음을 드러낸다(5:5-6 AT). 요한계시록의 나머지를 통틀어 어린양은 짐승에게 반대한다. 짐승과 그 동맹들은 어린양에 맞서 싸운다. 그러나 어린양은 전투장면들에서 빠져 있다. 짐승에게 대항하기 위해 우리는 한 사자(Lion)를 소망할지도 모른다. 그런데 요한계시록은 어린양을 제시한다.

창녀와 신부는 도시들, 즉 바빌론과 새 예루살렘을 표상한다. 바빌론은 그녀의 상대를 가리지 않는 난잡한 성행위로 정의된다. 그녀는 단순히 짐승에게 올라탄다. 하지만 신부는 어린양과의 결

13) Loren L. Johns, *The Lamb Christology of the Apocalypse of John: An Investigation into Its Origins and Rhetorical Force*, WUNT 167 (Tubingen: Mohr Siebeck, 2003); Greg Carey, *Elusive Apocalypse: Reading Authority in the Revelation to John*, StABH 15 (Macon, GA: Mercer University Press, 1999), 171-81 참조.

혼으로 아름다움이 돋보인다. 바빌론은 사치스러운 옷을 입고 있는 반면, 신부는 수수한 결혼식 의상으로 장식하고 있다.[14] 바빌론은 온갖 종류의 사치품을 거래하는 반면, 신부는 생명수의 강물과 달마다 다른 열매를 맺는 생명나무를 공급한다(22:1-2). 바빌론은 금과 보석과 진주를 걸치고 있을 수 있지만, 새 예루살렘은 "모든 귀중한 돌"로 장식된 맑은 순금으로 만들어지며(22:18-19), 진주로 된 대문들로 보호를 받는다(21:21). 바빌론의 영광이 그 어떤 것이라고 해도, 새 예루살렘은 그것을 훨씬 더 능가한다.

이러한 비교들은 요한계시록의 기본적인 반제국 각본(anti-imperial script)을 제공한다. 그것은 두 가지 수준, 즉 도덕적(moral) 수준과 실용적(pragmatic) 수준에서 작용한다. 로마의 제국주의는 강력하고 영광스러울지 몰라도 지배와 착취에 기초한다. 제국의 질서에 참여하는 것은 스스로를 더럽히는 것이다. 더욱이, 로마의 권력은 일시적이고 환상적이다. 짐승은 어린양의 추종자들을 한동안은 정복할지 몰라도(13:7) 결국 심판을 받는 반면, 어린양은 새 도시를 환히 밝힌다.

반제국 대본

짐승 집단과 어린양의 집단을 이렇게 대조시킴으로써, 요한계시록은 자신의 청중이 어린양의 힘과 짐승의 힘 사이의 분명한 선택에 직면하게 한다. 요한계시록은 오직 약간의 특정한 행동들,

14) 신부의 수수한 외모에 관해서는, Lynn R. Huber, *Like a Bride Adorned: Reading Methapor in John's Apocalypse,* Emory Studies in Early Christianity (New York: T & T Clark, 2007), 130-33 참조.

종종 절제(abstention)를 요구할 뿐이지만, 이 선택은 절대적 중요성을 띤다. 그 책은 바빌론으로부터 "나오라"(come out)고 청중에게 훈계하는(18:4) 반면, 새 예루살렘으로 "들어가라고"(come in) 권고한다(22:17).[15] 요한계시록은 상세한 설명을 하지는 않는 반면, 청중에게 제국에 저항하라고 촉구한다.

요한계시록 각본의 상당수는 회피, 즉 참여하기를 거절함과 관련된다. 순결의 언어가 돋보인다. 예수의 추종자들은 자신들의 옷을 보다 큰 세상의 타락으로부터 깨끗이 유지해야 한다. 사데교회에 보내는 자신의 편지를 받아쓰게 하면서, 부활한 예수는 이렇게 말한다.

> "그러나 사데에는 자기 옷을 더럽히지 않은 사람 몇이 있다. 그들은 흰옷을 입고 나와 함께 다닐 것인데, 그들은 그럴 자격이 있기 때문이다. 이기는 사람은 이와 같이 흰옷을 입을 것인데, 나는 그의 이름을 생명책에서 지워 버리지 않을 것이며, 내 아버지 앞과 아버지의 천사들 앞에서 그의 이름을 시인할 것이다."(3:4-5)

흰옷은 현재에서의 순결함(3:4, 18; 7:13-14), 그리고 이 세상 너머에서 받을 상(6:11; 7:9)을 나타낸다. 이 순결의 언어와 그것과 결합된 경쟁과 정복의 언어는 박해를 꾸준히 견디고 자신의 충성으로 말미암아 순교를 겪으면서 예수 그리스도의 **신실한 증인들**이 되는 것에 초점이 맞추어져 있음이 분명하다. 이 언어는 보다 이

15) Tina Pippin은 *Death and Desire: The Rhetoric of Gender in the Apocalypse of John, Literary Currents in Biblical Interpretation* (Louisville, KY: Westminster John Knox, 1992)에서 나가고 들어옴의 에로틱한 이미지들에 주의를 환기시킨다.

른 유대교 본문들과 순교에 초점이 맞추어진 뒤이은 기독교 본문들에서 명백한 한 오랜 전통에서 유래한다.

요한계시록의 주요한 이야기 부분에서, 어린양의 추종자들은 그러한 순결을 성취하며 큰 짐승 앞에 절하기를 거부하고(13:7-10; 14:9-11) 큰 도시(Great City)에서의 타락을 피함으로써(18:4), 그들이 받는 "시험"(test)을 정복할 수 있다. 이 순결과 신실한 증인이 되기를 요청하는 것은 두 가지 차원, 즉 제의적인 것과 사회경제적인 것을 포함한다. 어린양의 추종자들은 짐승 앞에 절하기를 거부할 뿐만 아니라, 바빌론의 상업에 참여하는 것도 그만둔다. 이것은 단순한 수동적인 저항 그 이상인데, 짐승과 바빌론 둘 모두의 분노를 불러일으킨다.

교회들에 보내는 편지들은 요한계시록의 대본의 급진적 성격을 반영한다. 예수를 믿는 모든 사람들이 요한과 생각이 일치하지는 않았다. 날카로운 논쟁은 사실 많은 신자들이 그렇지 않았음을 암시한다. 암호명을 사용하여, 그는 제국의 질서와의 어떤 종류의 순응을 촉진하고 있었던 일부 경쟁적인 예언자-지도자들을 언급한다. 니골라 당(2:6, 15), 발람(2:14), 이세벨(2:20-24)이 그들이다. 이 사람들이나 그들의 추종자들에 관한 자료가 부족하기 때문에, 우리는 그들과의 요한의 논쟁의 성격에 관한 암시들을 위해 행간을 읽어야 한다. 발람과 이세벨은 이스라엘이 우상숭배로 향하도록 유혹한 것으로 악명 높은 성서의 등장인물들이다(민 25:1-15; 31:16). 동시에, 그리스어 이름인 "니골라 당"(Nicolaitans)과 셈어계의 "발람"(Balaam)은 어원적으로 어근의 의미를 공유하는데, 둘 모두 사람들에 대한 지배와 관련된다. 요한계시록 2:14-15는 발람을 니골라당과 연결짓고 있고, 발람과 이세벨 모두는 우상 음식

(idol-food)을 먹고 성적인 방종에 참여하도록 사람들을 부추겼다고 비난받으므로, 요한은 이 동일한 결합을 위하여 세 인물 모두에 반대하는 것처럼 보인다. 우상 음식을 먹는 것과 성적인 비행(非行, 불량 행위) 때문이다.

우상 음식과 성적인 비행을 포함하는 고발은 동일한 것을 말하는 두 가지 방식이라는 것에, 요한은 그의 적수들이 우상숭배 의식, 즉 제국의 제의에 참여함으로써 예수에 대한 충성을 손상시키는 걸로 이해하였다는 것에 대다수 해석자들은 동의한다. 히브리 성서는 종종 이스라엘의 우상숭배를 성적인 부정이나 난잡한 성행위라는 관점에서 묘사한다. 요한은 짐승 같은 제국 체제에의 그 무슨 참여라도 한 사람은 생명책에서 배제한다고 주장하는 반면, 교회들 속의 다른 지도자들은 자신들을 사회-경제생활에의 참여로부터 끊어놓지 않을 더 온건한 자세를 취하고 있었다.

요한의 반제국 대본은 예수에게 충실한 자들에게 매우 엄격한 수준의 저항을 요청했다. 제국의 제의에 참여하기를 거절하는 것은 그들을 이웃들, 이전의 동료들, 심지어 그들의 이전의 직업으로부터 고립시켰을 것이다. 요한의 주장이 의미하는 것의 정확한 성격에 관해서는 우리가 단지 추측할 수밖에 없을지 모른다. 그러나 예수에게 충실한 자들은 단순히 지역적 수준을 넘어 사고파는 것에 관여된 누구에게라도 분명히 강경한 입장을 취했을 것이다.[16] 그리고 도시의 정규적인 정치-문화생활의 일부가 되었던 제국의 제의에 참여하기를 거부함으로써, 그들은 이웃들 사이에

16) Paul B. Duff, *Who Rides the Beast? Prophetic Rivalry and the Rhetoric of Crisis in the Churches of the Apocalypse* (New York: Oxford University Press, 2001).

서 수상쩍다는 의심을 받았을 것이다.

신실한 행동에로의 부름은 타락을 피하라는 요한의 요청을 균형 잡히게 한다. 교회들에 보내는 일곱 개의 편지 모두는 "정복하는"(conquer) 사람들에게 종말론적 축복을 약속한다. 참으로, 이 용어는 요한의 반제국 프로그램을 통틀어 돋보인다. 어느 시점에서 운동 경기, 법정에서의 재판이나 전쟁에서 승리하는 것을 의미하는 니카오(*nikao*)라는 용어는 "충성"과 "증인/순교자" 그리고 흰옷의 보상(reward)과 함께, 전통적인 유대교와 후대 기독교의 순교의 언어 속에 받아들여졌다. 그것은 반제국 프로그램에 특히 알맞은 것처럼 보인다. 피지배 민족들을 정복하고, 주민들을 노예로 만들고, 그들을 고문하여 십자가처형의 죽음에 이르게 하거나 원형 투기장 속으로 던져 야수들과 "싸우게"(fight) 하는 제국의 군대들에 대한 저항에서, 신실한 증인은 하나님께 대한 충성을 끈질기게 지킴으로써 자신의 투쟁에서 이긴다. 표준새번역 개정판(New Revised Standard Version)은 이 언어가 어린양과 그 추종자들에게 적용될 때 제국의 폭력적 정복의 수사학을 모방하는 것처럼 보이는 방법을 강화한다. 그러나 위에서 지적했듯이, 예수를 상징하는 "유다 지파에서 난 사자"(the Lion of Judah)는 십자가처형을 충실히 견디고 부활과 고양(exaltation)에서 하나님에 의해 진실성이 입증됨으로써 "이겼다/정복했다"(win/conquer). 따라서 사자의 상징이 죽임을 당한 어린양으로 대체된다(5:5-6; 17:14 참조). 성도들은 "어린양이 흘린 피와 자기들의 증언한 말씀을 힘입어서" 용을 "정복하는데", 왜냐하면 "그들은 죽기까지 목숨을 아끼지 않았기" 때문이다(12:11; 15:2 참조). 오직 그렇게 "정복하는" 자들만이 새 예루살렘의 축복들을 상속받는다(21:7).

요한계시록 12:11과 12:17은 어떻게 예수에게 충실한 자들이 정복하는가에 대한 결정적으로 중요한 암시를 제공한다. 그들은 자신들의 증언(*marturia*), 혹은 가능한 함축적 의미를 따르면 순교를 고수함으로써 그렇게 한다. 신실한 증언을 유지할 때, 그들은 요한계시록 서두에서 "신실한 증인"(the faithful witness[*martus*])으로 소개되는 예수를 열심히 흉내낸다(1:5). 그러한 모방은 요한, 예수, 신실한 증인들의 특정한 모범들과 교회 구성원들 사이에 관계망을 구축한다. 요한의 주된 과업은 그의 환상을 증언하는 것인데(1:2; 예수가 그렇듯이, 22:20), 그는 "하나님의 말씀과 예수에 대한 증언 때문에" 밧모 섬에 갇혀 있다(1:9). 요한계시록은 신실한 증인인 안디바(2:13)와 지금은 하늘에 있는 순교자-증인들에 대해 언급하는데, 그곳에서 그들은 자신들의 피에 대한 복수를 하나님께 청한다(6:9-11). 11장의 신비스러운 두 증인은 짐승의 손아귀에서 최후를 맞이한다(11:7). 어린양의 잠재적인 추종자들은 어떤가 하면, 그들은 죽기까지 충실하고(2:11), 예수의 이름을 꼭 붙들어 그를 부인하지 않고(2:13; 3:8), 그들의 증언을 위해 죽는다(17:6; 20:4). 지금 당장은, 그들은 증언하고 인내한다(1:9; 2:3, 19; 3:10; 13:10; 14:12). 그렇게 하면서, 그들은 예수, 요한, 순교자들, 심지어 천상의 존재들을 모방한다(19:10).

> "여기에 성도들의 인내와 신실한 믿음이 있습니다." (13:10)
> "여기에 하나님의 계명과 예수를 믿는 믿음을 지키는 성도들의 인내가 있습니다." (14:12)

이러한 순교의 언어와 밀접히 관련되는 것은 마찬가지로 요한계시록을 관통하는 면류관과 옥좌의 이미지들이다. 어린양(19:12)과 "인자"(Son of Man, 14:14), 4:4에서 소개된 장로들, 해를 둘러 걸친 여자(12:1), 그리고 (2:10; 3:11에서 약속된) 신실한 신자들 사이에서, 면류관과 왕관들이 발견된다. 흰말을 타는 정복자(6:2)와 메뚜기들(9:7) 또한 면류관을 가지고 있다. 어린양은 "많은 왕관"(19:12)을 쓰고 있으므로, 우리는 "면류관"(선)과 왕관(악)의 의미를 구별할 수 없을지도 모르지만, 용(12:3)과 짐승(13:1)은 왕관을 쓰고 있다. 분명히, 면류관은 제국의 사회 속에서 명예와 권력과 관련된다.

면류관의 이미지 역시 요한계시록의 반제국 대본에 속하는데, 왜냐하면 면류관은 로마제국의 제의에서 두드러졌기 때문이다. 페르가뭄(Pergamum. 성서에는 버가모)의 제국적 제의에서 신들에게 시를 노래하는 합창대는 면류관을 받았다. 기원전 41년, 아시아 속주 회의에 모인 사람들은 속주 전역에서 모인 이 합창대를 예우했다.

> 왕실을 찬미하고 제국의 신들에게 드리는 희생제사를 완성하고, 축제를 이끌고 잔치에서 주인 노릇을 하면서, 그들은 집회를 영화롭게 하는 위대한 일을 완성한다.[17)]

신적인 하늘 법정 장면에 대한 묘사는 신적인 주(Lord)와 구세주로서의 카이사르에게 찬송을 부르는 지상의 그러한 합창대들을

17) *Die Inschriften von Ephesos* (Helmut Engelmann, Dieter Knibbe, Reinhold Merkelbach, 외 엮음; Inschriften griechischer Stadte aus Kleinasien, vol. 32; Bonn: Rudolf Habelt, 1979-84), 7,2,3801 II, Friesen, *Imperial Cults*, 105에서 재인용. 104-116페이지의 논의 참조.

반영하는 것처럼 보인다. 하나님의 보좌 주위에서 노래하는 천상의 존재들은 자신들의 면류관을 벗어 보좌 앞에 내놓는(4:10) 반면, 어린양은 그의 신실한 추종자들에게 그들 자신의 면류관을 약속한다(2:10; 3:11). 이들은 또한 흰 두루마리를 입었지만 면류관은 갖고 있지 않은 채로 큰 소리로 노래하며 예배한다.

반제국 대본은 승리와 보상의 약속과 더불어 펼쳐진다. 용, 짐승들, 바빌론은 멸망한다. 어린양은 신부와 결혼하는데, 이 신부의 도시 속으로 어린양의 추종자들은 들어갈 것이다. 마침내 상상할 수 없는 축복이 그 추종자들을 따른다. 계시록은 청중을 제국의 문화에 대한 엄격하고도 위험한 저항으로 불러낸다. 그것은 우상숭배, 폭력, 그리고 착취의 더 광범위한 문화를 고발하며, 그것은 예수에 대한 자신들의 신실함 속에 인내하는 사람들을 위한 영원한 축복을 약속한다.

저항의 징후들

계시록은 예수의 추종자들에게 하나의 반제국 대본을 제시한다. 그것은 그들에게 제국의 문화 체제에 순응하지 말라고, 그들의 충성에 대한 제국의 요구들에 반대하여 예수의 신실한 증인이 되라고 권고한다. 그러나 계시록의 반제국 담론들은 계시록이 대항하려고 애쓰는 제국 체제의 언어의 일부를 인계받았다. 제국에 대한 저항을 옹호함에 있어서, 계시록은 제국적 언어의 일부를 채택했다.

계시록은 제국의 극단적인 폭력을 폭로하면서도, 이따금 폭력에 대한 갈망을 조장하고 심지어 찬양하는 것처럼 보인다(6:9-11;

15:1-8; 16:6-7). 그것은 땅의 주민들을 비인간화한다. 요한은 제국에 종속되어 있는 자신의 유대인 반대자들(2:9; 3:9), 그리고 그와 의견이 뚜렷이 일치하지 않는 예언자들(니골라당, 발람, 이세벨)에게 악담을 퍼붓는다. 그는 도시와 제국을 여성 인물로 묘사하는 고대 세계의 진부한 수사학을 단순히 물려받는데, 로마 도시의 여신으로서의 로마(Roma) 같은 것이 바로 그렇다. 그리고 관습적인 것으로서, 계시록은 "창녀," "어머니," "신부"라는 판에 박은 인물들 속에서 이 "여성들"의 성(sexuality)을 강조했다. 계시록은 심지어 난잡한 성행위를 하는 "여성들"에게 적나라하게 드러남, 강간, 폭력적인 죽음을 선고한다(2:20-23; 17:15-17). 제국에 대한 요한의 저항에는 가부장제 같은 다른 형태들의 압제에 대한 유사한 저항을 포함되지 않는다.[18] 계시록이 복수심에 불타는 폭력과 자신이 반대하는 제국 질서의 여성 혐오라느 고정 관념을 영속시킨다는 점은 비판적 해석자들을 필요로 하는데, 계시록이 제국의 지배를 거부하는 것과 매우 큰 문제가 되는 표현들(지배의 여러 형태들에 대해 반대하는 사람들이 영속시키기를 원하지 않을 매우 문제 있는 표현들)을 가려낼 필요가 있기 때문이다.[19]

---

18) Jean Franco, "Beyond Ethnocentrism: Gender, Power, and the Third-World Intelligentsia," in *Colonial Discourse and Post-Colonial Theory: A Reader*, ed. Patrick Williams and Laura Chrisman (New York: Columbia University Press, 1994), 359-69에서 이론화되었듯이 계시록의 여권 신장론 해석자들은 그 책의 폭력을 어떻게 평가할 것인가에 관한 합의를 얻지 못했다. 계시록의 여권 신장론 해석에 대한 개괄로는, Alison Jack, "Out of the Wilderness: Feminist Perspectives on the Book of Revelation," in *Studies in the Book of Revelation*, ed. Steve Moyise (New York: T. & T. Clark, 2001), 149-62 참조. 아울러, Elisabeth Schussler Fiorenza, *The Power of the Word: Scripture and the Rhetoric of Empire* (Minneapolis: Fortress Press, 2007) 참조.

다시, 짐승의 길?

제국에 대한 요한계시록의 유죄 선고와 제국의 압력과 요구들에 대해 저항하는 것을 강조한 것은 지난 몇 년 동안 미국에서 표면화된 애국심과 종교성의 독특한 혼합에 대한 시기적절한 대위법(對位法)을 제시한다. 컨트리 뮤직 가수인 알렌 잭슨의 노래 "작은 도시의 남부 출신"("Small Town Southern Man")의 한 구절은 성서 기준에 따르면 우상 숭배적 민족주의로서만 판별될 수 있는 것을 요약한다: "그는 예수에게 머리 숙였네. 그는 엉클 샘(Uncle Sam, 풍자만화에 등장하는 미국을 상징하는 인물)을 대표했네." 오늘날 많은 미국인은 한 행동이 다른 행동을 함축하는 것이 당연하다고 생각한다. 국제적 이해를 증진하기 위한 조정과 갈등 해결, 비교문화적 교육에서 국제 친교 단체들을 후원하는 로터리클럽은 기도에 뒤이은 충성맹세(Pledge of Allegiance)로 모임을 시작한다. 미국의 많은 교회들은 여름성경학교 같은 아이들의 프로그램들 속에 충성 맹세를 포함시켰다. 미국에서는 "남성적"(masculine) 기독교가 필요한데, 왜냐하면 그것은 한 위대하고 세계적 대의명분을 위한 전쟁을 기꺼이 수행할 마음을 함양하기 때문이라고 존 파이퍼 같은 기독교 지도자들은 주장한다.[20] 그러나 이것들은 모두 짐승의

---

19) 내 자신이 쓴 글의 대부분이 이 분야에 도달했다. "Symptoms of Resistance in the Book of Revelation," in *The Reality of Apocalypse: Rhetoric and Politics in the Book of Revelation,* SBLSymS 39, ed. David L. Barr (Atlanta: Society of Biblical Literature, 2006), 169-80; 그리고 *Elusive Apocalypse* 참조.

20) John Piper, "Some Sweet Blessings of Masculine Christianity," http://www.desiringgod.org/resourcelibrary/ConferenceMessages/ByDate/2007/2450-Some-Sweet-Blessings-of-Masculine-Christianity/,

길, 즉 제국의 군사주의와 애국적 헌신의 징후인데, 이 모두는 피에타스(*pietas*, 로마의 덕목들 중 하나인 의무나 헌신)로 포장되어 있다.

소아시아 도시 지배층의 후원을 받았던 로마제국의 제의처럼, 이 경건한 초애국적(superpatriotic) 에토스는 우연히 생기지 않는다. 부시 행정부의 이라크에 대한 "선제공격"의 위협에 관한 공개 토론회가 벌어지기 몇 년 전, "미국의 세계적인 지도력을 증진하기 위해" 조직된 새로운 미국 세기를 위한 프로젝트(The Project for the New American Century)는 그런 공격을 요구했다. 도널드 럼스펠드, 폴 월포위츠, 존 볼튼, 리처드 펄 같은 이 프로젝트의 유명 인사들은 "우리의 안전, 우리의 번영, 그리고 우리의 신념을 편드는 국제 질서를 유지하고 확대함에 있어서 미국의 독특한 역할에 대한 책임을 받아들일 필요가 있다"고 주장했다.[21] 이 진술은 우리가 계시록의 본문을 주의 깊게 살펴야 하듯이 매우 주의 깊은 해석을 필요로 한다. 물론, 미국은 난공불락의 군사력을 유지함으로써 이 질서를 유지한다.

> 현재로서는 미국은 아무런 세계적 라이벌에도 직면하지 않는다. 미국의 원대한 전략은 이 유리한 입장을 가능한 한 먼 미래까지 유지하고 확대하는 것을 목표로 삼아야 한다.[22]

2008년 5월 15일 접속.

21) Project for the New American Century, "Statement of Principles," http://www.newamericancentury.org/statementofprinciples.htm, 2008년 5월 15일 접속.

22) Project for the New American Century, "Rebuilding America's Defenses: Strategy, Forces and Resources for a New Century," 8, http://www.newamericancentury.org/RebuildingAmericasDefenses.pdf, 2008년 5월 15일 접속.

요한계시록이 묻듯이, "누가 이 짐승과 같으랴? 누가 이 짐승과 맞서서 싸울 수 있으랴?"(13:4)

9/11의 여파로 최고위 국가 지도자들이 대중의 두려움을 이용하면서, 공개적인 반대자들, 심지어 특정한 정책을 비판하는 사람들까지도 비애국적인 것으로 간주된다. 이라크 침략과 그 다음에는 점령을 비판하는 사람들은 "테러리스트들을 돕는다"고 비난받는 자신들의 모습을 보게 되는데, 이것은 5년 동안의 유혈 참사와 유린 후에도 계속되는 고발들이다. 그 윤리적-신학적 한계들에도 불구하고, 요한계시록은 제국의 프로젝트들에 대한 절대적 충성을 요구하는 문화 속에서, 그리스도에 대한 충성의 문제들을 끌어들이는 독특한 시금석을 제시한다.[23]

---

23) 역자주: 이스라엘이 다윗 왕과 같은 정치-군사적 메시아를 기다려왔던 것과 관련하여 예수를 메시아로 고백하게 된 이후 재림 신앙의 필요성과 비폭력적인 어린양 예수가 요한계시록 19장에서 폭력적인 도살자 예수로 그려지게 된 묵시론의 역사적 배경과 그 신학적 의미에 관해서는 그레고리 라일리, 『하느님의 강: 그리스도교 신앙의 원류를 찾아서』(박원일 역, 한국기독교연구소, 2005); 월터 윙크, 『참사람: 예수와 사람의 아들 수수께끼』(한성수 역, 한국기독교연구소, 2014), 특히 4부를 보라.

결론

이제까지의 장들이 보여주듯이, 성서 본문은 이스라엘의 역사와 기독교의 초기 역사 속에서 역할을 했던 다양한 제국에 관해 서로 다른 입장을 취한다. 제국의 통치에 중요한 방식으로 영향을 받지 않은 성서 본문과 인물들을 발견하기는 어렵다. 일부 본문은 제국의 권력 관계들에 정말로 깊숙이 끼워 넣어져 있다. 그리고 많은 본문은 어쩔 수 없이 제국의 통치에 적응하면서 동시에 그 통치에 저항하려 애쓴다. 따라서 성서 본문은 오늘날 많은 사람들이 새로운 제국주의 상황으로 간주하는 것에 대응하기 위한 다양한 선택 사항을 제시한다.

미 제국이 지난 수십 년 동안 취한 형태에 관한 광범위한 토론과 논쟁이 있었다. 소비에트 연방이 붕괴된 후, 미국은 세계무대에서 유일한 초강대국으로 남게 되었다. 많은 미국인들은 미국이 제국주의 권력은커녕 제국을 가지고 있다고 생각하기를 꺼렸다. 반면에, 신보수주의 지식인들은 미국이 참으로 제국을 가지고 있고 또 제국주의 권력, 즉 사실 최고의 제국주의 권력이므로 자신의 이익을 증진하기 위해 세상에서 그 권력을 공격적으로 사용해야 한다고 주장했다.

그러나 동시에, 종종 "세계화"(globalization)라고 부르는 것 안에서 거대한 다국적 거대 기업들이 세계경제를 지배하게 되었다. 정치권력 관계들과 아울러 국제적인 경제권력 관계들을 고려하는 분석가들은 다국적 기업들의 세계화된 경제가 새롭고 종종 인식되지 않는 형태로 제국(the Empire)이 되었다고 주장했다. 지구적인 금융과 무역이 오늘날 국가들과 그 정부들을 지배한다. 이 거대 기업들 중 상당수는 작거나 중간 크기의 많은 나라들의 경제들보다도 더 큰 예산을 가진다. 미국은 새로운 제국으로 중심적 역할을 했는데, 미국 군대는 세계화된 무역과 금융의 운용에 필요한 국제 질서의 집행자 역할을 했다.

세계 여론과 미국의 주요 동맹국 정부들의 강력한 반대에 맞서, 부시-체니 행정부가 이라크에 대한 "선제공격"에서 미국 군사력을 공격적으로 사용한 것은 최근에 미국의 제국주의 권력에 주의를 집중시켜왔다. 저녁 뉴스와 일간신문의 지도들은 미국이 침략했음을, 그리고 이제 미국 군대는 한때 고대 바빌론과 아시리아 제국들의 중심이었던 땅을 점령하고 있음을 보여준다. 유일한 초강대국이 된 미국은 오늘날 지중해 동부를 지배하기에 이르렀는데, 이것은 로마가 예수와 바울 시대에 행했던 것과 비슷하다. 물론, 거의 200년 전부터 미국은 자신을 새로운 로마로 이해하기 시작했다. 그리고 마치 미국의 "명백한 사명"(Manifest Destiny)의 성취에서처럼, 이제 팍스 아메리카(*pax Americana*)는 팍스 로마나(*pax Romana*)를 대신하게 되었다.

이것은 매우 아이러니컬하다. 신약성서의 책들이 된 것을 만들어내고 사용한 사람들은 팍스 로마나에 종속되어 있었다. 그러나 이제 그 성서의 책들을 읽는 오늘날의 미국인 독자들은 팍스 아메리카나의 한복판에서 권력과 특권적인 지위를 (다양한 정도로!) 누린다. 히브리 성서의 오경과 예언서들에 명확한 형태를 주었던 고대 유대의 서기관들과 제사장들은 페르시아 제국에 종속되어 있었다. 그러나 오늘날 히브리 성서의 미국인 독자들은 중동 전역에서 정치-경제적 문제들을 통제하려 애쓰는 제국의 한복판에서 살고 있다. 하지만 많은 미국인들은 가치들의 핵심적 근원이며 그들의 개인적 삶의 안내자, 심지어 정치적-경제적 삶을 위한 규범들의 한 근원으로서 여전히 성서에 의지한다.

고대 이스라엘

고대 근동의 제국 체제로부터 명백하게 이탈하여 초기 이스라엘은 대안 사회를 세웠다. 지배와 착취라는 오래된 신성한 패턴들(sacred patterns)과 결별하면서, 초기 이스라엘은 사람들의 정치적 권리뿐만 아니라 경제적 권리도 선언하고 보호하는 원리와 메커니즘을 발전시켰다. 압제적인 통치자들에 대한 속박으로부터 이스라엘의 해방과 정의로운 사회질서 속에서 비착취적인 정치경제적 관계라는 이스라엘의 계약적 이상들(covenantal ideals)의 이야기들은 그 후의 해방과 정의 운동들을 위한 패러다임이 되었다. 이 책 서문에서 주목했듯이, 미국인들에게 가장 낯익은 것은 식민지 시대 뉴잉글랜드의 계약 공동체들, 미국 독립 선언과 미국 헌법, 민권 운동 같은 실례들이다. 그러나 예를 들어 아프리카와 한국의 반식민지 운동들 속에는 더 많은 실례들이 있다. 그러나 미국의 모습을 형성하는 데서 몹시 중요한 역할을 했던 초기 이스라엘의 성서적 유산은 다국적 거대 기업들의 급증하는 제국주의적 정치-경제 권력과 행정부에 의한 제국주의적 정치-군사 권력의 공격적인 사용 둘 모두에서 무시되어왔다. 이제 질문은, 초기 이스라엘의 유산의 이상과 원리들이 공동의 가치 회복에서 역할을 할 수 있느냐, 그리고 하나님이 주신 "생명, 자유, 행복 추구"의 권리, 즉 품위 있는 삶에 필요한 것(교육, 의료, 직업/수입, 착취에 맞선 보호 등)에 대한 자신들의 권리를 미국 정부가 다시금 보호한다는 미국 시민들의 주장을 지지할 수 있느냐는 것이다.

유다와 이스라엘의 왕들 자신이 제국적 지배를 확립했을 때, 예언자들은 항의했다. 사람들을 채무 속으로 몰아놓고 그들의 생계의 기초인 토지를 지배했다는 이유로, 예언자들은 부유하고 힘 있는 통치자들에 대한 하나님의 유죄 판결을 선언했다. 국내 문제들과 국제 관계들 사이의 연관성에 대한 통찰력 있는 관찰자와 분석가로서, 예언자들은 또한 통치자들이 나라의 경제적 복지를 파괴했으며, 하나님이 주신 정의의 원리들을 함부로 다룸으로써 하나님의 심판을 가져왔다고 항의했다. 역사적으로, 교회들과 성직자와 평신도 지도력은 미국 역사와 사회 속에서 결정적으로 중요한 시기에 비슷한 예언자 역할을 해왔다. 교회들과 교회 지도자들은 인간적인 노동 조건과 다양한 산업에 종사하는 노동자들을 위한 최저임금을 위한 운동들에서 선두에 섰다. 주로 미국 흑인 교회 지도자들(아울러, 지배적으로 백인 교회들의 지도자들)은 민권 운동을 주도했다. 최근 수십 년 동안, 대중은 "기독교 우파"(Christian Right)와 미국 제국주의 권력의 공격적 사용에 대한 우파의 열렬한 지지, 그리고 번영에 대한 우파의 찬양에 주목해왔다. 그러나 보다 진보적인 복음주의 교회를 포함한 다른 교회들은 제국주의 권력 전개의 비인간화시키는 영향들에 항의할 때에 다시금 보다 예언자적 역할을 할 수 있을지도 모른다.

사실, 페르시아 제국의 일부로서 예루살렘에 성전 국가가 세워졌을 때, 유대인 서기관들과 제사장들은 이스라엘과 유다의 역사와 계약 전통들을 강화하여 오경과 신명기 역사(Deuteronomic History)를 낳았다. 이 책들은 일종의 헌법 같은 역할을 했다. 이 텍스트들 속의 전통들은 제국에 종속된 한 지역에서 사회 질서 유지를 도왔지만, 또한 제국의 체제에 의한 사람들의 착취를 누그러뜨리는 데도 도움을 주었다. 이것은 오늘날 "남을 돕는 직업"에 종사하는 사람들(성직자, 교사, 법률가, 의료 제공자)을 포함하여 대다수 사람들이 대부분의 시간과 장소에서 자신들이 그 안에 있음을 발견하는 상황이다. 제국 체제의 권력 관계들에 깊숙이 끼워 넣어져, 사람들은 상황을 변화시키기는커녕 상황에 도전할 기회를 거의 엿볼 수 없다. 그러나 정치경제 권력을 거리낌 없이 행사하는 것의 최악의 결과들을 완화시키는 과업에서 그들은 성서의 이상과 원리들에 여전히 의지할 수 있다.

초기 기독교

초기 이스라엘의 전통과 예언자 전통에 몹시 의존하면서, 예수는 그 전통의 의제들을 결합시켰다. 하나님의 직접 통치의 현존을 선언하면서, 그는 제국의 통치자들과 그들에게 예속된 예루살렘의 통치자들에 대한 하나님의 유죄 판결을 선언했고, 회복적인 치유와 귀신 추방을 행함으로써 제국의 침략의 영향들에 맞섰다. 예수는 사람들이 자신들의 공동생활을 분열시키는 영향을 미치는 것에 저항할 수 있게 하면서, 사회적-경제적 삶의 기초적 형태를 구성하는 촌락들에서 계약 공동체들의 갱신을 촉진했다. 복음서의 이야기들과 연설들에서 명백한 이 프로그램은 중세 후기 유럽에서(예를 들어, 후스의 추종자들, 독일 남서부의 농민 폭동), 그리고 현대의 중미에서 촌락에 기초한 운동들을 위한 패러다임 역할을 했다. 그러나 오늘날 성서가 가장 일반적으로 읽히는 매우 상이한 제국의(imperial) 상황 속에서, 이스라엘의 통치자들에 맞선 예수의 이스라엘 갱신은 공동의 협력과 상호 지지 같은 계약적(covenantal) 이상과 원리들의 근원 역할을 할 가능성이 더 크다. 그리고 물론, 로마가 예수를 십자가에서 고문하여 사형에 처한 것은, 제국의 폭력이 자신의 권력 아래 굴복시킨 민족들을 통제하려고 할 때 명확히 노출되는 제국의 폭력의 한 영구적인 상징 역할을 한다.

예수의 십자가처형과 부활은 역사 속의 결정적인 전환점이었으며 아브라함에게 한 약속은 모든 민족이 이제 하나님의 축복의 상속자임을 의미한다는 것을 확신하고서, 바울과 그의 동료들은 로마제국에 종속되어 있었던 사람들 사이에서 새로운 공동체들을 촉진시켰다. 로마제국은 하나님의 임박한 심판 아래 있음을 확신하고서, 그들은 지역 교회들에 기초한 세계적인 대안 사회를 만들었다. 이 대안 사회는 경제적 압제, 인종과 민족성, 성(gender)과 같은, 제국의 질서가 그 위에 구축된 중요한 분할선들에 저항했다. 그러한 초기 기독교 교회들의 오늘날의 후손들은, 바울과 그의 동료들의 반제국적 태도가 대부분 잊혀진 현재의 제국주의 질서에 순응하는 상황 속에서이기는 하지만, 그 이상들을 존속시킨다. 그러나 공동체적 대안 사회로서 그리스도의 지역 교회들이라는 바울의 패러다임은 거대한 다국적 거대 기업들이 경제와 심지어 문화를 통제하는 제국주의 질서 한복판에서 여전히 매력적인 것으로 판명된다.

바울과 그가 시작을 도와준 공동체들처럼, 마태복음 저자는 새로운 공동체들이 지속적인 제국의 정치 문화에 의해 지배되는 보다 큰 대도시 사회 속에서 공동의 가치와 협력과 상호 의존의 원리에 따라 살도록 도우려고 애쓰고 있었다. 마태복음은, 제국의 대도시 한복판에서 하나의 대안 사회로 남아 있는 피지배 민족의 깊은 전통에 충실한 개별적인 공동체 생활을 실천하는 방법의 한 모델을 충분히 제공할 수 있었다. 이와 대조적으로, 최소한 본문의 외관상 제국에 덜 위협적인 것으로 보이려고, 사도행전은 "유대인들"(Jews)이 분쟁을 일으킨다고 비난할 정도로까지 로마제국에 진지하게 순응했던 것으로 보인다. 그러나 사도행전 저자는 그리스도 신자들의 더 광범위한 운동이 아무리 타협적이라고는 해도 대안적 사회 질서로서, 여전히 로마제국을 가로질러 꾸준히 뻗어나가는 것으로 간주한다. 따라서 심지어 오늘날 가장 순응적인 교회들도 대안 사회를 향해 나아가면서도 지배적인 제국의 질서에 위협적이지 않게 보이는 방법의 일부 미묘한 실례들을 사도행전에서 여전히 발견할 수 있을지도 모른다.

요한계시록에서는 제국의 질서기 시민종교의 축하 의식들과 축제들, 제국의 권력 상징들에 대한 지속적인 시각적인 장치들을 통해 충성심을 고취시킴으로써 강제적인 것이 되었다. 자신들의 상이한 가치들과 대안적 생활방식을 손상시키지 않기로 결심한 사람들은 박해에 직면할 수 있다. 요한계시록은 로마의 제국적 지배의 행사를 대도시 지배층을 위한 경제적 착취를 동반하는 유일한 초강대국으로서 식별하는 예언자 환상(vision)의 한 패러다임을 제시하는데, 이 환상은 제국이 하나님의 심판 아래 있다고 선언한다. 환상으로 다시 용기를 얻어, 예언자는 지배의 짐승과 이 지배를 뒷받침하는 의식들에 아무런 의심을 품지 않고 참여하는 짐승 둘 모두에게 저항할 것을 "어린양"의 추종자들에게 촉구한다.

제국에 대한 신실한 저항

따라서 성서의 서로 다른 본문들은 서로 다른 제국의 상황들에 대응하기 위한 몇몇 선택 사항을 제시한다. 그러나 현대의 성서 독자들은 제국의 권력에 대해 성서의 인물들과 본문들과는 결정적으로 다른 관계를 가지고 있다. 미국의 성서 독자들은 오늘날 유일한 초강대국 안에 살고 있는 반면, 아무리 불완전할지라도 민주주의가 여전히 작동하고 있는 초강대국 시민들이기도 하다. [그 안에서] 정치적 과정이 작동하는 시민사회는 다양한 압력들 아래 붕괴되어온 반면, 시민들은 결사, 연설, 집회의 자유와 대의정치에서 투표를 할 권리를 여전히 가지고 있다. 교회와 회당과 모스크(이슬람교 사원)의 구성원들 또한 시민들이다. 그리고 미국 헌법은 국가종교의 수립을 금지하는 반면, 교회의 다양한 구성원들이 남들과 연합하여 정치적 행동을 취하는 것을 허용한다. 그래서 오늘날 성서 독자들은 예레미야, 예수, 바울과 그의 동료들인 브리스가와 아굴라, 요한이 갖지 못했던 권력의 제국주의적 사용에 대한 저항을 위한 광범위한 선택 사항을 가지고 있으며, 성서 본문의 원리들과 패러다임을 오늘날의 제국주의 상황에 적용할 분별력이 있다.

마지막으로, 제국에 저항하고 대안적 형태의 사회-정치-경제-종교 관계들을 추구하는 과정에서, 신실한 믿음을 가진 시민들과 종교 공동체 구성원들은 비판적이고 자기 반성적인 방식으로 그들 자신의 전략과 언어를 선택할 필요가 있다. 위의 장들 중 일부에서 주목했듯이, 성서 본문들은 그것들이 반대하는 바로 그 제국들로부터 핵심 용어와 개념들을 종종 빌렸다. 예를 들어, 군대나 로마 황제의 지배와 "왕국/제국"(kingdom/empire)에 반대하기 위해, 그들은 왕으로서의 하나님이나 주님으로서의 그리스도에게 충성심을 집중시켰다. 그러나 그것은 지배의 언어, 엘리자베스 쉬슬러 피오렌자가 **퀴리아키**(*kyriarchy*)라고 부르는 것, 즉 군주들, 황제들, 왕들, 노예 주인들과 가장들의 통치 언어를 영속시켰다. 한 분 참되신 하나님이 어떻게 마침내 압제적인 제국의 통치자들을 심판하는지 상상하는 데서, 많은 성서 본문들은 하나님과 하늘 군대들이 비유적으로든 글자 그대로든 폭력을 행사하는 것으로 묘사했다. 일단 기독교가 확립되었을 때, 이것은 "기독교"(Christian) 제국의 언어가 되었다. 기독교 제국들 또한 제국의 폭력과 압제를 범할 수 있음을 역사는 우리에게 고통스럽게 상기시킨다. 따라서 제국의 관행들과 권력 관계들에 대한 신실한 믿음의 저항은, 어떻게 진정으로 대안적 관계들과 실천들이 종교 공동체, 시민사회, 그리고 세계의 민족들 사이의 관계들 속에 구현될 수 있는지를 재고하는 집중적인 노력이 필요하다.

더 읽을 책들

Berquist, Jon L. *Judaism in Persia's Shadow: A Social and Historical Approach*. Minneapolis: Fortress Press, 1995; Eugene, OR: Wipf & Stock, 2003.

_______, ed., *Strike Terror No More: Theology, Ethics, and the New Wars*. St. Louis: Chalice Press, 2002.

Carter, Warren. *Matthew and Empire: Initial Explorations*. Harrisburg, PA: Trinity Press International, 2001.

_______, *The Roman Empire and the New Testament: An Essential Guide*. Nashville: Abingdon, 2006.

Crossan, John Dominic. *Who Killed Jesus?* San Francisco: Harper, 1995.

_______, and Jonathan L. Reed. *In Search of Paul: How Jesus' Apostle Opposed Rome's Empire with God's Kingdom*. New York: HarperSanFrancisco, 2005.

Elliott, Neil. *The Arrogance of Nations: Reading Romans in the Shadow of Empire*. Minneapolis: Fortress Press, 2008.

_______, *Liberating Paul: The Justice of God and the Politics of the Apostle*. Maryknoll, NY: Orbis, 1994; Minneapolis: Fortress Press, 2006.

Friesen, Steven J. *Imperial Cults and the Apocalypse of John: Reading Revelation in the Ruins*. Oxford: Oxford University Press, 2001.

Gottward, Norman K. *Tribes of Yahweh: A Sociology of the Religion of Liberated Israel, 1250-1050 B.C.E.*

Maryknoll, NY: Orbis, 1979; Sheffield: Sheffield Academic Press, 1999.

Horsley, Richard A. *Jesus and Empire: The Kingdom of God and the New World Disorder.* Minneapolis: Fortress Press, 2003.

_______, *Scribes, Visionaries, and the Politics of Second Temple Judea.* Louisville, KY: Westminster John Knox Press, 2007.

_______, and Neil Asher Silberman, *The Message and the Kingdom.* New York: Grosset/Putnam, 1997; Minneapolis: Fortress Press, 2002.

_______. ed. *Paul and Empire: Religion and Power in Roman Imperial Society.* Harrisburg, PA: Trinity Press International, 1997.

_______, *Paul and the Roman Imperial Order.* Harrisburg, PA: Trinity Press International, 2004.

Howard-Brook, Wes, and Anthony Gwyther. *Unveiling Empire: Reading Revelation Then and Now.* Maryknoll, NY: Orbis Books, 1999.

Lopez, Davina C. *Apostle to the Conquered: Reimagining Paul's Mission.* Minneapolis: Fortress Press, 2008.

Schussler Fiorenza, Elisabeth. *The Power of the Word: Scripture and the Rhetoric of Empire.* Minneapolis: Fortress Press, 2007.

Wink, Walter. *Engaging the Powers: Discernment and Resistance in a World of Domination.* Minneapolis: Fortress Press, 1992.